Arthur Cohn

Kann das Geld abgeschafft werden?

Verlag
der
Wissenschaften

Arthur Cohn

Kann das Geld abgeschafft werden?

ISBN/EAN: 9783957002570

Auflage: 1

Erscheinungsjahr: 2014

Erscheinungsort: Norderstedt, Deutschland

Hergestellt in Europa, USA, Kanada, Australien, Japan
Verlag der Wissenschaften in Hansebooks GmbH, Norderstedt

Vorwort.

Zur Sache selbst soll hier nichts bemerkt werden; darüber dürften die nachfolgenden Ausführungen alles Erforderliche enthalten. Nur eine Bitte und ein Dank mögen an dieser Stelle ausgesprochen werden.

Die Bitte richtet sich an den Leser des Buches. Man erwarte nicht eine der landläufigen „populären Broschüren", die man in der Trambahn oder einer kurzen Arbeitspause rasch zu überlesen gelernt hat. Das Buch enthält auch durchaus kein neues Rezept zur Überwindung der gegenwärtigen Wirtschaftskrise. Vielmehr war ich bemüht, die aufgerollte Frage in ihrem ganzen Umfang und mit aller wissenschaftlichen Strenge zu untersuchen, mit dem Ziel grundsätzlicher Klärung der vielfach bestehenden Zweifel und Irrtümer. Andererseits wieder möchte ich wünschen, daß das Buch trotz oder sogar gerade wegen dieser „Wissenschaftlichkeit" auch außerhalb der engeren Fachkreise gelesen werde; dann kann es vielleicht unmittelbar ein wenig zur Berichtigung der im allgemeinen noch recht naiv-oberflächlichen Vorstellungen vom Geldwesen und seiner Bedeutung beitragen, kann wenigstens die gröbsten Irrtümer beseitigen helfen.

Den Dank, den ich hier zum Ausdruck bringen will, schulde ich Herrn Professor Dr. Adolf Weber, meinem hochverehrten Lehrer. Herr Professor Weber hat mich nicht nur zu der vorliegenden Arbeit veranlaßt, sondern auch ihre Ausführung mit ständiger wärmster Anteilnahme verfolgt und durch immer erneute Ratschläge, Zurechtweisungen, Anregungen gefördert. Es ist mir eine herzliche Freude, ihm auch an dieser Stelle für die vielen Beweise seines gütigen Interesses danken zu können.

(z. Z.) Breslau, am 1. September 1920.

Arthur Wolfgang Cohn.

Inhaltsverzeichnis.

Einleitung.

1. Kapitel.
Erläuterung der Fragestellung.

I.

Kann das Geld abgeschafft werden? Seit Jahrhunderten richten sich Angriffe und Vorwürfe gegen diese Einrichtung. Wiederholt hat man Pläne entworfen, um sie aus der Welt zu schaffen oder wenigstens von Grund auf zu reformieren. Erst in jüngster Zeit sind in dieser Richtung eine ganze Reihe von Versuchen vorgeschlagen und auch praktisch unternommen worden. Zuerst haben in Sowjet-Rußland Lenin und Bucharin ihren Programmen gemäß bei der Entlohnung der Fabrikarbeit das bestehende Geld durch Arbeitszertifikate ersetzt, welche eine der bescheinigten Arbeitsleistung entsprechende Kaufkraft haben. In der Münchener Räterepublik (April 1919) verhinderte nur seine kurze Amtsdauer den Finanzminister Silvio Gesell, seine „Freigeld"-Theorie in die Praxis umzusetzen. Vor allem begünstigen heute Warenknappheit und Geldentwertung die Wiederbelebung des Naturaltauschs: im „Rucksackverkehr zwischen Stadt und Land" (Gruntzel) so gut wie in den zwischenstaatlichen Wirtschaftsabkommen, dem naturalen Güteraustausch im großen, der durch die Störungen im internationalen Zahlungsverkehr bedingt ist. In den Rationierungsmaßnahmen und Preisfestsetzungen der Kriegswirtschaftsämter erblickt ferner Otto Neurath die Anfänge einer „Großnaturalwirtschaft". Schließlich glauben viele sogar, daß schon die fortdauernde Minderung der Kaufkraft des Geldes zu seiner gänzlichen Aufhebung führen müsse.

So einfach, wie die zuletzt Genannten sie sich vorstellen, ist nun die Lösung unserer Frage nicht! Im Gegenteil war bisher nur die Erfolglosigkeit aller Versuche der Beseitigung des Geldes festzustellen. Es ist auch keineswegs die Aufgabe der folgenden Untersuchung, etwa einen neuen Weg zu diesem Ziele aufzuweisen.

Der tatsächliche Ausgangspunkt ist vielmehr gerade das Vergebliche aller solcher Bemühungen, und die zu erörternde Frage geht dahin, ob die Bestrebungen der Geldreformer nur zufällig oder mit Notwendigkeit fehlgingen. Vielleicht waren äußere Umstände, die mit dem Geld an sich gar nichts zu tun hatten, daran schuld? Oder lag es in der Natur des Geldes? Erlauben die Zwecke, denen es dient, seine Aufhebung nicht? Ist seine Beseitigung schlechthin unausführbar oder, wenngleich möglich, doch unzweckmäßig? Unumwunden bejahen kann man keine der letzteren Fragen, schon weil man einer von Menschen geschaffenen Einrichtung nicht Ewigkeitscharakter zuerkennen kann. Andererseits sprechen die Tatsachen auch keineswegs für die Möglichkeit oder gar Zweckmäßigkeit der Abschaffung des Geldes. Mithin wird es wünschenswert, einmal grundsätzlich die Grenzen des Geldes festzustellen: die Bedingungen, unter denen es ganz oder teilweise entbehrt werden kann.

II.

Die Lösung dieser Aufgabe hängt ihrerseits von der Beantwortung einer Vorfrage ab: Was ist Geld? Was bedeutet es? Welchen Sinn hat es? Wenn wir seine Grenzen erkennen, seine Entbehrlichkeit prüfen wollen, so müssen wir uns zuvor über sein Wesen klar werden. Es genügt nicht, den Sachgehalt und Wertcharakter irgendeines tatsächlich (d. h. in einem unserer Kulturländer zu einer historischen Zeit) vorhandenen Geldes zu erforschen; für die Würdigung der durchweg nur auf Phantasievorstellungen gegründeten Reformvorschläge sind aus der Erfahrung keinerlei Maßstäbe zu gewinnen. Wir bedürfen dazu allgemeinerer Grundlagen als nur der Ergebnisse der historisch-statistischen Tatsachenforschung: wir brauchen Wesenserkenntnis.

Jede wissenschaftliche Betrachtung des Geldes, sei es die Untersuchung historischer Einzelerscheinungen, wie des Viehgeldes im Altertum oder des Kriegsnotgeldes der jüngsten Vergangenheit, oder eine statistische Erfassung etwa der gegenwärtig bei uns umlaufenden Papiergeldmassen — jede solche Betrachtung hat, wenn auch immer in einer gewissen Beschränkung, „das Geld" zum Gegenstand. Viehgeld, Notgeld, Papiergeld sind offenbar ganz verschiedene Tatbestände, aber doch alle umfaßt von einem allgemeinen Geldbegriff, alle bloß Arten des Geldes überhaupt. In dieser Allgemeinheit des „Überhaupt" nur steht das Geld für uns in Frage. Nicht darum handelt es sich, ob das

Papiergeld beseitigt werden kann, oder ob umgekehrt die Metalldeckung entbehrlich ist, sondern das Problem erstreckt sich auf
alle aus der Erfahrung und sogar nur phantasievoller Einbildung
bekannten Einzelfälle von Geld überhaupt. Ja, wir müssen sogar
noch einen Schritt weiter gehen: nicht auf die Einzelfälle — seien
sie noch so zahlreich — ist der Blick zu richten, sondern auf
„das Geld schlechthin", auf sein Wesen.

Zwei Gefahren drohen hier ständig: auf der einen Seite
die willkürliche Einengung, auf der anderen eine zu weite Fassung
des Begriffs. Die meisten Geldtheoretiker haben nur den Kreis
der Erfahrungstatsachen ihren Untersuchungen über das Wesen
des Geldes zugrunde gelegt und selbst diesen Kreis mitunter noch
zu eng gezogen; die Folge ist, daß ihre Lehren nur für die von
ihnen betrachteten Geldarten, nicht aber das Geld schlechthin
Gültigkeit haben. Sogar dort aber, wo die tatsächlichen Grundlagen der Theorien übereinstimmen, finden wir noch völlig aus-
einandergehende Meinungen in dem Urteil darüber, was in dem
betrachteten Erfahrungs- und Vorstellungsbereich dem Gelde
„wesentlich" ist, ihm „notwendig" zugehört, und was andererseits
nur „zufällig" mit ihm in Verbindung steht; fast jeder bedeutendere
Forscher hat die Grenzlinie zwischen Wesenhaftem (Eigentüm-
lichem, Spezifischem) und Zufälligem (Akzidentellem) anders gezogen.

Um nur wenige Beispiele zu geben: G r u n t z e l hält das Geld
seinem Wesen nach für eine „zum allgemeinen Tauschmittel erhobene Ware",
wobei er die Ware definiert als den „Träger eines Gebrauchswertes, der Tauschwert erlangt hat" (S. 11). S c h u m p e t e r bemerkt hiergegen, daß „allerdings der Gebrauchswert des Stoffgutes die geschichtliche Grundlage abgibt, auf der das Geld ein bestimmtes Tauschverhältnis zu den anderen
Gütern gewinnt, daß aber sodann sein Wert für j e d e s Wirtschaftsobjekt
und sein Preis auf dem Markte sich von dieser Grundlage entfernen kann
und tatsächlich entfernt" (Theorie, S. 73). Noch schärfer ist die Gegenüberstellung von Ware und Geld bei W i e s e r: „Die W a r e ist das Produkt
auf dem Wege zum letzten Abnehmer, der es nicht mehr weitergeben, sondern
in seinem Gewerbe oder Haushalte brauchen und verbrauchen will. Anders
als das G e l d , das immer neu ausgegeben wird und in jeder Hand seinen
Charakter behält, streift die Ware ihren Charakter ab, sobald sie in die letzte
Hand gelangt ist" (S. 250). Auch S p a n n wendet sich gegen die Warentheorie: „Nur die gemeinsame H a n d l u n g s w e i s e , die hinter jedem
Geldstück steht, und deren Erscheinungsform jedes Geldstück bloß ist, nur
jene Einrichtung als gemeinsame Mithilfe bei jedem Kauf, jeder Zahlung ist
das Geld und damit eben m e h r a l s W a r e — ein Werkzeug höherer
Ordnung!" (S. 142). Ähnlich S t e p h i n g e r : „Die Ware wird in der Absicht in Tausch genommen, sie in eine andere Erscheinungsform überzu-
führen. Geld wird in Tausch genommen, um es in seiner Form zu lassen und

weiter zu vertauschen" (Wert, S. 175). Am weitesten entfernt sich von der
Deutung des Geldes als Ware die sogenannte Anweisungstheorie, nach der
„alles Geld im Hinblick auf die Verwendungsart nur Anweisung auf andere
Sachgüter ist, ein bloßes Z e i c h e n , eine Marke, nicht aber etwas, was uns
durch sich selbst befriedigt" (M o l l , Logik, S. 29). Oder, wie S c h u m -
p e t e r meint, „vergleichen wir die Warenmasse mit dem Raum in einem
Stehparterre und die Geldeinheiten mit den Eintrittsbilletts dazu, so sehen
wir sofort, wovon die Kaufkraft des Geldes abhängen muß, der in diesem
Gleichnis der Raum entspricht, welcher dem einzelnen Besucher des Stehparterres zur Verfügung steht ... Weil das Geldeinkommen auf dem Produk-
tionsmittelmarkt nur erworben wird, um auf dem Genußgütermarkt ausgegeben zu werden, so ist das Wesen des Geldes mit der Analogie mit der Anweisung auf Güter von Bendixen offenbar richtig wiedergegeben"
(Sozialprodukt, S. 647, 635). Schließlich sehen manche in dem Geld bloß
einen „reinen Zahlenbegriff" (E l s t e r), eine „abstrakte Rechnungseinheit"
(L i e f m a n n , D a l b e r g). Alle Theorien, die das Wesen des Geldes in
seiner Verkehrsfunktion aufzeigen, faßt M i s e s in seiner „Klassifikation"
als „katallaktische Geldtheorien" zusammen.

Wo ist Wahrheit? kann man auch hier fragen. Moll nennt
das Problem des Geldbegriffs geradezu einen „Stein der Weisen",
Bendixen spricht ironisch vom „unlösbaren Geldproblem", Neurath von der „Mystik des Geldes". Gibt es gar keine Möglichkeit, das Wesen des Geldes „richtig" zu erkennen? Es sollen
hier nicht die letzten Fragen der Erkenntnislehre erörtert werden;
aber als Grundlegung alles folgenden scheint mir doch die Feststellung geboten:

1. daß die Möglichkeit einer objektiv wahren Erkenntnis des
Wesens des Geldes die logische Voraussetzung jeder systematischen
Erforschung der unter den Begriff Geld fallenden Tatsachen ist;

2. daß die Wesenserkenntnis des Geldes mindestens eine
ideale Aufgabe der Wissenschaft ist, und

3. daß auch die Durchführung dieser Aufgabe unter einem
„idealen Recht" steht, freilich in den Grenzen der jeweils erreichten
Erfahrungs- oder Vorstellungsstufe (Husserl).

Trotz der zum Teil einander unmittelbar zuwiderlaufenden
Meinungen, die bisher über den Geldbegriff geäußert worden
sind, scheint mir das Streben nach der Erkenntnis des wahren
Wesens des Geldes nicht aussichtslos. Ein Doppeltes nur ist dabei
zu beachten: A u s g a n g s p u n k t muß der gesamte der wissenschaftlichen Forschung zugängliche Erfahrungs- und Vorstellungsbereich sein, — und der einzuschlagende W e g ist die allmähliche
Verengung des Erfahrungsstoffs durch Weglassung alles Individuell-
Zufälligen, d. h. alles nur Zeitweiligen, Nebensächlichen, äußerlich

Bedingten, das als solches nicht die spezifische Eigenart des Geldes ausmacht.

Zur philosophischen Rechtfertigung dieser Grundsätze berufe ich mich in der Hauptsache auf die Lehren der P h ä n o m e n o l o g e n , insbesondere H u s s e r l s „Ideen zu einer reinen Phänomenologie und phänomenologischen Philosophie" (vgl. vor allem die ersten 8 Paragraphen). Daß der Gedanke der Wesenserkenntnis, des Verfahrens der „eidetischen Reduktion" in der G e l d l e h r e nichts Neues ist, beweisen die vielen Buch- und Kapitelüberschriften „Wesen des Geldes" (z. B. Bendixen, Richard Hildebrand, Liefmann, Marenzi, Mises). Trotzdem tritt die Selbständigkeit und Eigenart dieser Forschungsweise bei den Geldtheoretikern bisher kaum irgendwo zutage; am ehesten noch bei M a r e n z i , der auf die Möglichkeit eines dritten Erkenntnisweges neben Induktion und Deduktion aufmerksam macht.

Von Vertretern der a l l g e m e i n e n W i r t s c h a f t s t h e o r i e sind D i e t z e l und W i e s e r in diesem Zusammenhange zu nennen. D i e t z e l betont die Notwendigkeit der „I s o l i e r m e t h o d e : . . durch induktives oder deduktives Verfahren vollzogene Beschreibung der s p e - z i f i s c h e n Wirkungsweise gewisser im natürlichen Geschehen wirksamen Kausalmomente unter Bedingungen, wie sie in concreto vielleicht nie vorliegen. Denn es wird ja angenommen, daß die betreffenden Kausalmomente isoliert walten, während sie doch in concreto vielleicht niemals allein, sondern stets mit anderen — bald diesen, bald jenen — Kausalmomenten zusammenwirken. Die Isoliermethode ignoriert die variablen Begleiter, abstrahiert von ihnen" (S. 103, 16/17). Nur insofern kann diesen Ausführungen nicht zugestimmt werden, als es sich bei der Wesenserkenntnis im phänomenologischen Sinne nicht um Induktion oder Deduktion, sondern um das handelt, was oben als die eidetische R e duktion eines Tatsachenkomplexes auf Wesenheiten und Wesenszusammenhänge bezeichnet wurde. Ferner ist die „Wesensschau", welche die Grundlage jeder phänomenologischen Erkenntnis bildet, eine durchaus eigenartige, originäre Sinngebung, keineswegs nur, wie Dietzel meint, ein „indirekter Weg zur Erkenntnis des Konkreten". — W i e s e r kommt der phänomenologischen Betrachtungsweise wohl noch weiter entgegen: „Die A u f g a b e der Wirtschaftstheorie besteht darin, den Inhalt der gemeinen wirtschaftlichen Erfahrung wissenschaftlich auszuschöpfen und zu deuten . . . Die Aufgabe des Theoretikers endigt immer dort, wo die gemeine Erfahrung endigt, und wo die Wissenschaft ihre Beobachtungen im Wege der historischen oder statistischen Arbeit sammeln muß . . . Die M e t h o d e der Wirtschaftstheorie ist empirisch, sie ruht auf Beobachtung und hat kein anderes Ziel als das, die Wirklichkeit zu beschreiben. Während aber der Historiker einen individuellen geschichtlichen Verlauf darstellt und der Statistiker alle gegebenen Fälle zählt, geht der Theoretiker darauf aus, die typischen Erscheinungen und den typischen Verlauf zu beschreiben, mit H i n w e g l a s s u n g . d e s Z u f ä l l i g e n . Er bedient sich hierbei der Hilfsmittel der Isolierung und der Idealisierung, die ja auch in den exakten Naturwissenschaften seit jeher und ohne Bedenken gebraucht werden . . . So wenig wie der Punkt oder die Linie (des Mathematikers) sind seine idealisierenden Annahmen Hypothesen; Hypothesen sind Annahmen über Unbekanntes, diese idealisierenden Annahmen sind dagegen bewußte Umformungen des Bekannten ... Eine echte Wirtschaftstheorie s p e k u l i e r t   n i c h t   i n s   L e e r e; sie ist von Grund aus darauf angelegt, sich mit den Methoden der reinen Empirie zu verbinden, denen sie vorarbeitet" (S. 133/134). Fast alle Merkmale der phänomenologischen Betrachtungsweise sind hier, wenngleich noch verhüllt, vorhanden: die Zwischenstellung zwischen tatsächlicher Erfahrung und reiner Spekulation, zwischen invidiueller Zufälligkeit und leerem Formalismus, zwischen historischstatistischer Induktion und hypothetischer Deduktion. Bemerkenswert ist insbesondere die Hervorhebung der Isolierung und Idealisierung. Der letzteren entspricht etwa die eidetische „Aufweisung", der Isolierung die „Eingrenzung — indem gezeigt wird, was die Wesenheit alles noch n i c h t ist —" (Scheler). Aufweisung und Eingrenzung machen in diesem Sinne das Wesen der phänomenologischen Forschung aus.

III.

Wenn es gelungen ist, das Wesen des Geldes, seinen Sinn und Wert rein zu bestimmen, so wird auch festzustellen sein, ob die so oft geplante und versuchte Abschaffung des Geldes aus „äußeren" oder „inneren" Gründen immer erfolglos blieb. Und es wird sich weiterhin ergeben, ob und unter welchen Bedingungen dieses Ziel überhaupt erreichbar und erstrebenswert ist.

Nach den beiden erwähnten Problemen: dem allgemeinen der reinen Wesenserkenntnis des Geldes und dem besonderen seiner Entbehrlichkeit g l i e d e r n sich auch die nachstehenden Ausführungen. Der erste Teil dient der Behandlung der Vorfrage: der Darlegung der theoretischen und praktischen Bedeutung des Geldes, der zweite der Hauptfrage: der Untersuchung der Möglichkeit und Zweckmäßigkeit seiner — völligen oder teilweisen — Beseitigung; und zwar soll die Hauptfrage in Form einer Kritik der tatsächlich vorgebrachten Anregungen erörtert werden.

Zum Schluß noch eine Bemerkung, welche die hier gestellten Aufgaben erheblich einschränkt: nur im Hinblick auf W i r t s c h a f t und W i r t s c h a f t s l e b e n soll das Geld hier betrachtet werden. Von dieser e i n e n S e i t e aus wollen wir an die Probleme herantreten und nur erörtern, was sich bei dieser besonderen Einstellung erschließt. So kommen z. B. gesellschafts- und rechtswissenschaftliche oder psychologische Fragen nur insoweit in Betracht, als sie von der wirtschaftlichen Behandlung nicht zu trennen sind. (Über diese „Einseitigkeit" vgl. insbesondere A d o l f W e b e r, Volkswirtschaftslehre, S. 9 flg.)

Erster Teil

Das Wesen des Geldes.

2. Kapitel.
Die Dienerrolle des Geldes als Mittler am Markt.

I.

Was ist der Sinn des Geldes? So lautet unsere erste Frage. Nicht etwa nur: Was ist Geld? Denn da könnte man ausweichend antworten: Geld ist alles, was in der historischen Wirklichkeit diesen Namen trägt. Für den Geschichtsschreiber mag es genügen, daß eine Erscheinung als Geld bezeichnet wird; wir dagegen dürfen den Namen eben nur als ein Zeichen nehmen und müssen untersuchen, wofür er ein Zeichen ist, was er meint. Wenn ich einem Gegenstand die Bezeichnung Geld zulege, so ist das der Ausdruck einer Sinngebung; die Bestätigung, daß ich das individuelle Ding in ein ganz bestimmtes Bewußtseinsfach einordne. Und diese Einfächerung wieder ist nicht etwa willkürlich; es wäre „widersinnig", einen Taler ein Rad zu nennen, nur weil er wie dieses rund ist.

Unsere Aufgabe ist daher: die Bezeichnung Geld sinngemäß zu deuten. Wir können sie nur lösen, wenn wir auf das sinngebende Bewußtsein, die „originär gebenden Akte" (Husserl) zurückgehen, in denen wir das Geld in seiner Eigenart erschauen. Keineswegs kommen alle unsere Erlebnisweisen dafür in Betracht. So z. B. nicht das schlichte Wahrnehmen: Ein Fünfpfennigstück sieht einer Spielmarke weit ähnlicher als einem Darlehnskassenschein; trotzdem bildet es nicht mit der Marke, sondern mit dem Schein eine Sinneseinheit. Auch pflegen wir das Geld überhaupt nicht bloß in einfacher Wahrnehmung zu erleben, sondern treten ihm in der Regel wertend gegenüber; wenn wir Geld sehen oder von ihm hören, sind wir in bestimmter Weise interessiert. Das Wesen des Geldes offenbart sich nicht im Wahrnehmen, sondern im „Wertnehmen" (Dietrich Hildebrand).

Welche Art der Werthaltung ist nun aber wieder der Akt der spezifischen Sinngebung? Und erlangt das Geld überhaupt durch eine bestimmte Art der Wertschätzung seine Bedeutung, oder ist nicht seine Beliebtheit umgekehrt die Folge davon, daß es Geld ist? Wir schätzen am Goldstück den Glanz, am Papier die Sauberkeit, und doch hängt es offenbar nicht von dem Glanz und der Sauberkeit der Gegenstände ab, ob sie Geld sind; auch die verblichene Münze, der schmutzstarrende Schein braucht den Geldcharakter nicht verloren zu haben. Bei schärferer Überlegung kommen wir zu dem Ergebnis, daß wir es den Münzen und Scheinen überhaupt nicht ansehen können, ob sie Geld sind — es sei denn, daß wir dessen Merkmale schon kennen —, und daß auch die tatsächliche Wertschätzung des Geldes das Vorwissen um seinen Geldcharakter bereits voraussetzt. Wir werten das Geld entsprechend seiner Geltung; nicht gilt es durch die bloße Wertschätzung (vgl. die treffende Kritik Bendixens — Inflationsproblem, S. 21 flg. — an dem Diehlschen Metallismus). Man muß von dem Wert des Geldstoffes, auch von der staatlichen Sanktion zunächst absehen, wenn man zu dem Wesen des Geldes vordringen will; denn auch die unschönen, ja selbst die unechten, gefälschten Geldstücke und -scheine sind immer noch Geld, — solange sie als solches gebraucht werden. Nicht vom Äußeren oder von der urkundlichen Echtheit her erschließt sich der Sinn des Geldes, sondern in seinem Gebrauch. Nach Knapp ist das Geld „ein Geschöpf der Rechtsordnung". Die Falschmünzerei indes bedeutet gerade einen Bruch dieser Ordnung; der Taler ist ein productum sceleris. Trotzdem kann er Geld sein, wie die Erfahrung zeigt. In keiner Weise wird das echte vom unechten Geld unterschieden, bevor sein Mangel von den Hütern der verletzten Rechtsordnung entdeckt und bekannt gegeben ist. Mit dieser Bekanntmachung aber — und erst recht mit seiner Einziehung — hört der falsche Taler auf Geld zu sein, da er nun als solches nicht mehr brauchbar ist. Der bewußte Gebrauch der falschen Münze ist mit der Gefahr der Bestrafung verknüpft, und damit hat sie ihre Rolle ausgespielt.

Der Sinn des Geldes also — seine Brauchbarkeit; die spezifische Rolle, die es als Werkzeug menschlichen Handelns spielt, macht seine Eigenart aus. Und zwar sind es insbesondere zwei Verhaltungsweisen, welche das Geld zum begrifflichen Korrelat haben, sich ihm gegenüber als sinngebend erweisen: das Rechnen und das Zahlen.

II.

„Die Qualität des Geldes besteht ausschließlich in seiner Quantität", schreibt Simmel; das „Geldinteresse" zeichnet sich durch die „Beschränkung auf die Frage des Wieviel" aus. Auf jedem Geldstück und Geldschein steht eine Z a h l und bezeichnet seine Geltung. Ein silbernes 5 Mark-Stück ist e in Ding, und fünf Darlehnskassenscheine zu je 1 Mark sind f ü n f Dinge, und in Stoff, Größe, Form, Aufdruck von jenem verschieden; gleichwohl gel t en sie dasselbe: das Fünffache der Einheit Mark. Es kennzeichnet mein Verhalten dem Gelde gegenüber, daß ich es kaum auf etwas anderes hin prüfe als auf seine Zahlbedeutung. (Selbst seine örtliche Beschränkung übersehe ich leichter; man denke an die vielfache Verirrung des jetzt von größeren Städten ausgegebenen Notgeldes.) Hier erschließt sich eine Wesenheit des Geldes: es ist allgemein und notwendig R e c h e n g e l d. Mag man seine Einheit durch welche Menge welchen Stoffs auch immer definieren, mögen das Vielfache und die Bruchteile dieser Einheit, welche die Stücke darstellen, nach dem Dezimal- oder einem sonstigen Zahlensystem bestimmt sein, — auf alle Fälle muß ich „mit Geld" und „in Geld" r e c h n e n können.

Die Geldrechnung ist jedoch von jedem anderen Rechnen wohl zu unterscheiden. Die Arithmetik des Geldes — die übrigens sehr einfach ist: in der Hauptsache nur ein Addieren und Subtrahieren — ist nicht um ihrer selbst willen da; sie ist vielmehr nur Mittel zur Erreichung e i n e s a u ß e r h a l b d e r Z a h l e n w e l t gelegenen Zweckes. Subjekt der Geldrechnung ist nicht der Rechenkünstler, sondern das Kind, das sein Taschengeld verwaltet; die Hausfrau, die mit dem Wochengeld auskommen muß; der Unternehmer, der überlegt, wieviel Geld er in seinen Betrieb hineinstecken darf; kurz: der Ökonom, der w i r t s c h a f t e n d e Mensch. Die Einheit Mark, mit der ich rechne, ist durchaus wesensverschieden von der Einheit Meter oder Tonne. Diese dienen mir in der Regel zu schlichter Erkenntnis irgendwelcher Raum- oder Gewichtsverhältnisse, zu einfachen Messungen, theoretischen Größenfeststellungen. Nicht so die Mark: sie bildet für mich den Maßstab einer ganz bestimmten W e r t h a l t u n g, und nicht nur für mich, sondern sie ist der zahlenmäßige Ausdruck übereinstimmender quantifizierter Schätzungen aller Glieder einer „Bewertungsgesellschaft" (Soda, Stephinger).

Der „isolierte Wirt" (Robinson, Einsiedler) kann das Verhältnis seiner Lebensbedürfnisse zu den naturgegebenen Möglichkeiten ihrer Befriedigung unmittelbar nach Art und Größe feststellen und danach die Entscheidung treffen, welche sein wirtschaftliches Verhalten: sein Arbeiten, sein Sparen, sein Wagen bestimmen. Diese Feststellungen und Abwägungen sind aber erheblich erschwert, wenn die isolierte zur gesellschaftlichen Wirtschaft wird. Die individuellen Wünsche und Strebungen treten hier im Hinblick auf die Gegenstände des Begehrens miteinander in Beziehung: zur natürlichen fügt sich die soziale Güterknappheit, sofern der Bedarf mehrerer Individuen nur durch ein und dieselbe Güterart und -menge gedeckt werden kann. Andererseits ergibt sich auch eine gesellschaftliche Beziehung der wirtschaftlichen Leistungen, ein Verhältnis von Leistung und Gegenleistung: die gesellschaftliche Arbeit fordert ihren Lohn, das Zur-Verfügung-Stellen „vorgetaner Arbeit" (Rodbertus) seinen Zins und die Übernahme der Gefahrtragung eine Risikoprämie. Die gesellschaftliche Wirtschaft braucht darum nicht bloß Werterkenntnisse, die eine Ordnung der Güterbeschaffung und -verwendung ermöglichen, sondern sie bedarf auch eines Maßstabes für den Güterabsatz und die Güterverteilung. Und dies um so notwendiger, als die individuelle Bewertung der Wirtschaftsgüter ebenso wie die persönliche Einschätzung der eigenen und fremden Leistungen außerordentlich mannigfaltig ist. Solange der Kreis der Wirtschaftsgesellschaft nur klein ist, können die Einzelnen sich noch mit ihren Bedürfnissen und Fähigkeiten wechselseitig vertraut machen und sich von Fall zu Fall einander anpassen. Entweder wird dann die Verteilung zur autoritären Zuteilung auf Grund persönlicher Kenntnis des allseitigen Bedarfs und der verfügbaren Gütermengen, wie sie etwa der römische pater familias hinsichtlich seines Gewaltbereichs gehabt haben mag. Oder aber die vom Einzelnen über den Selbstbedarf hinaus beschafften Güter (Waren) werden im Wege des freien Tausches ausgewechselt (so z. B. in den Anfängen des Naturalverkehrs, aber selbst noch im Zeitalter der Kundenwirtschaft), wo jeder seinen Überschuß an· denjenigen abgibt, von dem er das ihm Fehlende erlangen kann. Im Falle der Hauswirtschaft liegt der Typ der Verwaltungs-, beim Tausch eine Form der Verkehrswirtschaft vor; in der ersteren beherrscht ein Wille die organisierte Wirtschaftsgesellschaft, während in der letzteren sich die wirtschaftlichen Vorgänge aus dem Zusammenwirken mindestens zweier — beim „mittelbaren Tausch" (Mises) mehrerer — in ihren Entschlüssen grundsätzlich freier Wirtschaftspersonen ergeben. Bei dieser typischen Verschiedenheit haben die kleinen Gesellschaftswirtschaften vom Schlage der Haus- oder primitiven Tauschwirtschaft doch ein Gemeinsames: die für die Überleitung der Güter — ob durch Zuweisung oder Austausch — maßgebenden Wertungen beziehen sich auf die einzelnen nach Art und Menge bestimmten Gegenstände, ebenso wie sie die individuellen Bedürfnisse und Leistungen der zu Versorgenden berücksichtigen. Der Hausvater wie der Tauschende ziehen, soweit angängig, den Vorrat und Bedarf an Gütern und Diensten unmittelbar in Betracht, werten sie in natura; ihre Wirtschaftsführung kann sich noch im Bereich der Naturalwirtschaft halten.

Das wird jedoch in dem Augenblick unmöglich, wo der wirtschaftliche Verkehr sich so verändert, daß die Tauschwirtschaft zur Marktwirtschaft wird. Der Kreis der Wirtschaftspersonen, die zu „tauschweisem Einwurf ihrer Waren in den volkswirtschaftlichen Prozeß" (Wieser) am Markt zusammenkommen, ist grundsätzlich unbegrenzt. (Dieser grundsätzlichen Feststellung widerspricht es nicht, daß sich tatsächlich gewisse Beschränkungen — Zulassungsnormen und dergleichen — finden; das wirkliche Leben bewegt sich immer in Kompromissen und Übergängen.) Angebot und Nachfrage am Markt sind ihrem Wesen nach frei, die festen Kundenbeziehungen in den Hintergrund gedrängt und das Verhältnis zwischen dem gesellschaftlichen Bedarf und dem Versorgungsstande nicht mehr unmittelbar zu übersehen. Die Wertungen der Einzelwirte führen nicht mehr geradeswegs zum Austausch der Waren, sondern die Gesamtheit aller individuellen Schätzungen vereinigt sich hier zunächst zu einer gesellschaftlichen Wertbestimmung: dem Preis. Im Preis erhalten die Gegenstände des Marktverkehrs — Sachgüter und menschliche Dienste — einen Verkehrswert, der nicht notwendig mit dem Tauschwert übereinstimmt, den sie für den Einzelwirt haben. Der Preis der Waren steht vielmehr zum Tauschwert, mit dem man ihn meist verwechselt, in scharfem Wesensgegensatz. Der Tauschwert ist persönlich, der Preis gesellschaftlich gesetzt; über den Tauschwert entscheidet das subjektive Verhältnis des Tauschenden zum Tauschgut, während der Preis der Ware als solcher, als dem Objekt des Marktverkehrs anhaftet, ohne Rücksicht auf das persönliche Wertfühlen des Anbietenden oder Nachfragenden („feste Preise"). Weiter ist der Tauschwert immer einem speziell bestimmten Gegenstand beigelegt, während der Preis eine gattungsmäßige, generelle Wertung „vertretbarer" Güter darstellt. Schließlich wird die qualitative Einschätzung der Güter, welche einen wesentlichen Bestim-

mungsgrund des Tauschwertes ausmacht, im Preis durch die quantitative Feststellung verdrängt; Unterschiede der Art werden zu
Verschiedenheiten des Maßes, die Mannigfaltigkeit des Was ver-
einfacht sich zum Wieviel. Der persönlich - subjektiv -
speziell-qualitativ bestimmte Tauschwert weicht also
im Preis einem gesellschaftlich-objektiv-generell-
quantitativ festgesetzten Verkehrswert, dessen Aus-
drucksmittel letzten Endes die Zahl ist.

Daß der Unterschied des Preises vom Tauschwert doch hier und da
schon anerkannt wird, zeigt A m o n n s Erklärung des Preises als der
„Objektivation der individualistischen Verkehrsbeziehung . . . Verschiedene
Verkehrsobjekte können einen ganz gleichen Preis im sozialen Verkehr und
dabei doch eine ganz verschiedene Bedeutung für die konkreten Wirtschaftszwecke der einzelnen Individuen haben, für welche ein und derselbe Preis
im sozialen Verkehr gilt" (S. 341). Ebenso ist nach S t e p h i n g e r der
Preis als „Verkehrswert nicht mit dem Tauschwert identisch; denn der
Verkehrswert beruht auf quantitativer Überlegung, der Tauschwert aber
ist die Brauchbarkeit, Tauschmittel zu sein" (Theorie, S. 216). Endlich
stimmen auch C a s s e l und S c h u m p e t e r dieser Auffassung des
Preises zu: Cassel betont die Notwendigkeit, die Waren für den Marktverkehr zu „tarifieren", und Schumpeter hebt hervor, daß „auf dem
Markte jedes Gut nur einen Preis haben wird; alle Wirtschaftssubjekte rechnen mit diesen Preisen und treffen miteinander in diesem Punkte auf ge-
-meinsamem Boden zusammen" (Theorie, S. 75).

Der Maßstab dieses Verkehrswertes nun, der Generalnenner
der gesellschaftlichen Werthaltungen, die „abstrakte Rechnungseinheit" (Liefmann), die den zahlenmäßigen Ausdruck der Preise
ermöglicht — das ist das Geld. So ist es, in seiner Wesenheit
als „Rechenpfennig" (Schumpeter), ein unerläßliches Hilfsmittel für
den Marktverkehr, wo seine Anwendung allein die Schwierigkeit
der „qualitativen und quantitativen Nichtdeckung von Angebot und
Nachfrage" (Adolph Wagner) überwinden läßt.

Hiermit übereinstimmend auch C a s s e l: „Ein Gut, das die Rolle
eines gemeinsamen Nenners für die Schätzungen anderer Güter spielt, nennen
wir Geld"; es ist das „Substrat der allgemeinen Rechnungsskala" (Sozialökonomie, S. 38/39). Nach S o d a sind in der Marktwirtschaft „der wirtschaftliche Wert und der objektive Ausdruck des Wertes, d. h. das Geld, zwei
gleichzeitig entstehende Korrelatbegriffe" (Geld, S. 166/167); denn das
Geld ist „die gleichzeitig mit der Verkehrswirtschaft entstehende Institution
und zwar ihre immanente begriffliche Voraussetzung", nicht etwa nur „eine
spezielle Institution zur Zeit der Verkehrswirtschaft, neben der verschiedene
andere Institutionen gleichberechtigt bestehen" (ebenda, S. 153). S o d a
will sogar den „Geldbegriff als die begriffliche Voraussetzung der verschiedenen (wirtschaftlichen) Grundbegriffe in den Mittelpunkt der Wirtschaftslehre gestellt" sehen (ebenda, S. 165; vgl. auch unten 10. Kapitel, 11).

Aus der Natur des Geldes als Rechengeld folgt mit Notwendigkeit seine Abstraktheit: sein völliges Losgelöstsein von stofflichen Elementen. Es kann das so weit gehen, daß das Gut, das den Maßstab der Geldeinheit abgibt, selbst an dieser gemessen wird: „Der Ochse als Rechnungseinheit für Wertschätzungen bekommt notwendig eine besondere, rein abstrakte Bedeutung. Der wirkliche Ochse wird in dieser Einheit wie andere Güter geschätzt, und zwar zu sehr wechselnden Beträgen" (Cassel, S. 323). Die einzige Differenzierung des Rechengeldes ist die zahlenmäßige Größe: der Betrag. Geldbeträge allein sind Gegenstand der Geldrechnung, Geldbeträge der Ausdruck der gesellschaftswirtschaftlichen Wertschätzung. Im Geldbetrag erlangt das Geld zuerst einen spezifischen Sinn: als Werkzeug der zahlenmäßigen Ordnung der gesellschaftlichen Wertungen in der Marktwirtschaft.

III.

Die abstrakte Natur des Geldes als des Generalnenners der verkehrswirtschaftlichen Rechnungen erschöpft sein Wesen nicht. So wenig das bloße Rechnen, das ausschließlich psychische Vergleichen der Zahlenbeträge für sich allein schon ein Wirtschaften ist, so gewiß vielmehr ein Handeln, die Ausführung eines Entschlusses dazu gefordert wird, — so muß auch im Hinblick auf das Geld dem bloßen Denkvorgang die Tat folgen: die Zahlung. Ist das Geld im Rechnen als abstrakter Zahlbegriff gegeben, so zeigt es sich hier als konkretes Zahlungsmittel.

Das Wort „Zahlung" kennzeichnet die Eigenart der Übertragung von körperlichen Dingen (Metallstücken oder Papierblättchen), welche ein Vielfaches der Rechnungseinheit, einen bestimmten Geldbetrag verkörpern. Dieser Betrag allein entscheidet über die Menge der hinzugebenden Münzen oder Scheine, nicht deren Stückzahl. Ob ich zwei Darlehnskassenscheine zu je zwei Mark und einen zu einer Mark oder zehn 50-Pfennig-Gutscheine oder einen Reichskassenschein zur Zahlung eines Betrages von fünf Mark verwende, ist völlig gleichgültig; nur „die Summe muß stimmen". Der Kassenbeamte, der hundert Mark in 20 Mark-Noten auszahlt, zählt darum auch nicht: 1, 2, 3, 4, 5, sondern: 20, 40, 60, 80, 100.

Wie das Rechengeld, so ist auch das Zahlungsmittel hier nur von einer Seite zu betrachten: in seiner Beziehung auf das Wirtschaftsleben. (Man könnte auch die Technik der Zahlung oder ihre rechtliche Bedeutung untersuchen; aber hier steht das Wirtschaftliche nach der Stellung der Aufgabe im Vordergrunde.) Es

ist nun ohne Zweifel eine wirtschaftlich nicht unerhebliche Wesenheit des Geldes, als Zahlungsmittel zu dienen. Ob mit der Zahlung
eine Verpflichtung eingelöst, eine Schuld getilgt wird, ist für den
Wirtschaftswissenschaftler an sich gleichgültig; die rechtlichen
Sachverhalte interessieren ihn nicht unmittelbar. Wohl aber die
Förderung des Wirtschaftsverkehrs, die sich aus der Einführung
der Geldzahlung in den Austausch der Güter ergibt: die Zerlegung der einen Tauschhandlung in mehrere nach Subjekt
und Objekt, Ort und Zeit gänzlich verschiedene Kauf-Verkauf-
akte. Erst das Dazwischentreten des Geldes als allgemeinen
Umtauschmittels, als Zirkulationsmittels schlechthin ermöglicht diese
Zerlegung, ohne welche die Erweiterung des ursprünglichen Naturaltausches zum Marktverkehr niemals hätte durchgeführt werden
können. Ist das Geld als Preisausdruck „geistiges" Werkzeug
der Marktwirtschaft, so als Zahlungsmittel der „körperliche" Mittler
des Wirtschaftsverkehrs.

Praktisch durchaus möglich und auch tatsächlich vorgekommen ist
es, daß die abstrakte Einheit des Rechengeldes und das Grundmaß für die
Zahlungen auseinanderfallen. So berichtet A m o n n: In Österreich war der
Gulden ursprünglich die Einheit eines technischen Tauschmittels und zugleich die Einheit eines ideellen — lediglich im Bewußtsein der Verkehrs-
subjekte existierenden — Preismaßes und Preisausdrucksmittels. Aus verschiedenen Umständen t... nach und nach eine Entwertung des Guldens
ein, d. h. der Gulden als technisches Tauschmittel war jetzt weniger wert,
gemessen in der ursprünglichen Einheit des Guldens als allgemeinem Preismaß und Preisausdrucksmittel: für eine Ware, die 10 Gulden k o s t e t,
muß man jetzt 11 oder 12 Gulden z a h l e n in Geld" (S. 347/348; vgl.
auch C a s s e l, S. 329; H e l f f e r i c h, S. 272; B ü c h e r, S. 112; Adolph
W a g n e r, S. 119). Daraufhin hat sich unter den Geldtheoretikern ein
Streit entsponnen, ob das Geld „reales Tauschmittel" oder „ideeller Wert-
ausdruck" sei. Namentlich die „Nomimalisten" L i e f m a n n, K a r l
E l s t e r, D a l b e r g sehen das Geld ausschließlich als „Zahlbegriff",
als „abstrakte Rechnungseinheit" an. Für E l s t e r sind die Geldstücke
und -scheine nur „Geldzeichen", und nach L i e f m a n n „beginnt die eigentliche Epoche der Geldwirtschaft erst, wenn die Verkörperung der abstrakten
Rechnungseinheit in einem wertgeschätzten Sachgut nicht mehr erforderlich
ist" (Geld, S. 191). A m o n n bemerkt hierzu, daß „die empirische Erscheinung des Geldes überhaupt nicht durch e i n e n Begriff restlos erfaßt werden kann, und da ihr „in der nationalökonomischen Betrachtung zwei verschiedene Begriffe — reales Tauschmittel und objektiver Ausdruck des
Wertes — korrespondieren, steht es von vornherein frei, die B e z e i c h -
n u n g Geld dem einen oder anderen der Begriffe beizulegen" (S. 421 Anm.).
Mit Rücksicht auf das „populäre Bewußtsein" empfiehlt Amonn, „die
Bezeichnung Geld dem Begriff des realen Tauschmittels vorzubehalten".
Gegen diesen letzteren Vorschlag ist einzuwenden, daß die Geldlehre nicht

die Aufgabe hat, den N a m e n des Geldes endgültig sicherzustellen, sondern Tatbestände, Wesenheiten zu erforschen. Als eine Zurechtweisung der Amonnschen willkürlichen Namengebung erscheint C a s s e l s Hinweis, daß in der Geldtheorie bisher „das Geld wesentlich als ein materielles Gut aufgefaßt werde" und daher „das materielle Zahlungsmittel in unrichtiger Weise in den Vordergrund gestellt werden mußte". Cassel betont im Gegensatz hierzu, „daß der Begriff des Geldes nicht durch Eigenschaften eines Dinges, sondern durch die wesentlichen F u n k t i o n e n des Dinges bestimmt werden muß" und „in Konsequenz dieser Auffassung die Analyse direkt auf die wesentlichen Geldfunktionen gerichtet wird: d i e Z u - s a m m e n f a s s u n g d e r E i n r i c h t u n g e n , d u r c h w e l c h e d i e s e F u n k t i o n e n e r f ü l l t w e r d e n , m u ß d a n n a l s d a s G e l d w e s e n b e z e i c h n e t w e r d e n . Die Frage, was als m a t e - r i e l l e s G e l d gelten soll, bekommt dann e r s t i n z w e i t e r L i n i e Interesse. Sie kann dahin beantwortet werden, daß j e d e s a l l g e m e i n e Z a h l u n g s m i t t e l , d a s a l s s o l c h e s a n e r k a n n t w i r d , G e l d i s t" (S. 329/330).

IV.

Jede wirtschaftliche Verkehrshandlung knüpft sich heute an das Geld: Kein Preis ohne Geldrechnung, kein Güterumlauf ohne Zahlung (mag diese nun unmittelbar vollzogen oder gestundet werden). Undenkbar ist der Marktverkehr ohne das Geld als „Umtauschmittel und Rechenpfennig" (Adolf Weber), undenkbar das Ineinandergreifen der miteinander verketteten Einzelwirtschaften ohne dieses gemeinsame Verkehrsmittel. Liegt es da nun nicht nahe, im Gelde selbst ein hohes, wo nicht gar das höchste W i r t s c h a f t s g u t zu sehen? Es den W a r e n gleichzustellen, deren Preis es ausdrückt, und gegen die es umgetauscht wird? Ihm sogar die Vorzugsstellung der „Ware aller Waren" einzuräumen? Zumal das Geld doch bis heute durch allgemeine Anschauungen und gesetzliche Regelung mit dem kostbaren Edelmetall Gold stofflich verbunden ist. Sicher ist es unter diesen Umständen verständlich, wenn noch immer vielen Geldtheoretikern und erst recht den Männern der Praxis das Geld als Ware und als „gutes" Geld nur das Gold erscheint.

Es sei hier nur auf die im Quellenverzeichnis aufgeführten Schriften von B u d g e , D i e h l , G r ü n t z e l und M o l l verwiesen, sowie andererseits auf die namentlich von B e n d i x e n , D a l b e r g , E l s t e r , H a h n , H e y n , K n a p p , L i e f m a n n gegen den „Goldwahn" gerichteten Angriffe. Einige Stichproben des Gegensatzes zwischen der Waren- und der Anweisungstheorie des Geldes wurden bereits oben im Einleitungskapitel gegeben (II).

Die Auffassung der Metallisten und Warentheoretiker muß insoweit bekämpft werden, wie sie das g e s c h i c h t l i c h e W e r d e n

des Geldes mit seinem wesenhaften (nicht nur tatsächlichen)
Sein verwechselt. Die Entstehung des Geldes schildert Mises
ganz richtig in zwei Sätzen: „So sind aus einem Bedürfnis des
Verkehrs heraus eine Reihe von Waren allmählich allgemein
gebräuchliche Tauschmittel geworden. Der Kreis dieser Waren
verengte sich immer mehr, bis zuletzt nur mehr ein einziges Gut
übrig blieb, welches allgemein als Tauschmittel gebraucht wurde:
das Geld" (Theorie, S. 7). Gerade dadurch, daß es Geld wurde,
hat aber das fragliche Tauschgut seinen Warencharakter abge-
streift. Mag selbst heute noch die Goldwährung bestehen, so ist
das Geld deshalb doch niemals den anderen Wirtschaftsgütern
gleichzustellen: es ist nicht wie die Waren, die ihren „letzten Abnehmer" suchen (Wieser). „Die Operation Kauf — Verkauf ist
nur der Austausch eines Gegenstandes gegen eine Möglichkeit"
(Solvay); das Geld ist weder unmittelbares Genußgut noch Produktionsmittel. Man kann es nicht essen, sich nicht damit kleiden;
höchstens einen Schmuck- oder Sammelwert kann die Metallmünze
haben, und auch das nur unter Aufgabe ihres Geldcharakters;
denn die Busennadel und das Museumsstück sind dem Gelddienst
und dem Zahlungsverkehr entzogen, Geld aber ist nur, „was
Geldesdienst verrichtet" (Laughlin-Hoffmann). Auch als Verkehrsmittel hat das Geld für den Wirtschaftszweck nicht dieselbe
Bedeutung wie etwa Schiff und Wagen. Die letzteren werden,
nicht anders als die Genußgegenstände, als stoffliche Güter hergestellt, in Gebrauch genommen und abgenutzt; sie sind ebenfalls
Wirtschaftsgüter und wie die zu unmittelbarer Bedürfnisbefriedigung dienenden Nutzdinge den Gesetzen der Preisbildung unterworfen. Anders das Geld. Es hat nur dort noch seinen Warencharakter — der sich in einem Marktpreis des Geldes (Kurs)
zeigt — beibehalten, wo seine Verkehrsfähigkeit beschränkt ist:
auf dem Weltmarkt. Gerade weil das Geld historisch noch
nicht Weltgeld ist, kommt es im internationalen Verkehr noch
als Ware vor, hat es selbst einen Preis, der sich durch Angebot
und Nachfrage bildet wie bei anderen Marktgütern. (Näheres
hierüber im folgenden Kapitel, III.) Ein Widersinn aber ist es,
dem Geld als solchem eine Warennatur zuzuschreiben und wo-
möglich den Maßstab seiner eigenartigen Wertschätzung im Stoff
des Zahlungsmittels zu suchen; im Gegenteil „tritt der Geldcharakter eines materiellen Geldes um so stärker hervor, je aus-
schließlicher es als Geld verwendet wird, je mehr sich das Geld
von der Ware loslöst" (Cassel, S. 330). Negativ nur kann man

den Warenbegriff auf das Wesen des Geldes beziehen: Es ist das einzige Gut in der Verkehrswirtschaft, das niemals den letzten Abnehmer findet, das — begrifflich — ewig umläuft! Es ist nicht selbst ein „Tauschgut", ein Gegenstand mit eigenem verkehrswirtschaftlichem Wert, sondern es ist nur ein Werkzeug, ein gesellschaftliches Hilfsmittel zur Bewältigung der Preisbildung und des Warenabsatzes in der Marktwirtschaft: die „reine Form der Tauschbarkeit der Dinge" (Simmel).

3. Kapitel

Die Herrenrolle des Geldes als Verkörperung von Kaufkraft.

I.

Es ist schon angedeutet worden, daß die Ablehnung der Warentheorie des Geldes und des Metallismus einer gewissen Einschränkung bedarf. Das Geld ist keine Ware und sein Stoffgehalt unerheblich, soweit man es rein wirtschaftlich betrachtet. (Grundsätzliches zur Frage der reinen Wirtschaft — als des Inbegriffs des „Wirtschaftlichen überhaupt" — vgl. in meinem im Quellenverzeichnis angeführten Aufsatz.)

Eine jede Ware stellt einen rein wirtschaftlichen Wertverhalt dar und bildet nur als solche einen Gegenstand des gesellschaftlichen Verkehrs. Mag sie als Genußgut unmittelbar zur Befriedigung der menschlichen Lebensbedürfnisse verfügbar sein oder als Produktions- oder Transportmittel der Überwindung sachlicher oder örtlicher Güterknappheit dienen, — in beiden Fällen handelt es sich um Objekte, die in jeder Wirtschaft den Zweck des Wirtschaftens: die Deckung des menschlichen Lebensbedarfs, erreichen helfen. Jeder Wirt, ob er isoliert oder in Gemeinschaft mit anderen wirtschaftet, muß über den augenblicklichen Bedarf hinaus Güter beschaffen, muß vorsorgen, die später zu leistende Arbeit durch „vorgetane Arbeit" erleichtern (Waffen, Werkzeuge, Maschinen). Die Ware ist nur die verkehrswirtschaftliche Form des Überschußgutes und damit auf einen rein wirtschaftlichen Tatbestand zurückführbar.

Wie nun aber das Geld? Hat es ebenfalls einen rein wirtschaftlichen Wertgehalt? Oder ist es nicht vielmehr, nur auf den Wirtschaftszweck hin betrachtet, ganz bedeutungslos? In der isolierten Wirtschaft hat es gar keine Stelle: Was sollte ein Robinson mit Geld anfangen? Aber auch in der gesellschaftlichen Wirtschaft gewährt es keine „reale Befriedigung" (Knapp). Bei keiner der rein wirtschaftlichen Leistungen ist es von Nutzen: Es ist kein

Werkzeug der Arbeit, und durch sein Sparen kann der Bestand
der Wirtschaftsgüter auch nicht verändert werden; Geld zu „ris-
kieren", ist rein wirtschaftlich überhaupt sinnlos, da ja gar nichts
dabei aufs Spiel zu setzen ist, wenn nicht gerade der Geldstoff.
Das Geld kann nicht wie die Wirtschaftsgüter durch seinen Gebrauch oder Verbrauch genutzt werden, sondern nur durch seine
Entäußerung, seinen Umtausch gegen Waren. Nicht „real",
sondern „zirkulatorisch" befriedigt es, nicht auf die — rein wirtschaftliche — Beschaffung und Verwendung der Güter übt es
unmittelbar einen Einfluß, sondern es erleichtert nur die Verteilung in der Form des Austausches. Nicht die Gesamtheit der
Tauschenden, sondern den Einzelnen fördert es, kraft der gesellschaftlichen Geltung als Umtauschmittel und Preismaß. Wenn
man es als Ware ansieht, so ist das nicht der Ausfluß gesell-
schaftswirtschaftlicher, sondern „privatwirtschaftlicher" Interessen.
In der Gesamtwirtschaft (sog. Volkswirtschaft) spielt das Geld
nur eine Dienerrolle, als Vermittler des Güteraustausches am
Markt; in der Einzelwirtschaft aber ist es Herr, weil sein
Besitz die ideale Möglichkeit uneingeschränkten Umtausches gegen
real nutzbare Wirtschaftsgüter gewährt. Für den Einzelwirt
bedeutet Geld „Kaufkraft"; denn Geldbesitz gibt ihm —
Rechtsordnung und Gewohnheit stützen diesen Glauben — im
Marktverkehr überall und stets die Möglichkeit seines Umtausches
gegen Sachgüter (Waren) oder menschliche Dienste unter einem
generell und zahlenmäßig bestimmten Verhältnis der auszu-
tauschenden Mengen (dem durch ein Vielfaches der Geldeinheit
ausgedrückten Preis). Auf Grund dieser seiner vorwiegend juri-
stisch-sozialpsychologischen Bedeutung ist das Geld der „nervus
rerum" der Einzelwirtschaft. Einem rein wirtschaftlich wertlosen
Ding wird durch staatlichen Rechtssatz oder auch nur still-
schweigende gesellschaftliche Übereinkunft ein Verkehrswert beigelegt, der für die am Wirtschaftsverkehr beteiligten Einzelwirte
die größte Wichtigkeit erlangt. Rein wirtschaftlich ist der
„Geldwert" eine (gesellschaftstechnisch begründete) Fiktion;
das wird aber zumeist vergessen, weil die Einzelwirtschaft durch
ihn wie durch eine unbezweifelbare Realität beherrscht wird.
Wenn ich mit Geld — oder, wie wir sagen, „in" Geld — rechne, so
wäge ich nur den Umfang meiner subjektiven Kaufkraft ab. Wenn
ich Schulden mit Geld abzahle, so wird meine Leistung wiederum
als eine „Anweisung auf Güter" (Bendixen) angenommen. Und
wenn ich selber die Kaufkraft am Markte spielen lasse, wenn ich

2*

die in Geld ausgedrückten Preise bezahle, so „gibt der Produzent die eingeschränkte Naturalform eines besonders gearteten Produkts hin" und bekommt seinerseits „das allgemeine (Um-) Tauschmittel Geld in seine Hand, welchem die Massengewohnheit (!) der Annahme zu eigen ist, und wird dadurch in größerem oder kleinerem Umfange Herr über den Markt, auf dem er mit seiner Nachfrage auftreten kann" (Wieser, S. 302). Nichts anderes besagt auch Helfferichs pathetische Bezeichnung des Geldes als eines „Wertaufbewahrungsmittels" und „Wertträgers durch Zeit und Raum"; nur wenn ich seiner beständigen Wertgeltung sicher zu sein glaube, werde ich Geld „horten" oder ausleihen. Alle privatwirtschaftlichen Geldfunktionen weisen auf die Kaufkraft zurück: Geldrechnung — ihre Messung; Geldzahlung — ihre Übertragung; Geldhortung — ihre Aufspeicherung; Gelddarlehen — ihre „Kapitalisierung" (vgl. unten IV).

Um alle Mißverständnisse auszuschließen, die sich aus der Anwendung des mehrdeutigen Wortes Kaufkraft ergeben könnten, sei bemerkt, daß nur subjektive, abstrakte, nominale, aktuelle Kaufkraft hier als im Geld verkörpert bezeichnet werden soll:

1. Subjektive Kaufkraft des Geldbesitzers, dem eben durch diesen Besitz die Möglichkeit gegeben wird, „auf dem Markt mit seiner Nachfrage aufzutreten" (Wieser); im Gegensatz zur sogen. objektiven Kaufkraft „des Geldes", d. h. der Spiegelung des durchschnittlichen Preisniveaus in der Geldeinheit.

2. Abstrakte Kaufkraft, im Sinne Schumpeters als „abstrakte — d. h. nicht in konkreten Gütern festgelegte — Macht über Güter im allgemeinen; als das, was in der englischen Literatur mitunter general purchasing power genannt wird" (Theorie, S. 84; ähnlich Adolph Wagner, Philippovich, Amonn).

3. Nominale Kaufkraft, ohne Rücksicht darauf, welche Arten und Mengen realer, wirklicher Güter und Dienstleistungen „hinter" dem Geld stehen; ob es nicht teilweise bloß formal durch Versprechungen für die Zukunft „gedeckt" ist, welche die Kaufkraft der Einzelwirte künstlich steigern, sie höher erscheinen lassen als sie in Wirklichkeit ist.

4. Aktuelle Kaufkraft, wie Beckerath sie definiert: als „sofortige, gegenwärtige Verfügungsgewalt über gegenwärtige Güter und Dienstleistungen, .. aktuelles Güter- und Leistungsvermögen als Grundlage .. augenblicklich verfügbarer erwerbswirtschaftlicher oder konsumptiver Nutzung . . . Dagegen handelt

es sich hier **nicht** um Vermögen" **potentielle** (Kaufkraft) „in dem allgemeinen juristischen Sinne des Inbegriffes der einer Person zustehenden Güter und Berechtigungen von wirtschaftlichem Wert, worunter auch befristete Forderungsrechte, insbesondere zinstragende Forderungsrechte fallen" (S. 4).

Ist die doppelte — gesamt- und einzelwirtschaftliche — Natur des Geldes einmal eingesehen, so ist eine ganze Reihe von Lösungen des Geldproblems als Vermischung der wirklichen und der eingebildeten Wesenheiten des Geldes abzulehnen. Vor allem offenbart sich M o l l s „P r o b l e m d e s F n d e s" als eine solche Vermengung: die in seiner „Logik des Geldes" behauptete „Kantische Antinomie" der Sätze „Das Geld gewährt niemals Befriedigung" und „Das Geld muß den letzten Besitzer befriedigen" besteht nur, wenn man die rein wirtschaftliche reale Befriedigung mit der privatwirtschaftlich-juristischen zirkulatorischen Befriedigung gleichsetzt. Gerade der zweite Satz Molls zeigt deutlich den wirtschaftlichen Widersinn der gesellschaftlichen Fiktion vom Eigenwert des Geldes. Geld gewährt nur durch seinen Umtausch die Möglichkeit einer Befriedigung; der „letzte Besitzer" k a n n also gar nicht befriedigt werden. Ja, noch mehr: der letzte Besitzer von Geld ist als solcher schon ein logischer Widersinn, nicht anders als es etwa der Anfang oder Endpunkt eines Kreises wäre. Das Geld zirkuliert ja doch, läuft im Kreise; wie soll es also einen letzten Besitzer haben? In dessen Hand verlöre es eben seinen Geldcharakter. M o l l s Deduktionen sind in diesem Sinne eine „Unlogik des Geldes".

Vor allem aber lassen sich, wie schon erwähnt, alle „W a r e n t h e o - r i e n" des Geldes nur halten, soweit sie bewußt auf der Hypothese der gesellschaftlichen Fiktion fußen und bloß privatwirtschaftliche Geltung beanspruchen. Eine solche privatwirtschaftliche Warentheorie hat neuestens B u d g e aufgestellt. Budge geht vom Tausch aus (also schon vom Verkehrsakt!): „Der Begriff des Tausches schließt den Begriff des Opfers in sich. Ohne Opfer kein Tausch, und zwar muß das Opfer ein beiderseitiges sein. Opfer aber bringt man nur für wirtschaftliche Güter, d. h. für Dinge, die Wert haben. Wird mithin das Geld gegen andere Wertdinge getauscht, so ergibt sich der unabweisbare Schluß, daß das Geld selbst ein wertvolles Gut sein muß . . . Das Geld ist mithin ein wertvolles Tauschgut, d. h. eine Ware, wenn auch eine Ware eigener Art. Jede ökonomische Geldtheorie kann nur eine Warentheorie des Geldes sein" (S. 737). Diesen Darlegungen ist völlig beizustimmen — bis auf die Wertfrage: das Geld hat seinen ökonomischen Wert nicht kraft seines S e i n s, sondern seines gesellschaftlichen G e l t e n s wegen. Es hat jeweils den Wert, der ihm b e i g e m e s s e n wird, zum Unterschied von den „Eigenwerten" der Wirtschaftsgüter, die vom Menschen nur f e s t - g e s t e l l t werden (z. B. der Nährwert des Fleisches, die Heizkraft der Kohle, die Leuchtkraft des Phosphors). Daher rührt es ja auch, daß die — privatwirtschaftliche — Auffassung des Geldes als Ware, wie B u d g e unter Berufung auf J. St. Mill hervorhebt (S. 737/738), mit der „Anweisungstheorie" durchaus vereinbar ist. Leugnet doch diese letztere Lehre mit ihrer Bezeichnung des Geldes als „ticket", d. h. als Eintrittskarte zum gesellschaftlichen Gütervorrat (Mill), oder als „Spielmarke" (Bendixen) oder „Anweisung auf das Sozialprodukt" (Schumpeter) lediglich seinen natürlich-stofflichen, rein wirtschaftlichen Wert, keineswegs aber seine gesellschaftlich-konventionelle, privat wirtschaftliche Schätzung!

Hart an die Grenze des Wirtschaftlichen gegen das Juristische streifen die Versuche, die „Tauschmittel-" und „Zahlungsmittelfunktion" des Geldes voneinander zu trennen. Nach K n i e s ist „der Vorgang, welcher in Frage steht, wenn es sich einfach um die Befriedigung eines Anspruchs auf unser Vermögen handelt, als solcher durchaus kein Tausch- oder Kauf- Verkauf-Akt. Wenn also das Geld zur Bewerkstelligung gebraucht wird, so kann es sich hier nicht um die Funktion des Tauschmittels handeln. Die Funktion des Zahlungsmittels oder Zahlmittels muß eine eigenartige sein" (S. 211; ähnlich S. 216 und 223). Ebenso weist B ü c h e r darauf hin, daß sich „Zahlungen massenhaft auch abseiten des Tausches ergeben (Geldbuße, Tribute, Sporteln, Steuern, Entschädigungen, Ehren- und Gastgeschenke)" (S. 112). Und auch H e l f f e r i c h ordnet die beiden Funktionen einander gleich: „Ihre Bedingtheit ist sowohl historisch wie theoretisch eine wechselseitige" (S. 262). M i s e s dagegen meint, sogar bei der Schenkung liege, „vom Standpunkt des Schenkenden genommen, ein Tauschakt vor, indem sich dieser durch die Gabe die Erfüllung eines Wunsches verschafft, mag dieser Wunsch nach dem Erwerb der Dankbarkeit oder Zuneigung des Beschenkten, nach der Befriedigung der eigenen Eitelkeit oder nach dem bloßen Bewußtsein, anderen Freude gespendet zu haben, gehen" (Theorie, S. 14). Der ganze Streit ist selbst privatwirtschaftlich müßig und unfruchtbar, da sowohl die „einseitige" Zahlung wie der Umtausch — die „Preiszahlung" (Wieser) — nur Formen der Übertragung von Kaufkraft sind. Eine sinnvolle Unterscheidung macht in dieser Richtung nur M a r x. Er weist darauf hin, daß z. B. im Falle einer Kaufpreisstundung das Geld schon beim Abschluß des Kaufs „als K a u f m i t t e l funktioniert, obgleich es nur den Schatten seines künftigen Daseins vor sich (her) wirft. Es zieht nämlich die Ware aus . . . der Hand des Verkäufers in die des Käufers". Wenn dagegen der gestundete Betrag bezahlt wird, so „tritt das Geld nicht in Zirkulation als Kaufmittel — als solches funktionierte es, ehe es da war —, es tritt vielmehr in Zirkulation als das letzte Wort des Austauschprozesses, . . als Geld in der bestimmten Funktion als allgemeines Z a h l u n g s m i t t e l . . . Der Unterschied von Kaufmittel und Zahlungsmittel macht sich sehr unangenehm bemerkbar in den Epochen der Handelskrisen" (Kritik, S. 141). Namentlich für die hier vorliegende Frage wird diese Scheidung erheblich, da man glaubt, das Geld als Zahlungsmittel im engeren Sinne — vom Kaufmittel geschieden — abschaffen zu können (vgl. unten 7. Kapitel).

Die Wesenheit des Geldes als gedankliche (Geldbetrag) und stoffliche (Geldmünze, Geldschein) Verkörperung von Kaufkraft, als welche es sich einer allgemeinen privatwirtschaftlichen Wertschätzung erfreut, darf nicht mit seiner gesellschaftlichen Werkzeugnatur als Vermittler des Güteraustausches in der Marktwirtschaft verwechselt werden. In der Einzelwirtschaft ist es freilich der nervus rerum, nimmt es tatsächlich — auf Grund seiner sozialpsychologischen Einschätzung — die Stellung eines „Wertmaßes"

ein, und man setzt schießlich sogar den Geldbesitz dem Reichtum
gleich. Rein wirtschaftlich gesehen, ist es aber nur einfaches
verkehrstechnisches Hilfsmittel: ein Maßstab wie die Elle oder die
Tonne — die auch aus der körperlichen Wirklichkeit abstrahiert
sind — sowie ein Ausweis über eine durch Hingabe eines Tausch-
gutes bewirkte gesellschaftliche Leistung, der zur Empfangnahme
der Gegenleistung in Gestalt einer beliebigen anderen Ware mit
gleichem Verkehrswert (Preis) von einer beliebigen anderen Wirtschaftsperson zu beliebiger Zeit an beliebigem Ort ermächtigt.
Man muß diese Unterscheidung in der wesenhaften Bedeutung des
Geldes nicht nur deshalb beachten, weil sonst die Gefahr der eben
gekennzeichneten Überschätzung kaum vermeidbar ist, sondern
auch zur Sicherung vor der Verwechslung wirtschaftlicher Wesenheiten — seien sie selbst nur privatwirtschaftlicher Natur — mit
juristischen Geltungen.

Unter der Einwirkung der „staatlichen Theorie" Knapps,
nach der das Geld „ein Geschöpf der Rechtsordnung" ist, neigt
man nämlich vielfach dazu, die Kaufkraft mit der Währung zu
verwechseln (siehe besonders unten im 6. und 8. Kapitel). Die
gegenwärtigen Verhältnisse zeigen anschaulich genug, daß die
Kaufkraft von der Währung ebensowenig wie vom Geldstoff
abhängt. Überall ist Währung und Geldstoff gleichgeblieben
(wie in Mitteleuropa das Papier, so in Amerika und den neutralen
Ländern das Gold), und überall ist gleichwohl die an der Währungseinheit gemessene Kaufkraft gesunken; selbst der Golddollar ist
nur noch halb soviel „wert" wie vor dem Weltkrieg. Die Währung
bedeutet niemals eine wirtschaftliche Wertung — weder rein noch
privatwirtschaftlich —, sondern regelt lediglich das Verhältnis der
gesellschaftlichen (heute staatlichen) Rechnungseinheit zum Geldstoff. Es wird gesetzlich bestimmt, welche Menge des Geldstoffes
für die Herstellung des Zeichens der Währungseinheit aufzuwenden
ist; niemals aber sagt die Währung etwas über die durch die
Geldeinheit gemessene Gütermenge aus (vgl. Münzgesetz §§ 1, 2, 3;
Terhalle, S. 11). Die Kaufkraft ergibt sich vielmehr aus den
Preisen, und deren Höhe regelt kein Gesetz — jeder Tag beweist
es von neuem —, sondern das „freie Spiel der Kräfte" im Wirtschaftsverkehr, Angebot und Nachfrage am Markt.

II.

Mit Rücksicht auf die Tatsachenwelt muß die letzte Behauptung erheblich eingeschränkt werden. So wie sie eben gefaßt

wurde, leugnet sie jeden Einfluß des Geldes auf die Preisbildung. Rein wirtschaftlich trifft das auch zu: rein wirtschaftlich entscheidet über den Marktwert der Güter nur das naturale Verhältnis des gesellschaftlichen Gütervorrats (einschließlich der wirtschaftlichen „Kräfte") und Bedarfs; das Geld ist insoweit nur Preisausdruck, nicht Preisfaktor, ist Diener am Markte, nicht Herr. Aber das tatsächliche Wirtschaftsleben, der wirkliche Marktverkehr der kapitalistischen Wirtschaft ist von der Idealgestalt der reinen Wirtschaft unendlich weit entfernt, und zwar gerade dadurch, daß man die Herrenrolle des Geldes von der Einzelwirtschaft auf die Gesamtwirtschaft (Volkswirtschaft) übertragen hat. „Die historische Wirklichkeit tritt immer nur als Herabsetzung des reinen Geldbegriffs (des bloßen Ausdrucks des gegenseitig gemessenen Wertes der Dinge) vermittels des Eigenwertbegriffes des Geldes auf" (Simmel, S. 135). Das Geld ist kein Wirtschaftsgut, ist keine Ware — aber man hat es im Laufe der geschichtlichen Entwicklung immer für eine solche gehalten, hat es dazu gemacht. Kann es zwar niemals positiv auf die Preisbildung, die gesellschaftliche Bewertung der Tauschgüter einwirken, so kann es doch die Marktverhältnisse durch sein Nicht-Funktionieren stören und damit einen negativen Einfluß auf die Gestaltung der Preise gewinnen: Alle „Geldwerttheorien" sind im Grunde Geld-Unwert-Theorien; denn sie sollen die Mängel des Geldumlaufs klären und Mittel zu ihrer Überwindung finden helfen. Über diese Mängel, um derentwillen man ja hauptsächlich die Abschaffung des Geldes fordert, hier noch einige grundsätzliche Bemerkungen; insbesondere über die Störungen, welche auf die privatwirtschaftliche Überschätzung der Kaufkraftbedeutung des Geldes und deren Mißbrauch im Marktverkehr zurückzuführen sind.

1. Das Geld ist eins der bedeutungsvollsten Verkehrsmittel in der Marktwirtschaft. Während aber die anderen von der Allgemeinheit benutzten Werkzeuge den Verkehr nach einem streng eingehaltenen Fahrplan vermitteln, wird der Geldumlauf grundsätzlich nur durch das „Selbstinteresse" der Wirtschaftspersonen geregelt, das keineswegs immer rein wirtschaftlich bestimmt ist. (Die Zentralisierung der Notenausgabe und die Diskontpolitik sind schon bedeutsame Schritte von der Verkehrs- zur Verwaltungswirtschaft; vgl. unten 4. Kapitel.) So veranlassen vielfach ihre privatwirtschaftlichen Interessen die Wirtschaftspersonen, das Geld dem Verkehr zu entziehen, um die in ihm verkörperte Kaufkraft aufzuspeichern: einen Geldschatz aufzuhäufen.

Die Schatzbildung (Hortung, Thesaurierung, Fondsbildung) erscheint bei oberflächlicher Würdigung als ein durchaus „wirtschaftliches" Verhalten. Heißt doch wirtschaften: das Mißverhältnis zwischen den menschlichen Bedürfnissen und den zu ihrer Befriedigung verfügbaren Mitteln ausgleichen, indem man mit diesen „haushält" und „sparsam umgeht". Sparen im engeren Sinne wieder ist das Noch-nicht-verbrauchen, das Warten auf die Nutzung. Vor allem reden wir gerade vom „Zurücklegen des Sparpfennigs", des „Notgroschens"; im täglichen Sprachgebrauch schon sehen wir das Geld als besonders geeignetes „Sparmittel" gewürdigt. Die dem Gelde scheinbar eigene Unbegrenztheit der Kaufkraft ist es, die zu dieser Auffassung führt: die räumlich und zeitlich unbegrenzte Möglichkeit ihrer Geltendmachung. Nichts zwingt ja am Gelde selbst zur Ausgabe; also mindere auch keine Aufspeicherung, so folgert man, die Kaufkraft, beeinträchtige den Wert des Geldes. Wenn nur das Äußerliche, der Geldstoff erhalten werde (und selbst Papier kann lange lagern), — die Kaufkraft brauche sich dann in Jahrzehnten nicht zu ändern. So mißt Stephinger dem Gelde „völlige subjektive und objektive Gleichheit und Unzerstörbarkeit" bei. Trifft diese Auffassung nun aber das Wesen der Sache? Wird sie nicht gerade heute durch die tatsächlichen Ereignisse schlagend widerlegt? Freilich hat das Talerstück aus dem Jahre 1875, das der Bauer noch immer nicht aus dem Kasten hervorgeholt hat, sondern als seinen Schatz behütet, durch das Aufheben nicht gelitten: sein Stoffgewicht und sein Nennwert sind gleich geblieben; aber die Kaufkraft, — ja, ist die nicht, weit entfernt von aller Minderung, sogar um ein Vielfaches gestiegen? Es ist derselbe Taler und doch wieder etwas anderes. Andere Güter verderben bei langer Aufbewahrung, und der Taler hat im Gegenteil „geheckt". Ist diese Vermehrung jedoch wiederum wesensnotwendig oder nur zufällig? Liegt sie in der Natur des Geldes, oder ist sie nur eine Folge äußerer Umstände? Konnte der Taler nicht ebensogut an Wert verlieren? Oder wirkt die Aufspeicherung von Geld als solche wertsteigernd? Hier ist der Punkt, an dem unsere Untersuchung noch weitere Klarheit schaffen muß.

Die Stellung der Geldtheoretiker zur Frage der Geldhortung: Wird von den einen die „eigentümliche Doppelrolle des Geldes als Tauschmittel bzw. Zahlungsmittel und Sparmittel" (G r u n t z e l) anerkannt, so bestreiten andere die Selbständigkeit dieser Funktion, der Verwendung als „Wertaufbewahrungsmittel". M i s e s will sie wie die Zahlungsmittelfunktion auf den Gebrauch des Geldes zu Umtauschzwecken zurückführen: „Sobald die Übung, ein bestimmtes wirtschaftliches Gut als Tauschmittel zu verwenden,

allgemein geworden war, erscheint es dann am zweckmäßigsten, dieses Gut
und kein anderes zu thesaurieren" (Theorie, S. 11). Karl Menger, an
den sich Mises auch hier anschließt, hat aber gerade umgekehrt behauptet,
daß die besondere Eignung und Verwendung des Geldes zur Schatzbildung
„eine der wichtigsten Ursachen seiner Marktgängigkeit und somit seiner
Eignung zum Tauschmittel gewesen sei" (S. 581). Dieser ganze Streit be-
rührt nur die sozialpsychologische Frage des Geldverkehrs und der
Geldhortung und hat somit höchstens „vor-wirtschaftliche" Bedeutung.
Wirtschaftlich begründet ist hingegen der beißende Spott, mit dem
Marx den mit der „Schatzbildung" erstrebten „abstrakten Reichtum"
geißelt: „Unser Schatzbildner erscheint als Märtyrer des Tauschwerts, heiliger
Asket auf dem Gipfel der Metallsäule. Es ist ihm nur um den Reichtum in
seiner gesellschaftlichen Form zu tun, und darum vergräbt er ihn vor der Gesellschaft . . . Er schwärmt für den Tauschwert, und darum tauscht er nicht
aus . . . In seiner eingebildeten, schrankenlosen Genußsucht entsagt er allem
Genusse: Weil er alle gesellschaftlichen Bedürfnisse befriedigen will, befriedigt er kaum die natürliche Notdurft. Indem er den Reichtum in seiner
metallischen Leiblichkeit festhält, verdunstet er ihm zum bloßen Hirngespinst"
(Kritik, S. 132).

2. Die ohnehin rätselhafte „Werterhöhung" des aufgespeicherten
Talers wird noch auffallender im Hinblick auf die allgemeine „Geldentwertung", die uns nun seit geraumer Zeit schon mit unver-
kennbarer Deutlichkeit vor Augen steht. Infolge der durchschnitt-
lich etwa 7—800 %igen Steigerung sämtlicher Warenpreise — teilweise auch der Löhne und Gehälter — ist, so sagt man, das Geld
um ebensoviel entwertet worden, ist seine (objektive) Kaufkraft
entsprechend gesunken. Es entsteht damit die weitere Frage, auf
welche Gründe diese Wertminderung zurückzuführen ist; ob
insbesondere auch hier wieder nur die Verhältnisse auf der Waren-
seite schuld sind: die mehrjährige Gütervernichtung größten Maßstabes samt dem Brachliegen der Arbeitskräfte, — oder ob etwa eine
Überspannung des Geldumlaufes, eine mißbräuchliche Ausnutzung
des Umstandes, daß im Gelde nominale Kaufkraft verkörpert ist,
die Preissteigerung mindestens gefördert hat.

III.

Wir stehen vor der doppelten Tatsache, daß die Kaufkraft
eines aufgespeicherten Talers sich bedeutend geändert (und zwar
erhöht) hat, obgleich der Geldstoff ebenso wie die Währung gleich
geblieben sind, — andererseits in der ganzen Kulturwelt, ebenfalls
ohne Währungsänderung, eine mehr oder minder große Geldentwertung eingetreten ist; Tatsachen, die alle Theorien vom „Stoff-
wert" des Geldes und „absoluter Währung" über den Haufen
werfen. Wie erklärt sich der Fall nach der hier vertretenen Auf-

fassung von dem Wesen des Geldes? In welcher Weise wird die Kaufkraft der Geldeinheit, weiterhin gar die Gestaltung des „Preisniveaus" am Markte, durch den mangelnden oder übermäßigen Gebrauch des Geldes beeinflußt? Schumpeter erläutert die Bestimmungsgründe der objektiven Kaufkraft des Geldes an folgendem Bilde: „Vergleichen wir die Warenmasse mit dem Raum in einem Stehparterre und die Geldeinheiten mit den Eintrittsbilletts dazu, so sehen wir sofort, wovon die Kaufkraft des Geldes abhängen muß, der in diesem Gleichnis der Raum entspricht, welcher dem einzelnen Besucher des Stehparterres zur Verfügung steht" (Sozialprodukt, S. 647). Es ergibt sich hieraus unmittelbar, daß eine Änderung der Kaufkraft — des dem einzelnen zur Verfügung stehenden Raumes im Theater bezw. Anteils am Sozialprodukt — nicht bloß durch eine Verengung oder Erweiterung des Raumes (Veränderung des Warenvorrats), sondern auch durch eine Vermehrung oder Verminderung der Besucherzahl eintreten kann. Diese letztere Möglichkeit wollen wir hier verfolgen, um dadurch die unmittelbaren und weiteren Folgen des Geldmißbrauchs anschaulicher darzulegen.

1. Der Vergleichspunkt sei zunächst in der Annahme gegeben, daß mehrere Inhaber von Eintrittskarten von dem Recht, einen Platz in dem Stehparterre einzunehmen, keinen Gebrauch machen. Die erste Folge dieses Verzichts ist, daß die übrigen Besucher sich „breiter machen" können oder sogar ein Teil des Raums gänzlich unausgenutzt bleibt. Auf den Marktverkehr angewandt, bedeutet das: Die Nachfrage nach Waren sinkt im Vergleich zum Angebot, die Preise fallen, auf die Währungseinheit des Geldes entfällt beim Umtausch ein größerer Teil des Sozialprodukts; möglicherweise geht — infolge der privatwirtschaftlich ungleichen Abnahme des Geldangebots — die Nachfrage nach einzelnen Waren so stark zurück, daß ein Teil des Gütervorrats überhaupt nicht abgesetzt werden kann, daß die Folge der Hortung eine „Geldkrise" ist. — Die weitere Folge sind dann die Versuche, die geschilderten Störungen des Wirtschaftsverkehrs zu beseitigen, indem man das Mißverhältnis von „Geldstrom und Güterstrom" (Fisher) wieder ausgleicht. Da bestehen nun zwei Möglichkeiten. Entweder die Horte entleeren sich wieder, wozu der erwähnte Preissturz den Anreiz bildet: „Die Schätze erscheinen so als Zufuhr- und Abzugskanäle des zirkulierenden Geldes, so daß immer nur das durch die unmittelbaren Bedürfnisse der Zirkulation selbst bedingte Quantum Geld als Münze zirkuliert" (Marx, Kritik, S. 136). Oder aber das im Um-

lauf fehlende Geld wird durch Ausgabe neuen Geldes seitens des Trägers des Münzrechts ersetzt: die Aufspeicherung von Kaufkraft führt vielfach zur Schaffung „zusätzlicher" Kaufkraft. Die beiden Möglichkeiten am Theaterbeispiel veranschaulicht: die mangelnde Ausnutzung der Karten kann dadurch behoben werden, daß die Karten wieder stärker benutzt werden; aber auch durch Ausgabe neuer Karten in ungefähr gleicher Menge wie die nicht benutzten, welche indes neben den neuen bestehen bleiben. Die im letzteren Falle bestehende Möglichkeit besagt dasselbe, stellt auch dieselbe Gefahr dar wie die, welche man in der Geldwirtschaft als Inflation, (d. h. „Aufblähung" des Geldstroms ohne entsprechend wachsenden Gütervorrat), als Schaffung „künstlicher" Kaufkraft bekämpft. Die Inflation zieht naturgemäß eine immer wachsende Teuerung, eine Hebung des gesamten „Preisniveaus" (Schumpeter) nach sich, die (objektive) Kaufkraft der Geldeinheit wird gemindert. Ganz ebenso wie im Theater bei einer Mehrausgabe von Eintrittskarten, wofern sie einmal voll ausgenutzt werden, der Platz für den einzelnen Besucher schmäler wird. Oder „als wenn sich an einen für eine bestimmte Zahl von Personen gedeckten Tisch einige Eindringlinge setzen; auf den Einzelnen entfällt dann so viel weniger" (Bendixen, Wesen, S. 46).

2. Die Geldhortung, die Aufspeicherung subjektiver Kaufkraft, wird also durch die Inflation, die Schaffung zusätzlicher Kaufkraft, nicht nur ausgeglichen, sondern meist überkompensiert. Damit ist nun aber keineswegs gesagt, daß eine Inflation nur als Ausgleich einer künstlichen Einschränkung der Nachfrage zu denken sei. Auch ohne daß der Kreislauf der Wirtschaft und insbesondere des Geldes irgendwie gehemmt ist, kann jederzeit ein „Überbedarf" (Ad. Weber), d. h. ein über den Stand der gesellschaftlichen Versorgung hinausgehender Bedarf an Sachgütern oder menschlichen Diensten eintreten. In der entwickelten Marktwirtschaft kann dieser vermöge des stark ausgebauten Kreditverkehrs nicht nur mittels zeitweiser Verschiebung realer Kaufkraft befriedigt werden, sondern auch durch Gewährung von nur „formaler" Kaufkraft im Wege übermäßiger privater oder öffentlicher „Geldschöpfung" (Bendixen). Ein gewisses Maß solcher zusätzlicher Kaufkraft genügt, um durch die Vermehrung der Nachfrage am Markt auch bei unverändertem Warenangebot eine merkliche Preissteigerung zu erzielen.

Je nachdem die künstliche Kaufkraft durch die Ausgabe des G e l d e s unmittelbar geschaffen wird oder erst aus einer Veränderung des

Verhältnisses der W a r e n zum umlaufenden Geld sich ergibt, unterscheiden manche Kredit- und Geldinflation. Beide Fälle gehören zum Bereich unserer jüngsten Erfahrungen. So gab es in Deutschland 1914 eine Geldinflation, die sich aber im Verlaufe der nächsten Jahre immer mehr zur Kreditinflation auswuchs. Bei der sog. G e l d i n f l a t i o n ist zur Zeit der Geldschöpfung noch kein starkes Übergewicht gegenüber, der Warenmasse vorhanden; es kommt das erst durch eine erhebliche Abnahme der dem unveränderten Geldvorrat gegenüberstehenden Gütermenge zustande. So erklärt sich bei uns die erste inflatorische Geldschöpfung als die Erscheinungsform der „durch die Erteilung der Kriegskredite begründeten zusätzlichen Kaufkraft des Staates" (H e y n , Wiederherstellung, S. 403). Sie ergab zunächst ungeheuer vermehrte Umsätze auf dem Markt der Kriegsindustrie. Das hieraus folgende starke Anwachsen der Produzenteneinkommen führte zu einer Vermehrung der Nachfrage nach Genußgütern. Auf der anderen Seite kamen aber die Waren, an denen die Verkäufer so stark verdienten, ihrerseits nicht dazu, der Befriedigung der Volksbedürfnisse zu dienen, sondern wurden in der Kriegführung „verpulvert". Die Endwirkung: „Die Summe der Ansprüche an das Nationalvermögen ist gewachsen, während dieses Vermögen selbst sich nicht vermehrt hat; die neuen Ansprüche rühren her aus Lieferungen, Leistungen und Diensten; rechnet man sie, wie jeder Einzelne es tut, gesondert aus und fügt sie dem Gesamtbestande des Vermögens hinzu, so hat sich dieses scheinbar stark erhöht, während in Wirklichkeit nur 100% vorhanden sind, so daß also die Ausgabe auf Kosten der Werteinheit erfolgt ist" (R a t h e - nau, S. 9; ähnlich C a s s e l , Sozialökonomie, S. 565/566). Der andere Fall, die „K r e d i t i n f l a t i o n", zeigt sich heute ganz besonders bei der „unproduktiven Erwerbslosenfürsorge"; hier haben wir ein Zerrbild von S c h u m - p e t e r s „Synchronisierung", die „im normalen Gang des Wirtschaftsprozesses ermöglicht, daß die Volkswirtschaft gleichsam das Resultat ihrer Produktion erhält, ehe es produziert worden ist. Deshalb kann es auch schon vorher verteilt werden; jeder lebt von seinem produktiven Beitrag, aber er erhält ihn gleichsam anticipando" (Sozialprodukt, S. 633).

Die — reale oder formale — Kaufkraft, die der Kreditnehmer überwiesen erhält, ist vielfach derart verkörpert, daß ihre Geltendmachung räumlich (Wechsel, zahlbar an einem bestimmten Orte, Stadt-Notgeld), zeitlich (Kriegsanleihezinsscheine) oder durch das Erfordernis besonderer Förmlichkeiten der Übertragung (Indossament, Verrechnungsscheck) b e s c h r ä n k t ist. In diesem Falle haben wir es nicht mit vollgültigem Geld, sondern mit Geldsurrogaten zu tun.

Entscheidend für die wirtschaftliche G r e n z z i e h u n g zwischen Geld und Geldsurrogat ist lediglich die Anerkennung im wirtschaftlichen Verkehr, nicht etwa nur die rechtlichen Bestimmungen. Schon M a r x hat das gegenüber dem P r o u d h o n schen „Authentizismus" scharf hervorgehoben: „Gold und Silber sind nur deswegen von Rechts wegen jederzeit umtauschbar, weil sie es tatsächlich sind; und sie sind es tatsächlich, weil die gegenwärtige Organisation der Produktion eines allgemeinen Tauschmittels bedarf. Das Recht ist nur die offizielle Anerkennung der Tatsache" (Elend, S. 66). Neuerdings wird von B e n d i x e n ähnliches gegen K n a p p vorgebracht: „Für den J u r i s t e n ist das Geld staatlich approbiertes Zahlungsmittel, ein Werkzeug zur Lösung juristischer Verbindlichkeiten. Dem Ö k o n o m i s t e n . . kommt es an auf die Stellung des Geldes im Getriebe des ökonomischen Lebens. Und er fragt auch nicht nach Staatsbefehl und staatlicher Approbation. Was wirtschaftlich wie Geld funktioniert, was der Verkehr als Geld anerkennt, muß ihm Geld sein" (Wesen, S. 23). Ferner weist Irving F i s h e r darauf hin, daß es der amerikanischen Regierung während des Bürgerkrieges trotz gesetzlicher Anerkennung und großer Erleichterung des Austausches nicht möglich war, den Umlauf der von ihr ausgegebenen 50-Dollar-Noten zu sichern (S. 8). Endlich haben wir gerade heute für die nichtjuristische Abgrenzung von Geld und Geldsurrogat die besten Beispiele: Darlehnskassenscheine sind, obwohl nicht mit Zwangskurs ausgestattet, in ihrem Umlauf durch nichts gehemmt, also ohne weiteres als Geld anzusprechen; umgekehrt war es auch durch Anerkennung als gesetzliche Zahlungsmittel nicht möglich, die Zinsscheine der Kriegsanleihen von der Stufe des bloßen Surrogates auf die des für voll genommenen Geldes zu erheben. Zweifelhaft ist die Stellung des „Notgeldes"; man wird es wegen der starken räumlichen Einengung seiner Geltung wohl zu den Geldsurrogaten zählen müssen.

Q u a l i t ä t s u n t e r s c h i e d e sind es, die zwischen Geld und Geldsurrogat bestehen, und es gibt — eine bedeutsame Abweichung der Wirklichkeit vom „reinen Wesen" des Geldes — solche Artgegensätze s o g a r z w i s c h e n G e l d u n d G e l d. Die Mannigfaltigkeit der Wirtschaftslage in den verschiedenen Ländern brachte bisher die Undurchführbarkeit des Gedankens des „Weltgeldes" mit sich; auf dem Weltmarkt war die objektive Kaufkraft der Rechnungseinheiten der einzelnen Währungsgebiete immer ungleich. Auch vor dem Weltkrieg stellte die deutsche Mark nicht die gleiche Kaufkraft wie der holländische Gulden dar; es bestand zwar eine gewisse „Kaufkraftparität" (Cassel), aber diese war ihrer Art nach vom „Münzpari" verschieden. Indessen bricht auch hier schließlich das Wesen des Geldes durch; wieder finden wir, trotz allem, die eigenartige „restlose Reduktion der Qualität auf die Quantität" (Simmel): der Unterschied der Geldarten löst sich wenigstens in eine Stufenleiter von G e l d p r e i s e n auf, indem bei Umrechnung oder Umwechselung der Währungen auf die Einheit minderer Kaufkraft ein A u f g e l d (Agio) gelegt wird. Wollte man — vor 1914 — eine Markschuld in Franken bezahlen, so hatte man 15—20 Centimes zum Franken zuzulegen, um die Kaufkraftparität herzustellen. Und zwar bemaß sich die Kaufkraftparität bezw. der jeweils erforderliche Betrag des Aufgeldes nicht nach staatlichen Währungsbestimmungen, sondern nach den auf dem Welt-Geldmarkt (Valutamarkt) geltenden Tagespreisen: den Geldkursen. Hier auf dem Geldmarkt, wo „besseres" und „schlechteres" Geld sich gegenüberstehen, wird das Geld voll und ganz zur Ware: es hat selbst einen Preis. Im zwischenstaatlichen Verkehr ist also die privatwirtschaftliche Auffassung des Geldes, die Warentheorie, noch vollkommen herrschend. — Übrigens spielen solche quantifizierten Qualitätsunterschiede der Geldarten auch im Verkehr innerhalb der nationalen Wirtschaft der Länder eine Rolle. Ein Beispiel dafür ist schon die Bestimmung unseres Bankgesetzes (§ 9), nach welcher für die einen gewissen Betrag übersteigende Ausgabe „ungedeckter" Noten eine 5%ige Steuer zu entrichten ist. Ein weiterer Beleg ist das gegenwärtige „Goldagio", d. h. das Erfordernis eines Mehrbetrags an Papiermark zur Erreichung der Kaufkraft der Goldmark. Endlich stellen sich als Agio sämtliche Preise dar, die auf dem Markt der Geldsurrogate für die Umwandlung in Vollgeld gezahlt werden müssen. Sind die Valutamärkte das Musterbeispiel für den Handel mit ausländischen Geldsorten (gemessen an der internationalen Kaufkraft der eigenen Währung), so ist es für die Surrogate das Diskontgeschäft, wo die im Wechsel ruhende Kaufkraft aktualisiert wird. — Auch außerhalb der großen Märkte kann ein Geldpreis zustande kommen wie etwa das Aufgeld auf den Nennbetrag von Scheidemünzen, welches eine Straßenbahngesellschaft zahlen muß, um ihre Schaffner ausreichend mit Wechselgeld versehen zu können.

Nach diesem Überblick über die Zusammenhänge von Kaufkraft und Preisbildung können wir auch die Gründe der Kaufkraftänderung des aufgespeicherten Talers einsehen. Infolge der gegenwärtigen Störung unseres Geldumlaufes ist die Kaufkraftparität des Papiergeldes verschieden von der des Hartgeldes und daher auch die Kaufkraft des gehorteten (Silber-) Talers bedeutend größer als die des entsprechenden Betrages in Papiergeld. Die vermeintliche Geldwerterhöhung ist also in Wahrheit nur eine zufälligerweise privatwirtschaftlich günstige Wirkung der allgemeinen Preissteigerung. Diese wiederum ist, soweit ihre Ursache das unverhältnismäßige Anwachsen des umlaufenden Geldes ist, eine Folge von Störungen im Geldverkehr, wie oben dargelegt: das Ergebnis einer negativen Beeinflussung der Preise durch das Geld.

IV.

Nicht zu verwechseln ist der Geldmarkt mit dem Kapital-markt und das Agio mit dem Zins. Aus der Auffassung des Geldes als Verkörperung subjektiver, abstrakter, nominaler, aktueller Kaufkraft folgt mit Notwendigkeit seine — wiederum privatwirt-schaftliche — Wertung als Kapitalkraft. Kann jedes dauer-hafte Gut als „vorgetane Arbeit, der noch Arbeit nachzutun ist" (Rodbertus), „Realkapital" (Cassel), „Produktiv- oder Sozialkapital" (Böhm-Bawerk) der Fortführung des Wirtschaftsprozesses dienen, so kann das, privatwirtschaftlich gesehen, kraft seiner steten Umtauschmöglichkeit auch das Geld: ein „Kapital im abstrakten, geldwirtschaftlichen Sinne", wie Cassel es nennt, „eine Geld-summe, die für den Augenblick in einem gewissen konkreten Realkapital verkörpert ist, die aber zu jeder beliebigen Zeit durch Verkauf desselben und Ankauf eines anderen eine neue und be-liebige konkrete Form annehmen kann" (Sozialökonomie, S. 43).

Die Kapitalnatur des Geldes ist außerordentlich umstritten. Im einzelwirtschaftlichen Sinne läßt man es meist als solches gelten: „An sich ist das Geld allerdings unfruchtbar, daher streng genommen nicht Kapital-gut, von dem immer ein Ertrag erwartet wird; für das einzelne Wirtschafts-subjekt hat es aber die volle Wirkung eines Kapitalsgutes, weil man sich mit ihm unter normalen Verhältnissen jederzeit ein Kapitalgut beschaffen kann, das selbst einen Ertrag liefert" (Gruntzel, S. 21; ähnlich Mises, Theorie, S. 84). Dagegen zählen viele — außer den eben Genannten auch Oppenheimer und Unruh — das Geld nicht zum rein wirtschaft-lichen Kapital; denn „pecunia pecuniam parere non potest: das Geld kann nicht hecken". Andere wieder nehmen hieran keinen Anstoß; so Böhm-Bawerk (II, S. 70/71.) und vor allem Schumpeter, der das Produk-tivkapital geradezu „definiert als jene Summe von Geld und anderen Zah-lungsmitteln, welche zur Überlassung an Unternehmer in jedem Zeitpunkte verfügbar ist" (Theorie, S. 236, ähnlich auch S. 250; vgl. auch Helffe-rich, S. 256). Wieder andere — Philippovich, Amonn — ver-mitteln hier; sie sprechen rein wirtschaftliche Güter ebenso wie Geld als Kapi-tal an, sofern beide eine durch eigene Verwendung oder kreditweise Über-lassung nutzbare „Vermögensmacht an sich", eine „abstrakte wirtschaft-liche Verfügungsgewalt" darstellen. Adolph Wagner läßt gleichfalls „Geldkapital und Naturkapital" gelten (S. 171) und nennt das Geld in seiner Kapitalfunktion „Produzenten-, Unternehmergeld, Geschäftsgeld", — im Gegensatz zum „Konsumenten- oder Konsumenteneinkaufsgeld" (S. 159). Ganz ablehnend verhält sich Bendixen: „Der Geldbegriff hat in seiner Reinheit mit Kapital nichts zu tun" (Wesen, S. 42).

Die heutigen Geldtheoretiker vertreten also in ihrer Über-zahl eine ganz und gar privatwirtschaftliche, im engsten Sinne „kapitalistische" Auffassung von der Kapitalnatur des Geldes. Um so mehr muß wenigstens der Unterschied des abstrakten, nominalen „Geldkapitals" vom konkreten Realkapital betont worden. Das Geld ist auch hier durchaus nicht nur die „Form" einer bestimmten Gütermenge und das Gelddarlehen etwa bloß ein verschleierter Warenkredit. Kredit heißt: Verzicht auf die gegenwärtige Nutzung von Gütern im „Vertrauen" auf zukünftige erhöhte Nutzungsmöglichkeiten. Was wird nun beim Gelddarlehen kreditiert? Waren in Geldform? Oder nicht vielmehr abstrakte, nominale Kaufkraft, die es „dem Inhaber ermöglicht, jederzeit in den Besitz von Realkapital in jeder beliebigen Form zu gelangen" (Cassel, Sozialökonomie, S. 379)? Das gerade ist ja auch der Unterschied des Geldes von den Geldsurrogaten: Der Wechsel ist mit dem Geschäft verknüpft, aus dem heraus er entstanden ist; eben wegen dieser kausalen Bedingtheit besitzt er nur beschränkte Verkehrsfähigkeit, ist er bloß Geldsurrogat, das erst in richtiges Geld umgesetzt: diskontiert werden muß. Dem Gelde sieht man es niemals an, ob es „Kreditmittel" ist; denn alles Geld ist heut Kreditgeld, der Geldwert ist kein natürlicher Sachgehalt, sondern eine gesellschaftliche Fiktion, und aller Geldverkehr beruht auf dem Vertrauen der Wirtschaftspersonen zu der im Geld verkörperten nominalen Kaufkraft. Die Kaufkraft der Geldbesitzer steigt oder fällt je nach dem Verhältnis von Geldstrom und Güterstrom, — das ist die einzige Art der Verknüpfung des Geldes mit den Sachgütern, also auch dem Realkapital.

Wicksell löst mit Bezug hierauf sogar den Warenkredit, d. h. die Stundung des Kaufpreises beim Umsatz von Waren, in einen „mit einem Gelddarlehen verbundenen Barkauf und -verkauf" auf, da anderenfalls ja „dasselbe oder ein identisches Warenquantum zurückerstattet werden müßte mit Zinsen darauf" (S. 94). Auch Amonn will den Kreditbegriff ausschließlich mit dem des Geldes verknüpfen und „die reine Sachleihe jedenfalls aus dem nationalökonomischen Kreditbegriff ausschließen" (S. 422). Treibt Amonn hier den kapitalistischen Glauben an das allein seligmachende Geld auf die Spitze, so ist doch die nach der entgegengesetzten Richtung gewandte Stephingersche Scheidung zwischen Geld und „Kreditmittel" ebenso unhaltbar. Als „Geld im vollsten Sinne" bezeichnet Stephinger nur „das Metallgeld; das Papiergeld ist schlechtes Geld, weil immer die Gefahr besteht, daß es zum bloßen Kreditmittel wird" (Theorie, S. 128). „Es ist immer ein großer Spielraum von Gütern vorhanden, der in Bedarfszeiten vom Staat mittels Ausgabe uneinlöslicher und mit Zwangskurs versehener Noten zur Geldschöpfung herangezogen wird ... Wird der Spielraum überschritten, so vermindert sich die stoffliche Grundlage und das Geld wird zum versteckten Kreditmittel" (ebenda, S. 119). Demgegenüber ist nur die Frage aufzuwerfen, ob Stephinger die neuerdings ausgegebenen Reichsbanknoten und Kassenscheine nicht für Geld ansieht, und wo er in diesem Falle die Grenze ziehen will. Mit Recht weist

schon Adolph W a g n e r darauf hin, daß „a l l e s G e l d K r e d i t -
g e l d ist; dies gilt von solchen Objekten stofflichen Eigenwerts ebenso,
nur im M a ß e verschieden, wie von Objekten fehlenden solchen Stoff- und
Formwerts, dem dann wohl sogenannten reinen Kreditgeld. Bei diesem
kommt nur in besonderem Grade ... die r e c h t l i c h e Funktion des Geldes: die Eigenschaft des gesetzlichen Zahlungsmittels mit zur Geltung"
(S. 120).

Schließlich soll in diesem Zusammenhange schon (näheres
unten im 9. Kapitel) bemerkt werden, daß der sog. „G e l d z i n s"
gar nichts spezifisch Geldmäßiges mehr ist. Der Hinweis darauf,
daß das Geld doch nicht hecken könne, ist ein Einrennen offener
Türen. Der Zins wird heut i n Geld bezahlt, weil alle Preise in der
Marktwirtschaft so beglichen werden; und f ü r Geld nur insofern, als
es eben subjektive, abstrakte, nominale, aktuelle Kapitalkraft ist.

A m o n n s Definition des Zinses als „Preis für die zeitweilige Über-
lassung konzentrierter und abstrakter individueller Verfügungsmacht im
sozialen Verkehr" (S. 421) trägt wiederum einen ausgeprägt privatkapitalistischen Charakter. Schon W i c k s e l l hat im Gegensatz hierzu hervorgehoben, daß auch im Falle von „Naturaldarlehen" ein Mehr zurückzuer-
statten wäre; nicht nur das Geborgte, sondern auch ein — naturaler —
Zinsbetrag (S. 94/95).

Das E r g e b n i s der damit abgeschlossenen Unternehmungen
über das Wesen des Geldes kann folgendermaßen zusammengefaßt
werden:

Seinem reinen Wesen nach ist das Geld ein Verkehrsmittel
in der Marktwirtschaft, der Generalnenner der gesellschaftswirtschaftlichen Wertrechnungen (P r e i s a u s d r u c k s m i t t e l) und das
körperliche Zeichen für die tauschweise Hingabe von Marktgütern,
das seinen Inhaber zum Empfang einer beliebigen im Verkehrswert gleichen wirtschaftlichen Gegenleistung unter beliebigen Umständen befugt (U m t a u s c h m i t t e l). Es ist nicht selbst ein Wirtschaftsgut, wird indessen von den im Marktverkehr zusammen-
geschlossenen Wirtschaftspersonen (Einzelwirten) dafür gehalten,
da es vermöge seiner begrifflich unbeschränkten Umtauschbarkeit
ihnen den Zugang zum gesellschaftlichen Gütervorrat eröffnet:
s u b j e k t i v e, a b s t r a k t e, n o m i n a l e, a k t u e l l e K a u f k r a f t v e r -
k ö r p e r t. So wird das Geld, das am Markt zunächst nur eine ge-
sellschaftliche Dienerrolle spielt, in der Einzelwirtschaft zum Herrn
und erlangt infolge seiner übereinstimmenden p r i v a t wirtschaftlichen
Überschätzung sogar einen gewissen Einfluß auf die Gesamtwirtschaft (Volkswirtschaft): es wirkt mitbestimmend auf die Ge-

staltung der Warenpreise ein, weil es von den Wirtschaftspersonen im einzelwirtschaftlichen Interesse selbst wie eine Ware behandelt und dadurch die Regelmäßigkeit seines Umlaufs gehemmt wird. Der privatwirtschaftlichen Willkür im Geldgebrauch (Nichtgebrauch sowohl wie Übergebrauch) begegnet der Staat durch Geldpolitik, d. h. durch verwaltungswirtschaftliche Eingriffe in den freien konkurrenzwirtschaftlichen Marktverkehr. Indes wird auch dadurch der Mißbrauch des Geldes nicht schlechthin beseitigt; er kann sogar durch geldpolitische Maßnahmen gesteigert werden, wenn der Staat sich seinerseits bei der Geldschöpfung von privatwirtschaftlichen (fiskalischen) Interessen leiten läßt, da diese den gesamtwirtschaftlichen zeitweise zuwider laufen können. In letzterem Falle kann selbst das vom Staat ausgegebene Geld Surrogat bleiben, wird ebensowenig „für voll" genommen wie die Geldschöpfung der nichtöffentlichen Wirtschaftspersonen mittels örtlich, zeitlich oder sonstwie gebundener Schuldverschreibungen. Zwischen dem Vollgeld und den Surrogaten bestehen ebenso wie zwischen den Rechnungseinheiten der verschiedenen Nationalwirtschaften oder zwischen Münz- und Papiergeld auch desselben Staates in Krisenzeiten Qualitätsunterschiede: ungleiche Kaufkraft gleicher Beträge, die der Besitzer des „schlechteren" Geldes durch ein Aufgeld ausgleichen muß. Es bilden sich namentlich im Weltverkehr regelrechte Marktpreise sowohl für das Geld (Valutakurse) wie für seine Surrogate (Diskontsatz), ein Zeichen, daß das Geld noch keineswegs überall und stets als Geld behandelt wird, sondern vielfach auch im Marktverkehr noch den historischen Warencharakter beibehalten hat. Aus all diesen Mängeln des Geldes, die sich tatsächlich vorfinden — im Widerspruch mit seinem reinen Wesen —, aus dem tatsächlichen Mißbrauch, den man mit dem Gelde treibt, erklären sich vornehmlich die Bestrebungen, welche auf seine Beseitigung abzielen.

Zweiter Teil

Die Abschaffung des Geldes.

I. Abschnitt.
Die völlige Aufhebung des Geldwesens.

4. Kapitel.
Die Großnaturalwirtschaft.

I.

Die vorstehende Untersuchung unserer Vorfrage erlaubt es, die nunmehr zu beantwortende Hauptfrage noch schärfer zu fassen, als es in der Einleitung möglich war.

1. Dort bereits wurden die Fragen der Möglichkeit und der Zweckmäßigkeit der Geldabschaffung auseinandergehalten. Die Bedeutung dieser Unterscheidung wird erst jetzt völlig klar, nachdem das Wesen des Geldes in seiner gesellschaftswirtschaftlichen Dienerrolle als Vermittler des Marktverkehrs gefunden worden ist. Es könnte sein, daß seine Dienste — Preismessung und Umtauschvermittlung — nicht geradezu unentbehrlich sind, seine Abschaffung also denkbar ist. Damit ist indes noch nicht gesagt, daß es überflüssig ist; es kann seine Beibehaltung für das Wirtschaftsleben immerhin förderlicher sein als seine Beseitigung, trotz der scheinbaren Entlastung des Verkehrs. Es genügt also nicht, unsere Frage auf die bloße „theoretische" Denkbarkeit einer geldlosen Wirtschaft abzustellen, sondern deren praktische Gestaltung, wie die Geldreformer sie vorschlagen, muß eingehend geprüft werden.

2. Dazu kommt noch die Notwendigkeit einer Erweiterung der Fragestellung. Es wurde oben darzulegen versucht, daß nicht das Wesen des Geldes, sondern das Unwesen, das man mit ihm treibt, ihm seinen problematischen Charakter verleiht. Das läßt vermuten, daß die angeblich auf die gänzliche Abschaffung des Geldes abzielenden Reformvorschläge sich vielleicht in Wahr-

heit nur gegen seinen Mißbrauch richten. Und es taucht hier die
neue Frage auf: Kann man den privatwirtschaftlichen
Mißbrauch, die einzelwirtschaftliche Herrenrolle des
Geldes beseitigen, ohne seine Dienstleistungen als ge-
sellschaftswirtschaftliches Hilfsmittel aufzugeben? Oder
sind diese beiden Bedeutungen wesensnotwendig und daher auch
praktisch untrennbar miteinander verknüpft? Auch dieses Problem
darf im folgenden nicht außer Acht gelassen werden.

Sogleich erheblich wird die Erweiterung unserer Fragestellung für die Gliederung der folgenden Untersuchungen. Da
diese in der Form einer Prüfung der bedeutsamsten Pläne zur
geldlosen Wirtschaft durchgeführt werden sollen, so gilt es nach
dem eben Gesagten, alle die Vorschläge, die nur die Übelstände
im Geldverkehr beseitigen sollen, von den auf seine gänzliche
Aufhebung abzielenden Bestrebungen zu trennen. Die letzteren,
welche grundsätzlich eine geldlose Wirtschaft fordern, werden hier
zuerst behandelt werden, sodann erst die Versuche, nur die einzelnen
Formen privatwirtschaftlichen Mißbrauchs zu beseitigen. Ist nämlich — erste Gruppe — die Absicht der völligen Aufhebung
der Geldwirtschaft, auch im gesellschaftstechnischen Sinne, nicht
zu bezweifeln, so liegt das Problem noch ziemlich einfach: Wird
bei einer Ausführung der betreffenden Pläne das Geld wirklich
beseitigt, nicht bloß die historische Erscheinungsform gewechselt?
Und gestaltet sich der dann folgende geldlose Austausch der
Güter und Dienste zweckmäßiger, „wirtschaftlicher" als in der
Geldwirtschaft? Bei der zweiten Gruppe von Reformvorschlägen,
die nur dem Mißbrauch des Geldes entgegenwirken wollen, ver-
mehren und verschlingen sich die Fragen: Zieht die teilweise Einschränkung der Geldwirtschaft — wenn auch nur des privatwirtschaftlichen Gebrauchs — nicht mit Notwendigkeit doch schließlich
den gänzlichen Ausschluß des Geldes nach sich? Erfüllt z. B. das
Geld noch seine gesellschaftstechnische Aufgabe als allgemeines
Umtauschmittel, wenn die Einzelwirte in seinem Gebrauch grundsätzlich beschränkt sind, und verliert es mit dem Aufhören der
Umtauschmittelfunktion nicht wiederum die Eignung zum Generalnenner der marktwirtschaftlichen Wertschätzungen? Sind nicht alle
Funktionen des Geldes, ob gesellschafts- oder einzelwirtschaftlich,
ob zu seiner Dienerrolle oder Herrenrolle gehörig, so eng miteinander verknüpft, daß nur eine davon gestrichen zu werden
braucht, um alle zu beseitigen? Die Beantwortung dieser schwieri-
geren Fragen, die erst bei der zweiten Gruppe der Vorschläge

auftauchen, dürfte sich vereinfachen, wenn man die Prüfung der
anderen Pläne vorwegnimmt. Darum zunächst, in diesem und im
folgenden Kapitel, das Problem der völlig geldlosen Wirtschaft!

Geldlos ist die Wirtschaftsordnung, innerhalb derer überhaupt
kein Geld, weder als Rechengeld noch als Umtauschmittel, zu
finden ist. Ein erfahrungsmäßiges Beispiel solcher Wirtschaft
steht uns täglich vor Augen: der Haushalt der Familie.
Dieser Fall wird in der vorliegenden Arbeit nicht gesondert behandelt, weil hier nicht von einer Abschaffung des Geldes gesprochen werden kann. Innerhalb einer geschlossenen Hauswirtschaft hat niemals das Geld eine Rolle gespielt, so wenig wie in
der „isolierten" Wirtschaft eines Einsiedlers. Im Gegenteil kann
man sagen, daß die Wiedereinführung der geldlosen Wirtschaft,
wie auch immer sie geplant ist, stets auf eine im großen betriebene
Familienwirtschaft hinausläuft. Am deutlichsten zeigt sich dieses
Streben nach „Familiarisierung" der Gesellschaftswirtschaft in dem
Vorschlag Otto Neuraths, die Geldrechnung durch den „Naturalkalkül" und die „Geldwirtschaft" durch die „Naturalwirtschaft",
im Sinne unmittelbaren gesellschaftlichen Güteraustauschs, zu ersetzen. (Als Antwort auf die Frage, warum die Geld- bezw. Naturalrechnung hier von der Geld- bezw. Naturalwirtschaft unterschieden ist,
sei schon jetzt vordeutend bemerkt, daß die Naturalrechnung als
Methode rein wirtschaftlicher Erwägungen nicht auf den speziellen
gesellschaftswirtschaftlichen Organisationstyp der Neurathschen
Naturalwirtschaft beschränkt bleibt, sondern auch in der ganz
anders organisierten Geldwirtschaft neben der Geldrechnung ihre
Stelle hat.) Die Anregung zu seinen Plänen boten Neurath die
Betrachtungen zur Frage der Kriegswirtschaft, die er schon vor
Beginn des Weltkrieges als nahezu einziger Wirtschaftswissenschaftler anstellte und dann auf Grund der im Krieg und in der
nachfolgenden Revolution gemachten Erfahrungen ausbaute. Die
Andeutungen Kautskys über die Naturalleistungen im „Zukunftsstaat" des Erfurter Programms der deutschen Sozialdemokratie
(S. 38) stammen auch schon aus der Zeit vor dem Kriege. Unter
dem Eindruck der Kriegserlebnisse haben dann auch andere
Wirtschaftswissenschaftler, vor allem Gruntzel, auf die neuen An-
sätze einer Naturalwirtschaft hingewiesen. Freilich beschränken
sich diese Hinweise zumeist auf den Naturaltausch, sogar im
historisch-primitiven Sinn dieses Wortes, wogegen Neurath in
seiner „Großnaturalwirtschaft" nicht eine Rückbildung, sondern
einen Fortschritt der gesellschaftlichen Wirtschaft anstrebt.

Der größeren Deutlichkeit wegen sollen im folgenden die Fragen des naturalen Güteraustausches und der naturalen Wirtschaftsrechnung zuerst getrennt besprochen werden.

II.

Gruntzel schreibt:

„Gibt das Geld keine Sicherheit mehr, die zur Bedarfsdeckung notwendigsten Waren jederzeit zu erlangen, so verliert es gerade die Eigenschaft, durch die es sich unter den übrigen Waren auszeichnet, der Warentausch schaltet es aus und wird wieder zum N a t u r a l t a u s c h. Ein solcher entstand während des Weltkrieges im sogenannten R u c k s a c k - v e r k e h r zwischen Stadt und Land, indem die Städter die Unzulänglichkeit der staatlichen Lebensmittelversorgung dadurch auszugleichen versuchten, daß sie selbst bei den Bauern gegen Kaffee, Zucker, Tabak, Wäsche, Gold — Getreide oder Mehl, Butter, Fett, Eier, Kartoffeln usw. einhandelten. Ein ähnliches Verfahren kam aber auf im auswärtigen Handelsverkehr zwischen Staat und Staat. Es wurden sogenannte W i r t s c h a f t s a b - k o m m e n abgeschlossen, bei welchen sich der eine Staat vom anderen die Lieferung wichtiger Lebensmittel und Rohstoffe (Getreide, Fleisch, Zucker, Kohle, Eisen usw.) ausbedang und dafür andere erhielt, welche die Gegenseite abgeben konnte. Das Geld diente nur dem Zweck der Wertausgleichung" (S. 35).

Gruntzel schildert hier Kriegserfahrungen, die allgemein bekannt sind. Die Inflation auf der einen, die steigende Warennot auf der anderen Seite wirkten mit vereintem Druck auf eine allgemeine Preissteigerung hin, welche für die Bevölkerungsschichten mit festen Geldeinkünften — zumal öffentliche und private Beamte, Pensionäre, Rentner — verhängnisvoll zu werden drohte. So kamen als erste Beschränkung der Geldwirtschaft das Höchstpreisgesetz und die Preissteigerungsverordnungen; die zweite Einengung betraf die Waren: das Karten- und Bezugsscheinsystem. Allen staatlichen Eingriffen zum Trotz aber behauptete sich der freie Handel, und so kam es zu einem doppelten Wirtschaftsverkehr: dem staatlich geregelten und dem verbotenen. Es entstand neben dem „Rechts"- ein wirtschaftlich nicht minder bedeutsamer „Unrechts"- Markt („hintenherum") mit völlig verschiedenen Preisen; Höchst- oder Richtpreisen auf dem öffentlichen, Schleichhandels- und Ketten- handelspreisen auf dem heimlichen Markt. Jede Warengattung des „täglichen Bedarfs" hatte einen auch für Minderbemittelte erschwinglichen Preis, war aber zu diesem meist gar nicht oder doch nur in ungenügender Menge erhältlich; außerdem hatte sie einen Schleichhandelspreis, zu dem sie jederzeit angeboten wurde, der aber — der Schleichhandel war ja als gesetzwidrig mit großem Risiko verknüpft — so hoch bemessen wurde, daß seine Bezahlung nur der wohlhabenden Bevölkerung, wo nicht bloß Kriegsgewinnlern, möglich war. Das Geld war hiernach in seiner Funktion als allgemeines Umtauschmittel stark gehemmt: Zumeist hatte es der Käufer nicht, vielfach aber — man denke an die Bauern! — wollte es der Verkäufer auch gar nicht. So trat an seine Stelle öfters wieder die Ware, bestimmte allgemein benötigte Verbrauchsgüter vermittelten den Wirtschaftsverkehr leichter als das Geld — der generelle Kauf wurde wieder zum individuellen Tausch, bei dem das Geld gänzlich ausgeschaltet ist.

Der Umfang, den im Verlauf des Krieges der Tauschverkehr zwischen Stadt- und Landbevölkerung annahm, war nicht unbeträchtlich; jedoch fehlte ihm, trotz gelegentlicher „behördlicher Regelung" (Neurath) die Organisation der Großnaturalwirtschaft, ohne die er heute eine gesellschaftswirtschaftliche Bedeutung nicht erlangen kann. Die individuelle Tauschwirtschaft ist von dem ausgebauten naturalen Güteraustausch ganzer Völker und Völkerverbände streng zu scheiden.

Es ist ein Verdienst Otto N e u r a t h s , daß er diesen Unterschied bei seinen naturalwirtschaftlichen Untersuchungen stets nachdrücklich betont: „Ich erörtere die Frage der Großnaturalwirtschaft immer wieder und mit einigem Nachdruck, weil ein weitverbreitetes Vorurteil die Naturalwirtschaft für primitiver und unentwickelter als die Geldwirtschaft ansieht, was aber keineswegs der Fall ist. Es gibt zwar Naturalwirtschaftszustände sehr primitiver Art, aber es gibt naturalwirtschaftliche Organisationstypen, die höher stehen als irgendwelche geldwirtschaftliche Organisationstypen" (Kriegswirtschaft, S. 101). Und an anderer Stelle: „Wenn wir eine Zunahme der Naturalwirtschaft annehmen, so meinen wir damit, daß die Anweisungen auf unbestimmte Arten von Dingen und Leistungen eine geringere Rolle als früher spielen. Von Naturalwirtschaft im gegenwärtigen Zeitalter zu sprechen, widerstrebt vielen, weil sie die Naturalwirtschaft als eine primitive Organisationsform ansehen und wohl gar der Hauswirtschaft gleichsetzen. Dazu besteht aber keine Veranlassung. Wir wollen N a t u r a l w i r t s c h a f t e n a l l e r S t u f e n unterscheiden und neben neutralen Staatswirtschaften auch eine Weltwirtschaft auf naturaler Grundlage in Erwägung ziehen" (Kriegswirtschaft, S. 183; ähnlich auch S. 151/167 und Vollsozialisierung, S. 40).

Neurath erblickt die Hauptursachen der Umwandlung des Geldverkehrs in einen Naturalverkehr weniger in der allmählich sinkenden Kaufkraft des Geldes als in dem K r i e g s b e d a r f d e s S t a a t e s , sowohl für die Versorgung des Heeres als der Zivilbevölkerung. Beruht die Wiederkehr des primitiven Naturaltausches vorwiegend auf der Gefährdung der p r i v a t e n E i n z e l w i r t s c h a f t e n , so handelt es sich hier um finanzwirtschaftliche (fiskalische) und volks(= national)wirtschaftliche Interessen.

„Wir müssen bei der Untersuchung der kriegswirtschaftlichen Probleme den Bedarf an Gütern von dem Bedarf an Zahlungsmitteln unterscheiden ... Alle Schwierigkeiten, die daher rühren, daß kein Geld vorhanden ist, gehören auf ein anderes Blatt" (erg.: als die Schwierigkeiten, die sich aus dem Warenmangel ergeben). „Ihre Lösung ist eine Frage der Wirtschaftsorganisation ... Viele Institutionen werden im Kriege abgeändert, die sich dann auch in Friedenszeiten als vorteilhaft erweisen und vielfach weiterhin bestehen bleiben ... Die Umwandlung von geldwirtschaftlichen Institutionen in naturalwirtschaftliche, die Schaffung von Organisationen zur raschen Bedürfnisbefriedigung können fast immer auf allgemeinen Beifall rechnen, wenn sie ohne Umwälzung der sozialen Ordnung vorgenommen werden" (Kriegswirtschaft, S. 15).

1. Schon der bei Kriegsausbruch drohende „run auf die Banken", die Gefahr, daß „die Gesamtheit des Publikums auf Umwegen sich selbst die Kredite kündigt (Neurath), macht Verwaltungsmaßnahmen des Staates erforderlich, wie Sperrung der Bankguthaben und Förderung des bargeldlosen Zahlungsverkehrs.

Neurath fordert noch weitergehend den überhaupt „geldlosen Verkehr", insbesondere die Schaffung von „uneinlöslichem Girogeld": Erlaß eines Moratoriums (allgemeinen Zahlungsverbotes), das jedoch den Verkehr mit Verrechnungsschecks zuläßt, und Bildung eines Konsortiums aller großen Banken, mit der „Notenbank an der Spitze, das für alle Einlagen gemeinsam haftet und Überweisungen von Konto zu Konto zuläßt mit der ausdrücklichen Bestimmung, daß eine Barabhebung nicht erfolgen darf" (Kriegswirtschaft, S. 114).

Von der Entwicklung des bargeldlosen Zahlungsverkehrs wieder erwartet Neurath „nicht nur die Entthronung des Goldes", sondern auch, daß er „die Entthronung des Geldes anbahnen hilft".

„Das Geld, wohl ursprünglich meist ein Geschöpf des Außenhandels, drang vor Jahrtausenden in die in verschiedenem Maßstabe organisierten Naturalwirtschaften ein. Es wirkte bald befreiend, bald zerstörend. Hatte es früher die Fernsten zu Nächsten gemacht, so machte es dann die Nächsten zu Fernsten, schuf Mitglieder derselben Gemeinschaft zu Konkurrenten und Gegnern um." (Vollbrachte dies das Geld als solches? oder nicht bloß sein Gebrauch im Sinne der auf dem Konkurrenzprinzip aufgebauten·Wirtschaftsordnung, deren technisches Hilfsmittel es war? Darf man so weit gehen zu behaupten, daß das Geld seinerseits für die Entstehung der Konkurrenzwirtschaft die Ursache war?) „Erst die Entstehung minderwertigen Geldes machte es wesentlich von gesellschaftlicher und staatlicher Geltung abhängig und trug zu seiner Sozialisierung bei. Ihren Höhepunkt erreicht dieselbe durch den bargeldlosen Zahlungsverkehr, welcher die ohnehin im Gange

befindliche Zentralisierung des Kredites begünstigt . . . Die Entwicklung
des bargeldlosen Zahlungsverkehrs erhöht zunächst etwas die Bankmacht,
ermöglicht aber dem Staat Interventionen aller Art, erleichtert die Kontrolle der Einkommen, die Kontrolle der Zahlungen und gibt vor allem ein
Mittel in die Hand, den Verkehr mit dem Auslande genau zu überwachen,
insbesondere dann, wenn uneinlösliches Girogeld . . . als Kurantgeld eingeführt
wird . . . Die so erfolgte Zentralisation der Zahlungen, die Übersichtlichkeit
der Marktvorgänge in Verbindung mit dem Verbandssystem . . . führt dann
wohl dazu, daß die oben angedeutete Befreiung vom Gelde noch weiter durchgeführt und nun Ware gegen Ware durch Vermittlung der Zentralen getauscht wird. Das N a t u r a l e i n k o m m e n   d e r   E i n z e l n e n
wird wohl der Angelpunkt werden, um den sich die Wirtschaft dreht" (Kriegswirtschaft, S. 166; ähnlich Vollsozialisierung, S. 38/39).

Neurath sieht hier eine spiralenförmige Entwicklungslinie
vor sich, die vom primitiven Naturaltausch über die Geldzahlungen
(mit Hart- oder Papiergeld) und den bargeldlosen (Verrechnungs-)
Verkehr zur Großnaturalwirtschaft führt.

So behauptet er für die Verwirklichung der letzteren geradezu „die
Notwendigkeit, für jedes Wirtschaftsgebiet einen führenden B a n k k o n -
z e r n zu schaffen, innerhalb dessen die Sozialisierungs- und die Kompen-
sationsbank besondere Bedeutung erlangen dürften. . Je mehr die dingliche
Wirtschaftsführung die geldliche ersetzt, um so mehr werden die Banken
die Verteilung von Produktionsmitteln statt der Verteilung von Krediten
pflegen, um so mehr werden sie der Sachbewegung unmittelbar dienen und
der sich entwickelnden Großvorratswirtschaft eingegliedert werden" (Vollsozialisierung, S. 26). Insoweit stimmt auch M i s e s , der Neurath sonst bekämpft (vgl. unten 10. Kapitel), mit ihm überein: „Sind einmal alle Banken
in einer Bank aufgegangen, dann ist ihr Wesen ganz umgestaltet . . . Sie er-
teilt keine Kredite mehr, weil es im sozialistischen Gemeinwesen begrifflich
keine Kredite geben kann" (Wirtschaftsrechnung, S. 115).

(Über die Neurathschen Vorschläge zur Ausgestaltung des
Verrechnungswesens vgl. die Einzelheiten unten im 7. Kapitel.)

2. Zum zweiten ergeben sich naturalwirtschaftliche Entwick-
lungsmöglichkeiten aus der für den Staat bestehenden Notwendigkeit, seinen Kriegsbedarf außer im Wege des Kaufs — und
der dazu erforderlichen Finanz- und Geldpolitik: Aufnahme von
Anleihen, Ausgabe von uneinlöslichen Noten und Schuldverschreibungen — auch durch unmittelbare Naturalienbeschaffung
zu decken.

„Sind heute schon im Kriegsfall von vornherein Naturalleistungen
in erheblichem Ausmaße vorgesehen" (Militärpflicht, Pferde- und Fuhr-
werksgestellung, Einquartierungs- und Verpflegungszwang), „so können
dieselben in gewissen Fällen eine noch weit größere Rolle spielen. Namentlich wenn die Bemühungen der Regierung, Geld zu beschaffen, fehlschlagen
und die Papiergeldemission nicht unbedenklich ist, kann es sich als zweck-

mäßig erweisen, statt erst Papiergeld auszugeben, um für dieses Naturalien
zu empfangen, die Bürger dann zu besteuern und mit dem so empfangenen
Papiergeld neuerlich Naturalien zu kaufen, — eine d i r e k t e N a t u r a l -
b e s t e u e r u n g vorzunehmen, und die so empfangenen Naturalien sofort
zur Heeresverpflegung oder sonst zu Kriegszwecken zu verwenden . . . Es
sei auch daran erinnert, daß in belagerten Städten nicht selten die B ü r g e r
v o n S t a a t s w e g e n v e r p f l e g t werden; hierzu kommt, daß die
Heeresverwaltung ja bereits in' Friedenszeiten einen großen, wohl durch-
gebildeten naturalwirtschaftlichen Apparat besitzt, der gewissermaßen nur
einer Ausdehnung auf die Zivilbevölkerung bedarf" (Kriegsw., S. 22/23).
Auch „wäre denkbar, daß man in den einer geordneten Verwaltung unter-
liegenden Landesteilen — seien sie nun feindliche oder solche des eigenen
Landes — eine Art R e q u i s i t i o n s o r d n u n g einführt, die der
Steuerordnung zu vergleichen wäre. Soweit gegen Schein requiriert wird,
wäre diese Requisition als N a t u r a l z w a n g s a n l e i h e zu charakterisieren" (ebenda, S. 96).

Der Höhepunkt dieser unmittelbaren Beschaffung des Kriegs-
bedarfs ist erreicht, „wenn die Regierung die unmittelbare Versorgung der Bevölkerung und der Armee mit Nahrungsmitteln
verfügt". Damit ist die Großnaturalwirtschaft grundsätzlich gegeben; denn im Sinne Neuraths läuft diese — mindestens als
Kriegswirtschaft — „in letzter Linie darauf hinaus, daß der Staat
Naturalien als Steuern, Anleihen usw. erhält und die Gehälter usw.
in Naturalien ausbezahlt".

> Neurath hebt dabei hervor, „daß an sich auch eine Naturalwirt-
> schaft mit freier Konkurrenz denkbar ist, daß dieselbe aber im Kriegsfalle
> kaum sehr viele Vorzüge vor der Geldwirtschaft mit freier Konkurrenz haben
> dürfte" (Kriegsw., S. 99).

Selbstverständlich würden sich die naturalwirtschaftlichen
Maßnahmen des Staates nicht nur auf die unmittelbare Bedarfsdeckung zu erstrecken haben, sondern auch im weitesten Umfange
der vorbereitenden „S i c h e r u n g des Realienbedarfes für den
Kriegsfall" zu dienen haben.

> Neurath erwähnt in diesem Zusammenhange „die Notwendigkeit,
> einen allgemeinen Mobilisierungsplan auszuarbeiten, der nicht nur die Armee
> umfaßt, sondern auf die gesamte soziale Struktur und auch auf die verbün-
> deten Staaten Rücksicht nimmt" (Kriegsw., S. 104).

Von „praktischen Fragen dringendster Art steht an erster
Stelle die Versorgung der Bevölkerung mit Nahrungsmitteln und
Kohlen", namentlich in den Großstädten, und insbesondere die
Getreideversorgung. Ein „Magazinsystem", eine „Fuhrwerkspolitik"
und die „Zentralisierung der Brotbereitung" werden notwendig, vor
allem die obrigkeitliche Regelung des Außenhandels: das Ausfuhr-

verbot und die „Kompensationsabmachung, die den Austausch bestimmter Warenarten sowie bestimmter Warenmengen vorsieht".

Alle diese staatlichen Eingriffe in den geldwirtschaftlichen Verkehr bewirken in Verbindung mit dem wieder auflebenden Naturaltausch die allmähliche Ausschaltung des Geldes als Umtauschmittel; einzelwirtschaftlich betrachtet, die Aufhebung der Geldzahlungen und damit auch den Anschluß der Geldersparnisse und des Gelddarlehens, denn wenn das Geld seine Zahlungskraft verliert, hat es auch keinen Sinn mehr, es aufzuspeichern oder ein Darlehen in Geld zu begehren. Die Aufrichtung der Großnaturalwirtschaft ist somit gleichbedeutend mit der Beseitigung des Geldes als Zahlungsmittel, Spar- und Darlehensobjekt.

Neurath drückt das Ergebnis dieser Entwicklung mit den Worten aus: „Schließlich würde das Geld als selbständige Wesenheit überhaupt aus der Betrachtung verschwinden und nur noch als Recheneinheit, gebunden an die Dinge, sein Leben weiter fristen . . ." (Kriegsw., S. 189).

III.

„ . . . bis es vielleicht auch diesen Schatten von Wesenheit einmal verliert". Mit diesen Worten endigt die am Schluß des vorigen Absatzes abgebrochene Anführung. Das Geld, das nicht mehr als Umtauschmittel dient, könnte immer noch Rechengeld sein: „Zunächst bleibt das Geld als Rechnungseinheit erhalten, um später einmal zu verschwinden und dem Wirtschaftsplan Platz zu machen" (Vollsozialisierung, S. 40). Erst dann ist es wahrhaft „entthront", wenn auch die Geldrechnung durch die Naturalrechnung, den „Naturalkalkül" ersetzt ist.

. Den Ausgangspunkt für die Erklärung des Begriffs Naturalrechnung bildet bei Neurath die „als Grundlage wirtschaftlicher Untersuchungen geforderte Übersicht über die zur Verfügung stehenden Mengen an produktiven Mitteln (Maschinen, Wasserkräften, Arbeitskräften, Erfindungen usw.), über die Rohstoffe usw. sowie über den Bedarf".

Wir sehen hier „die mengenmäßige Erfassung der technischen Möglichkeit, deren organisatorische Verwirklichung in Frage steht, als Naturalrechnung der Geldrechnung gegenüber, welche vor allem mit Preisen und Reingewinnen sich beschäftigt und vielfach von der Anschauung ausgeht, ein größeres Geldeinkommen eines Volkes bedeute auch ein günstigeres Dasein" (Kriegsw., S. 191).

Neurath weist mit Recht darauf hin, daß die Naturalrechnung in merklichem Unterschied vom Naturaltausch schon heute „für

leitende Kreise im wesentlichen ausschlaggebend ist", und gibt
dafür die zutreffende Begründung, daß die Naturalrechnung „an
sich keine soziale oder wirtschaftliche Stellungnahme bedeutet,
sondern eine Betrachtungsweise ist" und „mit der
Naturalwirtschaft nicht mehr zu tun hat als mit
der Geldwirtschaft".

„Wir können die Geldwirtschaft dem Naturalkalkül unterwerfen, wir
können auch die Naturalwirtschaft dem Naturalkalkül unterwerfen ... Die
Naturalrechnung ist eine Rechnungsart, die Naturalwirtschaft eine gesellschaftliche Einrichtung" (ebenda, S. 177).

Aus der Möglichkeit, die Naturalrechnung auch auf eine
Wirtschaftsordnung anzuwenden, deren typische Eigenart durch
den Geldverkehr bestimmt ist, ergibt sich die Notwendigkeit,
innerhalb der Geldwirtschaft schon eine scharfe Grenze
zwischen dem Geltungsbereich der Rechnungsarten zu ziehen. Erleben wir es doch heute — noch mitten in der Organisation der
Geldwirtschaft stehend — täglich, daß „der Geldkalkül eine Zunahme der Einkommen ergibt, während die Realeinkommen gesunken sind". Man hat den Unterschied der Betrachtungs-
weisen, aus dem die Gegensätzlichkeit dieser Ergebnisse folgt,
in der Verschiedenheit des Blickpunktes und, als Folge davon, der Größe des Gesichtskreises zu erkennen geglaubt: in
dem Gegensatz zwischen „Privatwirtschaft" und „Volkswirtschaft".
Diese Unterscheidung ist letzten Endes nicht haltbar. Die Leiter
der Staatswirtschaft, der fiskalischen Privatwirtschaft, mußten im
Kriege bereits die Erfahrung machen, daß er „mit Munition und
Verpflegung, aber nicht mit Geld geführt werde" (Neurath, im
Gegensatz zu Montecuculis Ansicht, daß man zum Kriegführen
Geld, wieder Geld und zum dritten Mal Geld brauche). Die neueste
Entwicklung des Wirtschaftslebens bringt zumal in den ehemals
Krieg führenden Ländern auch den hartnäckigsten Geldmann zu
der Überlegung, daß es am Ende doch nicht genügt, seinen Bedarf — sei es im Geschäftsbetrieb, sei es zum persönlichen Verbrauch — in Geldbeträgen zu berechnen, sondern daß er die erforderlichen Gütermengen, Arbeitskräfte usw. unmittelbar in Rechnung stellen muß, um eine sichere Unterlage für sein Wirtschaften
zu gewinnen. Nicht bloß für „volkswirtschaftliche" Untersuchungen,
sondern auch für den Einzelwirt ist die Naturalrechnung unum-
gänglich, sobald das Preisniveau des für ihn in Frage kommenden
Marktes erhebliche Veränderungen durchmacht oder sogar nur
erwarten läßt. Ja schließlich muß man in Betracht ziehen, daß

das Preisniveau eigentlich i m m e r in Veränderung begriffen ist, bestenfalls ein l a b i l e s Gleichgewicht der Marktpreise besteht und die Kaufkraft der währungsmäßigen Geldeinheit somit ständig schwankt. Und man kann daraus entnehmen, daß niemals die Geldrechnung allein eine zureichende wirtschaftliche Betrachtungsweise darstellt, sondern g r u n d s ä t z l i c h i m m e r — faktische Ausnahmen entkräften diese Wesenserkenntnis nicht — d e r E r g ä n z u n g d u r c h e i n e N a t u r a l r e c h n u n g b e d a r f, auch in unserer Geldwirtschaft, geschweige denn gar in einer Naturalwirtschaft.

Die praktische Durchführung der Naturalrechnung setzt eine ausgedehnte W i r t s c h a f t s s t a t i s t i k voraus. Hier liegen die Hauptschwierigkeiten für ihre Verwirklichung. Schwierigkeiten, die es allein erklärlich machen, daß alle Einzelwirte und sogar die Leiter der staatlichen und kommunalen Finanzwirtschaften sich bisher bei Feststellung ihres Bedarfs und der zu seiner Deckung heranzuziehenden Hilfsmittel zumeist mit der Anwendung der Geldrechnung begnügten. Der Gebrauch der Naturalrechnung, dessen Erweiterung grundsätzlich als wirtschaftlich wünschenswert zu erachten ist, krankt praktisch an dem mangelhaften Ausbau der statistischen Erfassung der wirtschaftlich erheblichen Größen.

Zunächst ist man sich noch nicht einmal darüber klar, was überhaupt wirtschaftlich erhebliche Größen sind. Die „Lust- u n d U n l u s t g e f ü h l e", mit denen sich die psychologistischen Wirtschaftswissenschaftler — zuletzt Liefmann — so gern befassen, und die auch bei Neurath noch ein wenig spuken, sind keineswegs geeignet, für unsere Untersuchungen zur Grundlage zu dienen. Erstens ist Lust und Unlust kein selbständiger Sachverhalt, sondern nur eine „Gefühlsbetonung", nur die Färbung eines aktuellen Fühlens oder Gefühlszustandes. Es offenbart sich das darin, daß dasselbe Erleben, derselbe psychische Zustand bei verschiedenen Personen, ja selbst bei derselben Person zu verschiedenen Zeiten stärker oder schwächer lust- oder unlustgefärbt, sogar das eine Mal zweifellos lustvoll, ein andermal unlustig sein kann. Schließlich kann man selbst nicht immer mit Sicherheit entscheiden, ob im Einzelfall Lust oder Unlust oder nicht vielleicht beides vorliegt, und welche Färbung in beiden Fällen überwiegt. Man denke nur an die Mischzustände der „schmerzlichen Freude", der „süßen Pein" und — für das Wirtschaftsleben besonders wichtig — die gar nicht abzugrenzenden Übergänge von Lust in Unlust bei der Arbeit: Arbeitsfreude in Arbeitsscheu. Zum zweiten sind die Intensitätsunterschiede der Lust- und Unlustfärbung, wenn man selbst eine qualitative Vergleichbarkeit zugibt, niemals im Wege von quantitativen Vergleichen, von Messungen festzustellen; schon deshalb nicht, weil die unübersehliche Mannigfaltigkeit der Arten keinen einheitlichen Maßstab gewährt, keinen Generalnenner, ohne den jedoch eine nur zahlenmäßige Vergleichung undenkbar ist. Aus beiden Gründen ist es widersinnig, die wirtschaftliche Naturalrechnung auf „Lust- und Unlustdaten" zu gründen. Wirtschaftlich erhebliche Größen, welche den Gegenstand der Naturalrechnung bilden können, sind nur gleichartige Tatsachen des Wirtschaftslebens. Lust und Unlust sind gar keine wirtschaftlichen Sachverhalte. Sie sind allenfalls „vorwirtschaftlich", sofern etwa Unlust zur Arbeit den physischen Kräfteaufwand bedeutender erscheinen läßt und so die Knappheit an Arbeitskraft steigert. Erst diese Knappheit selbst aber: das naturgegebene oder sozial bedingte Mißverhältnis zwischen dem persönlich, sachlich und räumlich-zeitlich ganz verschiedenen menschlichen Bedarf und den zu seiner Befriedigung jeweils verfügbaren Mitteln macht diese letzteren — Naturgüter und Menschenkraft — zu Gegenständen des Wirtschaftens und damit auch wirtschaftlicher Untersuchungen, Vergleiche und, soweit sie artgleich sind, auch Messungen.

N e u r a t h erscheint hier in seiner Darlegung nicht ganz konsequent. Er sieht völlig klar, daß wir „ja noch nicht einmal in engbegrenzten Fällen für experimentelle Zwecke Behagen und Schmerz eindeutig zu bezeichnen und zu beschreiben vermögen", glaubt aber, „in erheblichem Ausmaß die B e d i n g u n g e n der Lust und Unlust erfassen oder mindestens Anzeiger ihrer Änderungsrichtung beschreiben zu können". Wie kann er diese Behauptung aufrecht erhalten, wenn er doch unmittelbar danach wieder zugeben muß, daß „eine Arbeitsleistung, die in einer Gegend bereits erhebliche Unlust erweckt" (ist denn selbst dies allgemein festzustellen?), „in einer anderen kaum empfunden werden mag"; daß ferner „diese Umstände der Beurteilung des Lebensstandards auf Grund von Haushaltungsrechnungen große Schwierigkeiten bereiten". Er gesteht auch zu, daß „wieder jede Berechnungsgrundlage fehlt, wenn etwa der Brotkonsum bei einer Gruppe größer ist, dafür aber der Fleischkonsum geringer". Der Neurathsche Exkurs über die Lust- und Unlustgefühle erscheint um so überflüssiger, als er selbst zugibt, daß wir „uns eben an die N u t z u n g s q u e l l e n halten und erheben müssen, wieviel Bücher, Kleider, Wohnraum usw. dem einzelnen zur Verfügung steht". Ja, er sieht sich noch zu der Einschränkung gezwungen, daß auch bei der Erfassung dieser Nutzungsquellen noch „die staatliche Macht, die Erfindungskraft, die Organisationskraft, die Dummheit, die Trägheit und vieles andere fehlt" (Kriegsw., S. 141/142). Alles, was sich in dieser Richtung überhaupt ermitteln läßt, würden gewisse „Lebenslagentypen" sein: „Die Lebenslagen werden den voraussichtlichen Lebenslauf, also Sterb-

lichkeit, Erkrankungswahrscheinlichkeit usw. zu berücksichtigen haben.
Es wird wesentlich sein, welchen Schwankungen der Lebenshaltung die Einzelnen erfahrungsgemäß unterworfen sind. Mit reinen Zahlenangaben wird das Auslangen nicht zu finden sein, Beschreibungen werden ergänzend hinzutreten müssen" (Vollsoz., S. 21/22; vgl. hierzu auch B ü c h e r , II, S. 276).

Dies ist die Schwierigkeit: alle Naturalrechnung im Wirtschaftsleben hat es mit dem Verhältnis eines zu befriedigenden Bedarfs zu dem dafür verfügbaren Gütervorrat zu tun. Dieser Bedarf ist aber nicht mit Sicherheit festzustellen; eine „unmittelbare Bedarfsstatistik" ist der Natur der Sache nach unmöglich. Indes ist damit noch nicht über jede naturale Wirtschaftsrechnung das Verdammungsurteil gesprochen. Fehlt die Möglichkeit unmittelbarer Bedarfsfeststellung, so können wir doch immer noch wichtige Rückschlüsse auf die Gestaltung des Bedarfs aus den zahlenmäßig sehr wohl erfaßbaren Verbrauchsverhältnissen ziehen. Dies hat Neurath ebenfalls sehr wohl erkannt: „Die Konsumstatistik, welche bisher vielfach ein sozialpolitisches Anhängsel war, dürfte nun in den Mittelpunkt des wirtschaftlichen Interesses rücken", — wenn man nur erst einmal die Möglichkeit ernstlich ins Auge faßt, daß „der wirkliche Bedarf unmittelbar auf die Produktion wirke", und nicht mehr nur das einzelwirtschaftliche „Streben nach einem Maximum des Reingewinns" maßgebend ist.

In dieser Richtung fordert Neurath eine umfassende W o h l - h a b e n h e i t s s t a t i s t i k. Vor allem erscheint ihm der weitere Ausbau der V e r b r a u c h s s t a t i s t i k notwendig, ergänzt durch eine N u t - z u n g s s t a t i s t i k, welche feststellen müßte, wieviele Kleider, Tische Bücher usw. benutzt werden . . .; auch die Bibliotheksbesuche, Zeitungslektüre, Besuch der Theater, läßt sich erfassen und verwerten". Einen Teil der Nutzungsstatistik bildet auch die Behausungsstatistik. Weiterhin würde die Berechnung der „n a t u r a l e n P a s s i v a" der Wirtschaft durch Statistik der Arbeitszeit, Unfälle, Krankheiten, Gebrechen und Sterblichkeit zu vervollständigen sein. Es würden dann „alle Geldziffern oder auf Grund von Geldziffern berechneten Indexziffern . . . durch naturale Deutung einen Sinn für die Reichtumsbetrachtung erhalten" (Kriegsw., S. 143 144; ähnlich Vollsoz., S. 22).

Die Konsumtionsstatistik in dem geschilderten erweiterten Sinne ist wieder mit den übrigen Zweigen der Wirtschaftstatistik zu verknüpfen: „Produktion, Konsum, Export, Import, Vorratsbildung werden im Zusammenhang mengenmäßig erfaßt" und zu einer U n i v e r s a l s t a t i s t i k vereinigt werden müssen, „welche in zusammenhängenden Übersichten ganze Länder, ja die Welt umfaßt . . . Durch die Universalstatistik müßte jede Einzelstatistik erst Sinn und Bedeutung erhalten" (Kriegw., S, 212). Eine solche

Universalstatistik erst ist eine geeignete Unterlage für eine Naturalrechnung, welche die Produktionsmengen, die Ein- und Ausfuhrmengen, die Vorratsmengen, die Konsummengen und die Bewegung der Rohstoffe und Energien erfaßt" (ebenda, S. 194). Sie gewährt auch erst die Möglichkeit, in unmittelbarer Naturalrechnung „etwa eine bestimmte Menge Wohnraum einer bestimmten Menge Brot, dieses wieder einer bestimmten Menge Fleisch in bezug auf die Reichtumsbedeutung gleichzusetzen" (ebenda, S. 144); denn es kommt nicht bloß darauf an, daß wir uns zu dieser Gleichsetzung „entschließen", vielmehr muß eine Gesamtübersicht über die naturalen Mengenverhältnisse von Vorrat und Bedarf uns erst in die Lage versetzen, auf die in der Geldeinheit ausgedrückten Preise als Maßstab zu verzichten. Die Geldrechnung ist ein Notbehelf der Verkehrswirtschaft; bei praktischer Durchführbarkeit der Naturalrechnung ist sie überflüssig. Die Frage ist nur, ob und unter welchen Bedingungen Universalstatistik und Naturalrechnung für die Wirtschaftszwecke ausreichend zu verwirklichen sind.

IV.

Wir sind bei der getrennten Betrachtung von naturalem Gütertausch und Naturalrechnung zuletzt auf dieselbe Frage gestoßen: das Problem ihrer praktischen Durchführung. Die weitere Behandlung dieses Problems setzt die Verbindung beider voraus. Es ändert sich damit nichts daran, daß die Naturalrechnung von dem naturalen Güteraustausch begrifflich unabhängig ist, daß auch die Geldwirtschaft letzten Endes ohne Naturalrechnung undenkbar ist. Nur stellt einerseits die Naturalwirtschaft eine sinnvollere und weitergehende Durchführung und Anwendung der Naturalrechnung dar als die Geldwirtschaft mit ihrer Zwischenschaltung der Geldrechnung und des Geldverkehrs, und auf der anderen Seite ist für die Verwirklichung der Naturalwirtschaft die Naturalrechnung die allerwichtigste Voraussetzung. Insofern darf und muß man von einer wechselseitigen Beziehung, ja einer „natürlichen" Einheit der Naturalwirtschaft und Naturalrechnung sprechen. Zu einer deutlichen Vorstellung dieser Verknüpfung gelangt man am leichtesten wiederum beim Verfolgen der Neurathschen Pläne, insbesondere durch Untersuchung der Frage, wie Neurath sich die Einführung der Großnaturalwirtschaft vorstellt.

Es wurde oben (II) schon erwähnt, daß die Beeinflussung des Zahlungswesens mittels zwangsweisen Ersatzes der Barabhebungen von großen Kassen durch allgemeinen Verrechnungsverkehr der erste Schritt zur „Entthronung des Geldes" sein solle. Viel stärker noch dürfte eine andere Maßnahme wirken, welche die privatwirtschaftliche Herrenrolle des Geldes, seine Kaufkraft, entscheidend beschränkt; diese Maßnahme ist die Minderung der „Kaufbreite", d. h. Aufhebung der grundsätzlichen Umtauschbarkeit des Geldes in alle Arten von Waren und Diensten. Im Verlaufe des ersten Teiles dieser Arbeit hat sich die ungeheure Bedeutung des Umstandes erwiesen, daß das Geld „überall und stets die ideale Möglichkeit seines Umtausches gegen Sachgüter (Waren) oder menschliche Dienste gibt". Diese Möglichkeit, die dem Geld seine eigentümliche privatwirtschaftliche Wertschätzung schafft, die den Begriff Geldwert entstehen ließ, ja dem Geld sogar einen mittelbaren Einfluß auf die Preisbildung am Markte gewährt — diese Möglichkeit gerade will Neurath beseitigen. Denn „Minderung der Kaufbreite" heißt Aufhebung der subjektiv-abstrakten Kaufkraft: Es · „kann das Geld des reichen Mannes das Fleisch des Armen nicht kaufen", obwohl dies „weniger kostet" als das Fleisch des Reichen. Damit ist im Prinzip die Herrenrolle des Geldes, die es in der Einzelwirtschaft und durch diese weiterhin auch am Markt spielt, gebrochen; der freie Gebrauch des Geldes durch den Privatwirt ist nun gebunden. Es entsteht nur die Frage, ob nach diesem Eingriff das Geld überhaupt noch Geld zu nennen ist. Hat es nicht mit dem Verlust der Herrschaft auch die Fähigkeit zur gesellschaftswirtschaftlichen Dienstleistung als Vermittler des Marktverkehrs eingebüßt? Ist das Geld, dessen Kaufbreite eingeschränkt ist, noch „allgemeines Umtauschmittel"? Man wird die letztere Frage wohl verneinen müssen. Im ersten Teil der Arbeit wurden die „Geldsurrogate" (Wechsel, Zinsscheine von Anleihen) scharf vom „Vollgeld" unterschieden; Geldsurrogate sind nicht etwa nur „schlechtes Geld" wie heute die Papiermark im Vergleich zur Goldmark, sondern sie sind überhaupt kein Geld, da sie keine grundsätzlich unbeschränkte Umtauschmöglichkeit gewähren. Ganz ebenso bewirkt Neuraths Änderung der Kaufkraft des Geldes, die Aufhebung seiner vollen Kaufbreite, daß es aufhört, allgemeines Umtauschmittel zu sein, und . zum Surrogat seiner selbst herabsinkt. Nur insofern liegt ein Unterschied von den heute gebräuchlichen Surrogaten, z. B. dem Wechsel, vor, als bei diesen die Einschränkung sich auf die persönlichen, örtlichen, zeitlichen Modalitäten des Umtauschs bezieht: auf die rechtliche Übertragbarkeit, die Verfallzeit, den Zahlungsort, — während die Neurathsche Verringerung der Kaufbreite eine Bindung der Gegenleistungen: der gegen das Geld einzutauschenden Waren und Dienste bedeutet.

Neurath hat den „Begriff der Kaufbreite des Geldes neu eingeführt und ihn der Kaufstärke gegenübergestellt: Wir sagen von einer Geldsumme, ihre Kaufbreite sei unbeschränkt, wenn man für sie Waren aller Art kaufen kann; wir sagen, ihre Kaufbreite sei beschränkt, wenn man für sie bestimmte Waren nicht kaufen kann. Kann man für eine bestimmte Geldsumme nur eine Warenart kaufen, so ist das Geld zu einer Naturalanweisung geworden, welche aber nach Geldeinheiten berechnet erscheint. — Wenn man für dieselbe Geldmenge mehr Stück einer Ware kaufen kann als vorher, so wollen wir sagen, die Kaufstärke des Geldes gegenüber dieser Ware ist gestiegen. Der übliche Ausdruck Kaufkraft bezieht sich im allgemeinen auf das Verhalten des Geldes der Warengesamtheit gegenüber" (Kriegsw., S. 183). Neurath stellt eine tatsächliche „allgemeine Verringerung der Kaufbreite des Geldes durch die Kriegsverhältnisse sowohl im zwischenstaatlichen wie im innerstaatlichen Verkehr" fest: zwischenstaatliche, „weil es wenige Waren gibt, welche nicht Ausfuhrverboten unterliegen, die im allgemeinen nur durch Kompensationsabmachungen durchbrochen werden"; innerstaatlich „durch alle Arten von Rationierung" (ebenda, S. 184). Mit Recht bekämpft Neurath die Ansicht, daß es sich hier nur „um Veränderungen innerhalb der Geldordnung, nicht um solche der Geldordnung selbst handle. Daß ein solcher Wandel eingetreten ist, beweist die Tatsache, daß Schweden Goldzahlungen in Verbindung mit währungspolitischen Vorgängen ablehnte, oder daß Bauern Geldzahlungen ablehnten. Wäre die Geldordnung unverändert geblieben, so könnte der äußerste Mangel keinen Anlaß bieten, Geldzahlungen irgendwelcher Art abzulehnen, sondern nur dazu führen, daß die Preise bis zum äußersten ansteigen . . . Die Forderung sofortiger Zahlung eines naturalen Gegenwertes ist ein Ergebnis der Rationierung, der Ausfuhrverbote, kurzum aller Erschwerungen, die Waren für Geld erhalten zu können, die man benötigt . . . Wir müssen uns daran gewöhnen, daß innerhalb desselben Geldeinkommens die Geldstücke verschiedene Kaufbreite und verschiedene Kaufstärke haben können. So kann es vorkommen, daß Marmelade, auf Karten gekauft, billiger ist als ohne Karten gekaufte Marmelade"; oder es „zahlt etwa der Wohlhabende bei einer Preisstaffelung nach dem Einkommen für dieselbe Ware mehr als der Arme. Manchmal kann diese verschiedene Kaufstärke im Hinblick auf einen Gegenstand mit einer verschiedenen Kaufbreite Hand in Hand gehen, wenn z. B. Schwerarbeiter nicht nur billiger, sondern auch reichlicher Fleisch zubemessen erhalten. Wir sehen . ., wie die Lehre von Anweisungen auf Dinge aller Art, die Geldlehre" (mit Bezug auf das Geld dürfte das Wort Anweisung besser vermieden werden; vgl. Mises, Theorie, S. 85), „mit der Lehre von den Anweisungen auf bestimmte Dinge eng verbunden werden muß" (Neurath, Kriegsw., S. 184/185).

4*

Der einmal eingetretene Wandel in der Geldordnung, den die Verringerung der Kaufbreite des Geldes darstellt, führt folgerichtig zur immer weiteren Ausbreitung der Naturalwirtschaft.

Soll wirklich „das Geld des reichen Mannes das Fleisch des Armen nicht kaufen können, welches weniger kostet," so „setzt dies voraus, daß die f r e i e W a r e n b e w e g u n g a u f g e h o b e n i s t, daß die Ware vom Armen nicht zum Reichen wandert . . . Der Begriff des Volksvermögens ebenso wie jener des Volkseinkommens gerät ins Schwanken, weil es keinen einheitlichen Preis mehr gibt, weder für denselben Ort noch für denselben Menschen . . . Wenn eine Bank einer Industrie Kredit gewährte, so müßte sie, damit dieser Kredit verwertbar ist, in vielen Fällen gleichzeitig die Zuweisung von Rohstoffen, Lebensmitteln und derlei mehr seitens der Zentralen durchsetzen. D i e G e l d b e w i l l i g u n g f i e l e d a h e r m i t d e r A n w e i s u n g v o n b e s t i m m t e n W a r e n g a t t u n g e n z u - s a m m e n" (Kriegsw., S. 186). Auf dem internationalen Markte wird infolge der „Kompensationspolitik" und der damit zusammenhängenden Ausfuhr- und Einfuhrverbote „die Abgabe einer Devise einem Importeur wenig nützen, wenn er nicht gleichzeitig das Ergebnis der Kompensationsverhandlungen in Form der Ausfuhrerlaubnis auf den fremden Staat, der Einfuhrerlaubnis nach dem eigenen Staat, die auf gewisse Mengen lautet, zugewiesen erhält" (ebenda, S. 187). Schließlich nennt Neurath „in diesem Rahmen die Einführung der Naturalsteuern eine sehr ernsthaft zu erwägende Angelegenheit", zieht ein „internationales Warenclearing" und „Naturalanleihen" in Frage und nimmt im Hinblick auf die „Umgestaltung des Notenbankwesens" L i e f m a n n s Gedanken der „Umwandlung der Golddeckung in eine Naturaldeckung" auf (Kriegsw., S. 187/188; vgl. auch die Bemerkungen zum „Generallohnsystem" und „Generalpreissystem", Vollsoz., S. 22; ferner L e d e r e r s Ausführungen über die Naturallöhne, Wiederaufbau, S. 115flg.).

Eine notwendige Bedingung der Durchführung der von Neurath vorgeschlagenen naturalwirtschaftlichen Maßnahmen ist nun die wachsende Anwendung der Naturalrechnung. Nur kurze Frist kann das Geld „als Recheneinheit noch sein Leben weiter fristen", wenn es seine Rolle als Werkzeug des Warenverkehrs ausgespielt hat. Um nur die zwischenstaatlichen Kompensationsabmachungen herauszugreifen (bei denen „Baumwolle, Kupfer, Kalisalze, Farbstoffe, Getreide und manches andere einen beliebten Gegenstand bilden wird"): das mit diesen Abmachungen unlöslich verknüpfte „internationale Warenclearing" kann auf die Dauer nicht bloß Geldrechnung sein. Ist doch „das Geld, welches die Vertragschließenden erhalten, für sie nicht Anweisung auf beliebige Warenarten, sondern nur auf jene, deren Ausfuhr der andere Vertragschließende gestattet; daß bei den Kompensationsverträgen Menge und Art der Waren nicht Geldsummen im Vordergrund stehen, zeigen uns alle Abmachungen und Verhandlungen der letzten Zeit" (Kriegsw., S. 215). Äußerlich zwar kann noch „die Geldverrechnung beim Kompensationsverkehr fortbestehen", bestimmend für den Inhalt der Abmachungen ist indessen von Anfang an die beiderseitige naturale Abschätzung der benötigten bezw. überschüssigen Mengen von Güterarten. Für die innerstaatliche Wirtschaft aber gilt dasselbe wie für den zwischenstaatlichen Verkehr; ist die Kaufbreite des Geldes beschränkt und damit seine Umtauschbarkeit verringert, so verliert es über kurz oder lang auch die Befähigung zum Generalnenner der wirtschaftlichen Wertrechnungen.

Ist die Geldrechnung schon in der Geldwirtschaft nur ein Notbehelf, so wird ihre Beibehaltung nach Aufhebung der einheitlichen Preisbildung ein Nonsens. Geldrechnung hat nur einen Sinn als Preisrechnung; wo „nicht Geldsummen, sondern Mengen und Arten von Gütern im Vordergrund stehen", ist eine Geldrechnung barer Unsinn. Naturalrechnung und Geldrechnung sind nicht einfach gleichgeordnete Typen wirtschaftlicher Denkweisen, sondern die Naturalrechnung ist die wirtschaftliche Methode schlechthin und wird durch die Geldrechnung nur ersetzt, soweit sie mangels Übersicht über die Gesamtheit der in Frage kommenden Wirtschaftsobjekte nicht restlos anwendbar ist. Versagt nun die Ersatzrechnung ihrerseits, so ist der Rückgriff auf die Naturalrechnung zum mindesten ein notwendiges Übel. Vollends, wenn die Störung der Geldrechnung auf einer Umwandlung der Geldwirtschaft in die Naturalwirtschaft beruht, erscheint die Naturalrechnung als einzig mögliche Grundlage der Wirtschaftsführung. (Hierzu vgl. auch die Ausführungen im Schlußkapitel, II—IV.)

Entscheidend für die Durchführung des Neurathschen Vorschlags ist schließlich noch die Wandlung der gesellschaftswirtschaftlichen Organisation: die „Abkehr von der geldwirtschaftlich orientierten Verkehrswirtschaft zur naturalwirtschaftlich aufgebauten Verwaltungswirtschaft, welche grundsätzlich die Naturalrechnung eines Wirtschaftsplanes allen Maßnahmen zu Grunde zu legen sucht" (Kriegsw., S. 170).

Neurath bringt den neuen Ausdruck Verwaltungswirtschaft als „allgemeinen Namen dafür in Vorschlag, daß nicht der einzelne durch seine Tauscherwägungen den Ausschlag gibt, sondern eine Zentralstelle, welche unter Umständen die Willensentschließung aller vereinigen mag", und betont den „grundsätzlichen Unterschied der Lebensordnung der Verkehrswirtschaft von der gegenwärtigen" (lies: kriegswirtschaftlichen) „Lebens-

ordnung". Er bemerkt, daß „die A b b r ö c k l u n g d e r V e r k e h r s -
w i r t s c h a f t schon lange vor dem Weltkrieg eingesetzt hatte. Gewisse
verwaltungswirtschaftliche Maßnahmen hatten ohnehin immer bestanden;
hierzu zählt ja das ganze Steuersystem. Dazu kommt noch, daß der Staat
immer häufiger in das Kartellgetriebe regelnd eingriff und sich an Kartellen
beteiligte. Man mußte bereits viele Jahre vor dem Kriege in solchen „Staats-
kartellen" und „Staatstrusts" eine Wirtschaftseinrichtung erblicken, die
eine große Zukunftsbedeutung hatte" (Kriegsw., S. 148; ähnlich auch S. 169
und 197, vor allem S. 152flg.). Man wird Neurath auch darin zustimmen
können, daß „wir die Verwaltungswirtschaft ebenso dort antreffen, wo Kar-
telle eine zentrale Führung in der Hand haben, wie dort, wo dieselbe Regie-
rungsstellen anvertraut ist; wir finden sie aber ebenso auch innerhalb der
geschlossenen Hauswirtschaft, innerhalb jedes Unternehmens, welches im
allgemeinen zwischen seinen Teilen keine verkehrswirtschaftlichen Beziehungen kennt" (ebenda, S. 150).

Zweifellos ist die Verwaltungswirtschaft — deren Kennzeichen nach Neurath die Verwendung des in der Verkehrswirtschaft grundsätzlich fehlenden Wirtschaftsplanes ist — „in ihrer
voll ausgebildeten Form grundsätzlich Naturalwirtschaft,
indem sie unmittelbar Naturalien beschafft und unmittelbar verteilt", wogegen „die Geldwirtschaft in ihrer entwickelten Form
immer Verkehrswirtschaft ist".

Mit diesen Organisationstypen, die in ihrer Eigenart wirtschaftliche Wesenheiten darstellen, dürfen keinesfalls die von
Neurath in demselben Zusammenhange erwähnten „naturalwirtschaftlichen Einrichtungen auf dem Gebiete der Verkehrswirtschaft" auf eine Stufe gestellt werden. Daß „die Verkehrswirtschaft ebensogut Naturalwirtschaft wie Geldwirtschaft sein" könne,
trifft höchstens für den primitiven Naturaltausch zu; die Großnaturalwirtschaft, die Neurath vorstellt, bedeutet wesensnotwendig die Beseitigung der Verkehrswirtschaft durch die Verwaltungswirtschaft. Es ist nicht nur die vollentwickelte Verwaltungswirtschaft mit Notwendigkeit Naturalwirtschaft, sondern
auch umgekehrt die Naturalwirtschaft nur als Verwaltungswirtschaft
denkbar. Die Naturalwirtschaft unterscheidet sich ja gerade dadurch von der Geldwirtschaft, daß nicht die Preise den „Regu-
lator" des Wirtschaftslebens bilden, sondern der „Wirtschaftsplan
als Ersatz für einen Wirtschaftlichkeitsanzeiger eingeführt" ist.
Zu dessen Aufstellung und Wahrung wieder bedarf es eines
„Zentralwirtschaftsamts", namentlich einer „Naturalrechnungsstelle"
und einer „Kontrollzentrale", — kurz: einer Organisation, deren
„die Geldwirtschaft nicht fähig ist". Unter diesen Umständen ist
es — Neurath hat das in seinen ersten Aufsätzen nicht genug

beachtet — keineswegs „grundsätzlich nebensächlich für die Naturalwirtschaft", ob „die Beziehungen der Verbände zueinander
.. den bisherigen immerhin soweit verwandt sind, daß Leistungen
mit Gegenleistungen in natura bezahlt werden", oder ob wir „die
Großnaturalwirtschaft rein staatlich denken oder rein privatwirtschaftlich aufgebaut", ob sie „kommunistisch sein oder sonstigen
Verteilungs- und Regierungsformen entsprechen kann" (Kriegsw.,
S. 179). Eine „privatwirtschaftlich aufgebaute", d. h. auf dem
Grundsatz der freien Konkurrenz, des wirtschaftlichen Selbstinter-
esses der Einzelwirte beruhende Großnaturalwirtschaft scheitert
von allem Anfang an der Unmöglichkeit der Aufstellung eines
Wirtschaftsplans. Neurath weist selber darauf hin, daß der gegenwärtige Mangel einer Universalstatistik — die doch für die Auf-
machung des Wirtschaftsplans unentbehrlich ist — sich aus den
„wirtschaftsstatistischen Geheimnissen" erklärt: „Selbstverständlich
müßten durch eine entsprechende Verfügung die mengenmäßigen
Kenntnisse" (lies: Kenntnisse der Mengen) „Verwendung finden,
welche heute von Einzelunternehmungen, Banken usw. geheim
gehalten werden." Innerhalb einer privatwirtschaftlich aufgebauten,
also individualistischen Wirtschaftsordnung, wo „letzten Endes jeder
darauf aus ist, seine Konkurrenten, nicht selten auch die Behörden
über die eigene Lage zu täuschen", — glaubt Neurath durch
„eine entsprechende Verfügung" seine universalstatistischen Pläne
ihrer Verwirklichung näher bringen zu können. Es folgt aus
dem Wesen der durch das Konkurrenzprinzip bestimmten Verkehrswirtschaft, daß „man in der Statistik ein Mittel der staatlichen Herrschaft erblickt, die man auf dem Gebiete der Produktion und des Handels energisch bekämpft", und „in den statistischen
Erhebungen oft eine unberechtigte Einschränkung der persönlichen
Freiheit sieht" (Kriegsw., S. 212/213). Eine Universalstatistik —
und daher auch der Wirtschaftsplan und die gesamte Verwirklichung der Großnaturalwirtschaft — ist verlorene Liebesmüh, so
lange diese Wirtschaft durch die Interessen mehrerer miteinander
konkurrierender Wirtschaftspersonen beeinflußt ist. Die Großnaturalwirtschaft ist nur durchführbar, wenn ein Interesse herrscht,
eine Wirtschaftsperson vorhanden ist. In diesem Sinne ist die
Großnaturalwirtschaft mit dem Organisationstyp der Verkehrswirtschaft grundsätzlich unvereinbar; wenigstens, soweit darunter
die Wirtschaftsbeziehungen „organisch ineinandergreifender", aber
ihre Wirtschaftsführung selbständig regelnder Einzelwirtschaften
verstanden sind, die als solche notwendig konkurrieren. Die Groß-

naturalwirtschaft, als vollkommen „durchorganisierte" Gesellschaftswirtschaft, als Familienwirtschaft größten Umfangs, steht und
fällt mit der Beseitigung der Konkurrenz- durch die Gemeinwirtschaft, der Verkehrs- durch die Verwaltungswirtschaft.
Jede Verkehrswirtschaft wird sich mangels des einheitlichen
Wirtschaftsplans wohl oder übel immer wieder des Geldes bedienen müssen.

Die Frage der praktischen Durchführbarkeit der Großnaturalwirtschaft wird erst im Schlußkapitel behandelt.

5. Kapitel.
Der Kommunismus.
I.

Die Naturalwirtschaft ist insoweit Familienhaushalt, als Vorrat und Bedarf der beteiligten Individuen einheitlich und zwar im Naturalkalkül festgestellt werden und für die Güterbeschaffung, -verteilung und -verwendung die „Festsetzung eines umfassenden Wirtschaftsplanes und Schaffung einer alles regelnden wirtschaftlichen Zentralstelle Voraussetzung ist" (Neurath). Scheinbar ist Naturalwirtschaft nichts weiter als bloß eben geldlose Wirtschaft, ohne Rücksicht auf die sonstige Gestaltung der Wirtschaftsorganisation. Die eingehende Würdigung ihrer Zwecke und Möglichkeiten jedoch brachte schon die Einsicht, daß in Wahrheit die Großnaturalwirtschaft notwendig auch Großfamilienwirtschaft ist: durchorganisierte Gemeinwirtschaft, unvereinbar mit jeder Konkurrenz der Sonderinteressen selbständiger Einzelwirte.˙ Wir sind auf diesem Wege an ein Ziel gelangt, das sich von vornherein, ohne zunächst die Geldabschaffungsfrage zu berücksichtigen, die Anhänger des Kommunismus gesteckt haben: jener Wirtschaftsordnung, die man auch oberflächlich-schlagwortartig immer durch ihren Gegensatz zu jeder Art von Konkurrenzwirtschaft charakterisiert.

Gustav C a s s e l hat den Grundsatz des Kommunismus dahin formuliert: „Es läßt sich eine Gesellschaft denken, in der die Gesamtheit die ganze Bedürfnisbefriedigung für alle Mitglieder der Gesellschaft autoritativ reguliert; wo nicht nur die kollektive, sondern auch die individuelle Bedürfnisbefriedigung von einer Zwangsorganisation übernommen wird; und wo also kein Platz für die Ordnung des individuellen Verbrauchs durch Einzelwirtschaften gelassen ist" (Sozialökonomie, S. 60). K r o p o t k i n sieht im Kommunismus „eine zusammengefaßte Betrachtung von Konsumption, Produktion und Tausch und eine Organisation, die dem Resultate dieser Betrachtung entspricht" (Brot, S. 144).

Der Gedanke des Kommunismus findet sich — nach V o i g t s Zusammenstellung — schon bei P l a t o (im „Staat", etwa 370 v. Chr.), dann in der „Utopia" von Thomas M o r u s (1516), der das Gold und Silber

verhöhnt, indem er es „eine schimpfliche Rolle spielen", es zur Anfertigung
von Sklavenfesseln und Nachtgeschirren verwenden läßt" (Stillich);
weiter in C a m p a n e l l a s „Sonnenstaat" (1611) und A n d r e a e s „Chri-
stianopolis" (17. Jahrhundert). Zu bewußter praktischer Durchführung
gelangt sind die kommunistischen Grundsätze zuerst im Jesuitenstaat von
Paraguay (1638—1773).

Das W e s e n des Kommunismus als verkehrsloser und dem-
zufolge (vgl. das vorige Kapitel) auch geldloser Wirtschaft läßt
sich kurz in folgendem charakterisieren: Es besteht ein geschlossener Wirtschaftskreis. Der Umfang ist theoretisch gleichgültig; es kann die ganze Welt in ihm einbegriffen sein oder auch
bloß ein kleines Landgebiet mit seinen Bewohnern. Wesentlich ist
nur, daß die Wirtschaft „autark" vorgestellt ist, d. h. ein Wirtschaftsverkehr nach außen, der zur Marktproduktion nötigen
würde, nicht erforderlich wird; eine Bedingung, die auf die Dauer
allerdings nur in der Weltwirtschaft erfüllt werden dürfte. Das
zweite Wesensmerkmal ist das Fehlen jeglichen eigenen Wirtschaftens der Glieder der Gesellschaft; wirtschaftlich erhebliche
Güterübertragungen kommen hier nicht vor. Denn entweder
reichen die Vorräte des Gemeinwesens nicht zur Deckung des
gesamten Bedarfs aus, — dann muß jeder Person ihr Teil zugewiesen werden, und niemand hat einen nennenswerten Überschuß
abzugeben; oder es sind alle Verbrauchsgüter ausgiebig vorhanden,
— dann kann sie jeder „nach seinen Bedürfnissen" ohne Rücksicht auf die anderen entnehmen und hat so erst recht keine Veranlassung, irgendwelche Güter im Tauschwege zu erwerben. A l l e r
W i r t s c h a f t s v e r k e h r i m S i n n e v o n T a u s c h, K a u f, L e i h e
h ö r t a l s o h i e r a u f. Damit entfällt für das G e l d jede Möglichkeit, eine Rolle zu spielen; in der kommunistischen Wirtschaft
hat es k e i n e S t ä t t e.

Daß in der russischen Sowjetwirtschaft das Geld noch beibehalten ist,
erklärt B u c h a r i n für eine Übergangserscheinung: „Eben in diesem
Augenblick braucht die Arbeiterregierung Geld und braucht es sogar sehr,
weil die Organisation der Produktion und Verteilung erst b e g i n n t,
in Ordnung gebracht zu werden, und das Geld noch eine sehr große Rolle
spielt" (S. 62); „man muß jedoch bemerken, daß die Bedeutung des Geldes
überhaupt immer mehr fällt, je besser das Werk der Organisation der Produktion nach neuen Arbeiterprinzipien von statten geht ... Es vergeht viel
Zeit, bis man das alles organisiert, ordnen, einrichten kann. Das ist ein
neues, nirgends in der Welt dagewesenes und daher besonders schweres Werk.
Aber eins ist klar: je mehr die Arbeiter sich der Produktion und der Verteilung des Produkts bemächtigen, desto geringer wird die Notwendigkeit des
Geldes, und schließlich wird das Geld allmählich ganz a u s s t e r b e n"
(S. 60/61).

II.

Meinungsverschiedenheiten in bezug auf die Organisation lassen den Kommunismus recht mannigfaltig erscheinen. Kennzeichnend ist für ihn nur der vollkommene Ersatz der Konkurrenz wirtschaftlicher Sonderinteressen durch die „gegenseitige Hilfe" (Kropotkin); gleichgültig dagegen, ob dieses Verhältnis seinerseits auf freier Vereinbarung beruht oder „von oben her" gesichert ist. Im letzteren Falle haben wir es mit zentralistischem oder autoritärem Kommunismus zu tun. Dieser betont besonders stark die Gleichheit der Glieder der Gesellschaft, die nötigenfalls zwangsweise herbeigeführt werden soll.

Das typische Beispiel des „Zuchthaus-Zukunftsstaats" — auch zu ihrem „Glück" kann man die Menschen zwingen — gibt C a b e t in seiner „Reise nach Ikarien": „Stelle Dir zuerst vor, . . . daß es in allem, was die Ernährung betrifft, überhaupt nichts gibt, was nicht durch das G e s e t z geregelt wäre. Dieses allein gestattet oder hindert jegliche Ernährung. Ein von der Volksvertretung eingesetzter S a c h v e r s t ä n d i g e n a u s - s c h u ß hat unter Mitwirkung aller Bürger das Verzeichnis aller bekannten Nahrungs- und Genußmittel aufgestellt, mit der Angabe, welche gut und welche schlecht und welches die guten oder schlechten Sorten eines jeden sind. Der Ausschuß hat noch mehr getan: unter den guten" (Lebensmitteln) „hat er die notwendigen, nützlichen und nur angenehmen unterschieden und dann das Verzeichnis in mehreren Bänden drucken lassen, von denen jede Familie ein Exemplar hat. Man hat noch mehr getan: man hat die passendsten Zubereitungsarten für jedes Nahrungsmittel angegeben, und jede Familie besitzt daher ihr Kochbuch." Der Staat läßt nur die verzeichneten Lebensmittel „durch seine Bauern und Arbeiter herstellen, . . . zuerst die notwendigen, dann die nützlichen und dann die angenehmen und alle in möglichster Fülle. Er verteilt sie u n t e r a l l e g l e i c h m ä ß i g , so daß jeder dasselbe Maß eines jeden Lebensmittels erhält, wenn es für alle ausreicht; wenn es irgend einmal — in einem Jahr oder an einem Tag — nur für einen Teil der Bevölkerung ausreicht, erhält jeder erst etwas, wenn die Reihe an ihn kommt. Jeder hat also einen unterschiedslos gleichen Anteil an allen Lebensmitteln, vom gröbsten bis zum feinsten Leckerbissen, und das ganze ikarische Volk ist ebenso gut, wo nicht besser ernährt als die reichsten der anderen Länder" (S. 52/53). — Wie mit der Ernährung, so steht es in Ikarien auch mit der Kleidung, Wohnung (Häuser und Möbel), Erziehung, — ja mit allem, was in den Kreis des menschlichen Kulturlebens fällt: überall zwangsläufige gleichmäßige Verteilung.

Tugan-Baranowsky bemerkt abweichend davon, daß die zwangsweise Verteilung und vor allem die „qualitative und quantitative Gleichheit der Konsumption" jedenfalls nur ein Grundsatz der Verteilung sei, und zwar der „für die nächste Zukunft. Aber der Kommunismus stellt a u c h ein höheres Prinzip der Verteilung — F r e i h e i t der Konsumption".

„Die Kräfte, die die persönliche Konsumption in vernünftige Grenzen
ziehen, müssen durchaus nicht notwendig einen äußeren Zwangscharakter
tragen. Der Mensch kann freiwillig, aus Rücksicht auf die Interessen anderer,
seine Konsumption einschränken. In der gleichen Richtung wirkt, ohne
jedwede Zwangsgesetze oder -regeln, auch die Furcht vor der öffentlichen
Meinung . . . Endlich muß man im Auge behalten, daß es Gebiete gibt, wo
das persönliche Interesse mit dem gesellschaftlichen völlig übereinstimmt;
die Gesellschaft verliert nichts, sondern gewinnt nur, wenn Bibliotheken,
Museen, Bildungsanstalten eine große Zahl von Besuchern aufweisen . . .
Untgeltliche medizinische und veterinäre Hilfe bilden schon jetzt" (1907)
„den herrschenden Typus in den russischen Dörfern derjenigen Gouverne-
ments, wo die Semstwos vorhanden sind. Zweifellos wird das Gebiet freier
kommunistischer Konsumption in der sozialistischen Gesellschaft äußerst
erweitert werden" (126flg.).

Der Gedanke der freien Konsumption in der kommunistischen Wirtschaftsordnung ist zuerst von W i n s t a n l e y vertreten worden („Das
Gesetz der Freiheit als Programm entwickelt, oder die Wiederherstellung
der wahren Regierung", 1651). Winstanley ist der Ansicht — nach
Voigts Bericht —, „der Grundfehler der heutigen Ordnung bestehe darin,
daß mit allem Handel getrieben werde. Dem Kaufen und Verkaufen müsse
daher gründlich ein Ende gemacht werden, denn dessen Aufkommen sei der
eigentliche Sündenfall . . . Um dem Handel ein Ende zu machen, müßten
zwei Magazine errichtet werden, eins für Rohstoffe und eins für gebrauchsfertige Fabrikate, und aus diesen müßte jeder holen dürfen, wessen er für sich
und seine Familie bedürfe" (V o i g t , S. 86).

Nach V o i g t s Meinung übersehen die Vertreter der freien
kommunistischen Konsumption, daß „die Erde selbst ein be-
schränktes Gebiet ist und ihre Güter ebenfalls nur in beschränkter
Menge hervorgebracht werden können und daher unmöglich ·.
jedem in beliebiger Menge zur freien Verfügung gestellt werden
können" (S. 87). Diesem Einwand begegnet L e n i n , indem er
die Gedanken der gleichmäßigen und zwangsläufigen Verteilung
der Güter und der Freiheit des Konsums nebeneinanderstellt und
den zweiten Grundsatz dem ersten überordnet:

„In der ersten Phase der kommunistischen Gesellschaft (gewöhnlich
Sozialismus genannt) bleibt das bürgerliche Recht als Regler, als Verteiler
der Arbeit und Konsumptionsmittel unter die Mitglieder der Gesellschaft
bestehen. Das ist aber n o c h n i c h t Kommunismus . . . Der enge Horizont des bürgerlichen Rechts wird erst dann überschritten sein, wenn die
Gesellschaft den Grundsatz „Jeder nach seinen Fähigkeiten, Jedem nach
seinen Bedürfnissen" wahr gemacht haben wird. Die Verteilung der Konsumptionsmittel wird dann die Normierung der jedem einzelnen zukommenden
Mengen durch die Gesellschaft unnötig machen; jeder wird frei nehmen nach
seinen Bedürfnissen" (Staat, S. 88/90).

Bei Entscheidung der Frage ist davon auszugehen, daß der
letzte Grund des Verteilungsproblems w i r t s c h a f t l i c h gesehen

überhaupt nicht eine soziale — geschweige denn gar bloß „im engen Horizont des bürgerlichen Rechts" liegende —, sondern natürliche Knappheit an Gütern ist. Zwar soll und kann das naturgegebene Mißverhältnis zwischen dem menschlichen Lebensbedarf und den zu seiner Befriedigung verfügbaren Mitteln eben durch das Wirtschaften, durch eine Vermehrung der nutzbaren Güter, eine Erweiterung des „Nahrungsspielraums" gebessert werden, — die Steigerung der Bedürfnisse folgt jedoch immer schnell genug nach, um die endgültige Beseitigung der Spannung zu vereiteln. Nicht also aus sozial-rechtlichen, sondern aus natürlich-menschlichen Gründen darf man nicht mit der Möglichkeit rechnen, daß einmal ein „Jeder frei nehmen wird nach seinen Bedürfnissen", — es sei denn, daß infolge langdauernder Gemeinschaftserziehung die individuellen Bedürfnisse sich einmal ganz von selbst in die Grenzen des gesellschaftswirtschaftlich „Vernünftigen" einpassen. Selbst in diesem letzten Fall aber liegt noch eine — wenngleich nicht juristische, sondern sozialpädagogische — Beschränkung des „Frei-Nehmens" vor.

III.

Den scheinbaren Gegenpol des zentralistischen Obrigkeits-Kommunismus bildet der Anarchismus. Indessen ist der Gegensatz in Wahrheit nicht so scharf, wie man zumeist annimmt. Nur der Zwang der zentralistischen Ordnung wird von ihm bekämpft. Das Bild der gesellschaftlichen Wirtschaft aber entspricht bei den meisten Anarchisten der von Lenin gezeichneten „höheren Phase der kommunistischen Gesellschaft".

> Kropotkin bezeichnet seine Richtung sogar ausdrücklich als „anarchistischen Kommunismus": „Jede Gesellschaft, welche mit dem Privateigentum gebrochen hat, wird nach unserer Meinung gezwungen sein, sich in anarchistisch-kommunistischer Form zu organisieren. Die Anarchie führt zum Kommunismus und der Kommunismus zur Anarchie. Das eine wie das andere ist nur der Ausdruck einer in den modernen Gesellschaften vorherrschenden Tendenz: des Strebens nach der Gleichheit" (Brot, S. 19).

Der Unterschied ist der, daß die Zentralisten das Gesamtinteresse rücksichtslos über die Einzelwünsche stellen und daher die Zwangsorganisation einer streng durchgeführten Verwaltungswirtschaft fordern und nur allenfalls auf einer höheren Stufe „absterben" lassen, — während die Anarchisten die „freie Gesellschaft" in den Vordergrund stellen, die Freiwilligkeit der „gegenseitigen Hilfe" betonen und bloß für den Notfall

eine Organisation gelten lassen wollen, die selbst dann keine unmittelbare Zwangsmaßnahme darstellen darf.

Godwin, der älteste Vertreter dieser Anschauungen, bemerkt,
daß „die Arbeitsteilung in der zukünftigen Gesellschaft nicht verschwinden
wird. Die Menschen werden verschiedene Gegenstände erzeugen. Aber sie
werden diese nicht so austauschen wie jetzt. Jeder wird beim anderen frei
das nehmen, was er braucht, falls derjenige, bei dem genommen wird, sein
Produkt nicht braucht. Die Grundlage des Austauschs wird nicht Egoismus,
sondern Nächstenliebe sein" (Tugan, S. 148; vgl. auch Anton Menger,
Recht, S. 42/43, und Sombart, S. 47).

· In bedeutsamer Abweichung hiervon, allerdings unter den Anarchisten
wohl alleinstehend mit seiner Auffassung, ging Bakunin „von der Ansicht aus, daß die Genußmittel jedem Mitgliede der anarchistischen Gesellschaft regelmäßig nach dem Maße der von ihm geleisteten Arbeit zugeteilt
werden sollen" (A. Menger, Staatslehre, S. 10.)

Am klarsten sind die — auch bei Reclus und Grave zu finden-
den — Gedanken des anarchistischen Kommunismus von Kropotkin
(in der „Eroberung des Brotes") ausgesprochen: „Unser Kommunismus ist
nicht derjenige der Phalansterien, noch derjenige der autoritären deutschen
Theoretiker. Er ist der anarchistische Kommunismus, der Kommunismus ohne Regierung, — derjenige freier Menschen. Er ist die Ver-
einigung der beiden von der Menschheit seit Alters her verfolgten Ziele:
der ökonomischen Freiheit und der politischen Freiheit . . . Wir können
schon eine Welt sehen, in der das Individuum, nicht mehr durch Gesetze
gefesselt, nur noch gesellschaftliche Neigungen haben
wird: Neigungen, die in dem von einem jeden von uns gefühlten Bedürfnis
geboren sind, Hilfe und Mitgefühl bei seinen Nachbarn und ein Zusammen-
arbeiten mit ihnen zu suchen" (S. 23/24). Kropotkin hält es für „notwendig, daß das Volk von allen Lebensmitteln Besitz ergreife, über sie
Verzeichnisse aufstelle und derart vorgehe, daß alle aus den reichen ange-
sammelten Existenzquellen Nutzen schöpfen" (S. 43). Der Kommunismus
bedeutet die „Negation des Lohnsystems"; an dessen Stelle tritt „unbe-
schränkter Genuß alles dessen, was man im Überfluß besitzt; rationsweise
Verteilung dessen, was bemessen verteilt werden muß" (S. 48; auch „wenn
das Wasser wirklich einmal ausgehen sollte . . ., würde man seine Zuflucht
zur rationsweisen Zuweisung nehmen"; diese Zuflucht dürfte voraussichtlich im anarchistischen Kommunismus eine recht erhebliche Rolle spielen).
Der Verteilungsmaßstab wiederum: „Jeder nach seinen Bedürfnissen! . . .
Solange es unmöglich ist, zwischen dem faulen Nichtstuer und dem unfrei-
willig Arbeitslosen zu unterscheiden, müssen alle ohne Ausnahme auf die
vorhandenen Existenzmittel Anspruch haben" (S. 50). Die als Schädlinge
Erkannten werden unter den Druck der öffentlichen Meinung genommen:
„Wenn ein Arbeiter seine Kameraden durch Lässigkeit oder andere Mängel
schädigt", wird er „durch die Kameraden selbst gezwungen, die Werkstatt
zu verlassen" (S. 119). Dieser Maßregel wieder liegt die Vorstellung einer
„Assoziation" zugrunde, die „mit jedem ihrer Mitglieder folgenden Ver-
trag abschließt: Wir sind bereit, Euch unsere Häuser, Magazine, Straßen,
Verkehrsmittel, Schulen, Museen usw. zur Verfügung zu stellen, — unter

der Bedingung, daß Ihr Euch Eurerseits vom 20. bis zum 45. bezw. 50. Jahre täglich 4 oder 5 Stunden einer für die Lebenserhaltung als notwendig anerkannten Arbeit unterzieht. W ä h l t s e l b s t die Gruppen, denen Ihr Euch anschließen wollt oder konstituiert eine neue Gruppe, vorausgesetzt, daß sie sich nur die Aufgabe stellt, das anerkannt Notwendige zu produzieren. Und für den Rest Eurer Zeit vereinigt Euch zu Gruppen, mit wem Ihr wollt, — zum Zwecke der Erholung in Vergnügungen, wissenschaftlicher oder künstlerischer Tätigkeit ganz nach Eurem Geschmack. . . . Doch wenn keine der Tausende von Gruppen unserer Föderation Euch aufnehmen will . ., nun, so lebt als I s o l i e r t e oder wie die Kranken . . . Man wird Euch betrachten wie ein Gespenst aus der bürgerlichen Gesellschaft und Euch fliehen, wofern nicht Freunde, die in Euch ein Genie entdeckt haben . ., Euch von jeder moralischen Verpflichtung befreien, indem sie der Gesellschaft die Euch zufallende, für die Lebenshaltung notwendige Arbeit für Euch mit leisten" (S. 120). Wie sich hieraus schon ergibt, will K r o p o t k i n die „Gesellschaft" in lauter kleine „Kommunen" auflösen, deren jede trotz des geringen Umfangs und Landgebiets möglichst autark wirtschaften, Landwirtschaft und Industrie in gleicher Weise betreiben soll. Es gilt, die Arbeitsteilung zwischen Stadt und Land wie zwischen den Völkern in weitestem Maße aufzuheben: „Es ist notwendig, daß die großen Städte sich ebensogut wie das flache Land der Landwirtschaft widmen" (S. 57), und wieder, „um das Feld gut kultivieren zu können, müssen viele Eisenwerke und Manufakturen in seiner unmittelbaren Nachbarschaft ihre Rauchwolken ausstoßen". Dann aber „wird der internationale Handel mit seiner Zufuhr fremdländischen Getreides stillstehen, die Z i r k u l a t i o n d e r W a r e n u n d L e b e n s - m i t t e l g e l ä h m t sein" (S. 154). Es ist ersichtlich, daß diese territoriale oder gar lokale Autarkie, die wirtschaftliche Unabhängigkeit so kleiner Bevölkerungsmassen schon der mangelnden Rohstoffe wegen undurchführbar ist, und Kropotkin rechnet daher selbst damit, daß ein Austausch von Gütern sich doch nicht völlig vermeiden lassen wird. Allerdings soll er sich auch dann nicht in den Formen des Marktverkehrs vollziehen oder zwangsläufig geregelt werden, sondern „die Stadt wird die Bauern durch F r e u n d e , durch Brüder aufsuchen lassen, die zu ihnen sagen werden: „Bringt uns Eure Produkte und nehmet dafür aus unseren Magazinen alle Manufakturwaren, die Euch gefallen!" Dann werden die Lebensmittel in Fülle herbeiströmen" (S. 55).. Auch insoweit also wieder die Vorstellung einer naturalen Verwaltungswirtschaft, wenn auch diesmal nicht „von oben her", durch eine übergeordnete Instanz geregelt, sondern im Wege freier Vereinbarung, in Form der Selbstverwaltung.

IV.

Nicht das Ziel trennt den obrigkeitlichen vom anarchistischen Kommunismus, sondern sie stellen nur verschiedene Wege zu einem gemeinsamen Ziele dar: der „befreiten" gesellschaftlichen Naturalwirtschaft. Bei den einen gilt nur der Zwang mit allen notwendig werdenden Mitteln (Terror!) etwas, bei den andern dagegen „Hochherzigkeit", „gegenseitige Hilfe", „freie Vereinbarung".

Zwischen diesen beiden Extremen gibt es nun eine große Menge kommunistischer Projekte — zum Teil hat man sie auch durchzuführen versucht —, bei deren Verwirklichung man stets mehr oder weniger ins Fahrwasser des Zentralismus oder des Anarchismus hinübergleiten muß: Tugan faßt diese Vorschläge unter dem Namen des Föderalismus zusammen.

> „Der zentralistische Sozialismus erfordert eine einheitliche Organisation der gesamten Volkswirtschaft im Rahmen des Staates (als Ideal der ganzen Welt) in ein harmonisches Ganzes, dessen Teile untereinander in strengster Übereinstimmung stehen müssen ... Der föderalistische Sozialismus leugnet im Gegenteil prinzipiell die Notwendigkeit der Vereinigung einzelner sozialistischer Gemeinden zu einem geschlossenen Ganzen ... Die Einheit des föderalistischen Sozialismus ist die sozialistische Gemeinde (Kommune), die sich nach Möglichkeit auf alle Arbeitsarten erstreckt, und deren Wirtschaft in bedeutendem Maße Naturalwirtschaft ist. Sie verarbeitet mit eigenen Mitteln den größten Teil der mannigfaltigen Produkte, die von ihren Mitgliedern konsumiert werden" (S. 132/133).

Auch hier ist das Kennzeichen der kommunistischen Wirtschaft gegeben: insofern, als nicht nur die Produktionsmittel im Besitz der Gemeinde sind, sondern auch die Konsumptionsgüter „nur zum Zweck der Konsumption den einzelnen Personen zur Verfügung gestellt werden; was diejenigen Gegenstände betrifft, die nicht auf einmal konsumiert werden, z. B. Wohnräume oder Möbel, so können sie den einzelnen Personen nur während ihrer Benutzung gehören" (Tugan, S. 134). Es besteht auch hier, wie Anton Menger es ausdrückt, „gemeinsames Eigentum verbunden mit gemeinsamer Nutzung" (Recht, S. 155).

> Die Grundsätze des föderalistischen Kommunismus hat zuerst Robert Owen vertreten (in der „Neuen Moralischen Welt", 1838); streng hält er am wirtschaftlichen „absoluten Gleichheitssystem" fest, an der „Entlohnung gemäß den Bedürfnissen und nicht gemäß den Fähigkeiten" (Gide-Rist, S. 269), und fordert — wie später Kropotkin — autarkische Kleinsiedlungen (nach den Angaben Muckles, 1, S. 47, höchstens 800—1500 Morgen mit 300—2000 Personen). Praktisch durchgeführt wurden diese Grundregeln in den nordamerikanischen Kommunistengemeinden, die in der zweiten Hälfte des vorigen Jahrhunderts gegründet wurden und zum Teil heute noch bestehen: „In den Eintrittsverträgen, welche jedes in eine Kommunität neu eintretende Mitglied unterzeichnen muß (Covenants), verspricht die Kommunität, daß sie den Eintretenden und seine Familie mit den Lebensbedürfnissen versehen, die Kinder erziehen und die Arbeitsunfähigen erhalten werde; dagegen verspricht das eintretende Mitglied für sich und seine Familie, daß es die Wohlfahrt der Kommunität durch seine Arbeit nach Kräften fördern werde ... Ausdrücklich wird vereinbart, daß kein Mitglied, wenn es aus der Kommunität austritt, irgend eine

besondere Belohnung für die geleistete Arbeit ansprechen kann" (A. Menger, Recht, S. 157/158).

Ebenso wie ein Teil der zentralistischen Sozialisten eine nicht kommunistische, sondern bloß „kollektivistische" Gemeinwirtschaft anstrebt (vgl. unten 6. Kap.), so sind auch manche Anhänger des Gedankens der föderalistischen Gemeinde der Ansicht, daß diese n i c h t n o t w e n d i g k o m - m u n i s t i s c h wirtschaften müsse: die F o u r i e r schen „Phalanges" z. B. sind lediglich eine Art erweiterter Boardinghouse-Aktiengesellschaften, mit regelrechten Anteilscheinen und Dividenden, einem „Gemeindekontor" und dergleichen (vgl. Tugan, S. 138/139; Gide-Rist, S. 276flg.; Kropotkin, S. 92flg.; Muckle, I, S. 98flg.). Diese Art von Wirtschaft würde natürlich ohne Geld nicht betrieben werden können.

Auch in der föderalistischen Kommune kommt ein Geld verkehr nicht in Frage, einfach wegen Mangels jeglichen Wirtschaftsverkehrs der Mitglieder. Der Bedarf jedes Einzelnen wird von der Gemeinde unmittelbar festgestellt und gedeckt, zur Entwicklung eines irgendwie bedeutenden Tauschverkehrs ist weder Veranlassung noch Möglichkeit vorhanden. Innerhalb der Kommune ist also auch hier das Geld völlig überflüssig. Freilich erschöpft sich damit die Frage nicht ganz, da die föderalistischen Gemeinden nicht autark wirtschaften können — vgl. das oben über die Kropotkinschen Gruppen Bemerkte —, sondern auf Zufuhr von außen angewiesen sind.

„Die Gemeinden werden für Arbeiten, welche die Kräfte einer einzelnen Gemeinde übersteigen, untereinander Bündnisse schließen" (Tugan, S. 135, nach O w e n). Auch L e n i n erkennt dies an; er nähert sich den Föderalisten, insoweit ihm nämlich „jede Fabrik, jedes Dorf als eine produktiv-konsumierende Kommune erscheint, die das Recht und die Verpflichtung hat, a u f i h r e A r t das Problem der Berechnung, der Produktion und der Verteilung der Erzeugnisse zu lösen"; nur muß zwischen diesen Kommunen der „Wettbewerb organisiert werden: die Musterkommunen müssen und werden den zurückgebliebenen Kommunen als Erzieher, Lehrer und Antreiber dienen" (Aufgaben, S. 32/33).

Bei einer systematischen Ausbildung des wirtschaftlichen Wettbewerbs der Kommunen, wie sie Lenin vorschlägt — er will sogar „die hervorragenden Kommunen unverzüglich belohnen" —, ist es wahrscheinlich, daß der Austausch von Gütern zwischen den konkurrierenden Wirtschaftskörpern trotz anfänglich naturalwirtschaftlicher Gestaltung allmählich doch eine Preisbildung und damit auch eine Geldorganisation notwendig macht. Die föderalistischen kommunistischen Theoretiker wollen indessen grundsätzlich auch im interkommunalen Verkehr die Naturalwirtschaft beibehalten wissen; Thompson, der sich im wesentlichen an Owens Vorschläge anlehnt (II, S. 183 flg.), kommt aus diesem Grunde sogar

auf die Forderung einer den Gemeinden übergeordneten zentralistischen Organisation zurück:

> „Wenn das Prinzip für die Kooperation von tausend P e r s o n e n
> in einer Genossenschaft brauchbar ist, dann wird es ebenso brauchbar sein
> für die Kooperation von tausend oder hunderttausend G e n o s s e n s c h a f -
> t e n da, wo es sich um die gemeinschaftlichen Interessen aller handelt. Bei-
> steuern nationalen Reichtums werden auch fernerhin notwendig sein, um
> nationale Unternehmungen zu betreiben, Sicherheit nach außen wie im
> Innern zu gewährleisten" (II, S. 509; vgl. auch Tugan, S. 136).

Auch die Organisation des Wettbewerbs der Kommunen, die
Lenin anstrebt, läßt sich nur mit Hilfe einer Zentralgewalt durchführen. Dadurch ist nun aber wieder die umfassende Anwendung
der Naturalrechnung und die weiteste Ausgestaltung der unmittelbaren Versorgung der Konsumenten ermöglicht, und für die Einführung einer Geldorganisation liegt, wenigstens theoretisch, kein
zwingendes Bedürfnis mehr vor. (Über die praktische Gestaltung
der kommunistischen Wirtschaft in Rußland vgl. die Anführung
im Schlußkapitel.)

II. Abschnitt:

Die Versuche teilweiser Ausschaltung des Geldes.

6. Kapitel.

Die Abschaffung der Geldrechnung.

I.

Die Möglichkeit und Zweckmäßigkeit der Abschaffung des
Geldes soll an der Hand der einzelnen Vorschläge untersucht
werden. Betrachten wir daraufhin den Plan des völligen Ersatzes
der kapitalistischen Geldwirtschaft durch eine kommunistische
Großnaturalwirtschaft — vom primitiven Tauschverkehr wird abgesehen —, so treten zunächst die Schwierigkeiten der praktischen Durchführung hervor, welche für die Beurteilung vom
Zweckmäßigkeitsstandpunkt aus erheblich sind. Sie ergeben sich
in erster Linie aus der Irrationalität und Verschiedenartigkeit der
Menschen, aus den Grenzen, die ihrer Uniformierung und Mechani-
sierung gesetzt sind; sodann auch aus der Unberechenbarkeit
gewisser dem menschlichen Wollen entzogener Zufälligkeiten im
Naturgeschehen. Nun ist jedoch kein sicheres Urteil darüber zu
fällen, wie weit durch technische, pädagogische und politische
Fortschritte diese natürlichen Grenzen verschiebbar sind, und folglich kann man hier eine Entscheidung über die wirtschaftsprak-
tischen Vorzüge oder Nachteile nur unter dem Vorbehalt treffen:
so, wie die Dinge jetzt liegen und mit soundsoviel Prozent Wahr-
scheinlichkeit auch in Zukunft liegen werden. Der Wirtschafts-
praktiker hat auch an einer solchen mehr oder minder vagen
„Lösung" der Fragen Interesse; er muß irgendeine Entscheidung
fällen. Bei wissenschaftlicher Erörterung derartiger Fälle wird
man dagegen besser tun, die Zweckmäßigkeitsfrage selbst offen
zu lassen und lediglich den Praktiker auf die bestehenden Schwierigkeiten hinzuweisen.

Nicht so steht es mit der anderen Frage; diese muß und kann
wissenschaftlich beantwortet werden. Erstens: es muß festgestellt

5*

werden, ob die geldlose Wirtschaft, wie sie hier gedacht ist, theoretisch möglich ist, ob sie als Wirtschaftsform einen Sinn hat. Ist sie nämlich schon von vornherein als wirtschaftlich „unsinnig" erkannt, dann erübrigt sich von selbst jede Erörterung ihrer praktischen Durchführung; ist sie (absolut) „unwirtschaftlich", so ist die Frage, ob sie (relativ) „wirtschaftlicher" ist als die bestehende Geldwirtschaft, keine Frage mehr. Zweitens: die theoretische Möglichkeit oder Unmöglichkeit der geldlosen Wirtschaft kann in wissenschaftlich befriedigender Weise festgestellt werden. Denn für die Behauptung der absoluten Unmöglichkeit, für die grundsätzliche Ablehnung gibt es hier nur eine stichhaltige Begründung: daß die vorgestellte Wirtschaftsform den letzten Grundsätzen widerspreche, die für das Wirtschaftsleben überhaupt gelten, daß sie den Zweck der Wirtschaft schlechthin verfehle oder ihre Voraussetzungen verkenne oder der Grundnorm der Wirtschaftlichkeit, dem „ökonomischen Prinzip", zuwiderlaufe.

Der Neurathsche Entwurf der Großnaturalwirtschaft und auch die kommunistischen Pläne, soweit sie in dieser Richtung laufen, weisen solche innere Widersprüche nicht auf; sie sind also theoretisch annehmbar und daher auch für den Praktiker diskutabel, trotz der nicht zu verkennenden Schwierigkeiten, die sich ihrer Verwirklichung in den Weg stellen. Gerade hierin zeigt sich der wichtigste Unterschied der Pläne der völlig geldlosen Wirtschaft von den Vorschlägen einer teilweisen Aufhebung des Geldes. Die Unterscheidung zwischen theoretischem Widersinn und bloßen praktischen Schwierigkeiten wird deshalb an dieser Stelle so stark betont, weil wir es im folgenden ausschließlich mit Behauptungen und Plänen zu tun haben, die schon theoretisch unhaltbar und darum von jeder weiteren praktischen Erörterung auszuschließen sind. Es wird sich nämlich zeigen, daß alle Versuche, das Geld in einzelnen seiner wesenhaften Funktionen zu beschränken, entweder nur deren historische Erscheinungsform ändern oder aber zuletzt wieder auf die völlig geldlose Wirtschaft im Sinne Neuraths und des Kommunismus hinauslaufen; vorausgesetzt, daß die Vorschläge nicht überhaupt ganz und gar wirtschaftlich widersinnig sind.

Im Einklang mit der Einteilung im ersten Teil der Arbeit sollen zuerst die bloß gegen die Geldrechnung gerichteten Angriffe besprochen werden. Diese gehen hauptsächlich von einer bisher nicht erwähnten sozialistischen Gruppe aus: den Kollektivisten.

Die Bezeichnungen Sozialismus, Kommunismus, Kollektivismus usw.
sind hier nur so zu verstehen, wie es aus den Ausführungen selbst sich ergibt.
Im wesentlichen ist die Terminologie T u g a n - B a r a n o w s k y s zugrunde gelegt (S. 13flg.), wogegen z. B. D i e t z e l (Rodbertus, II, S. 28flg.)
die Namen in ganz anderem Sinne gebraucht.

Die Kollektivisten unterscheiden sich von den Kommunisten
dadurch, daß sie zwar auch alle nicht der unmittelbaren Bedürfnisbefriedigung dienenden Güter — Rohstoffe sowohl wie „Schiff
und Geschirr" (Unruh) — vergesellschaftet wissen wollen, jedoch
„volle Freiheit in der Wahl von Konsumptionsgegenständen und
in der Verfügung über sie in den vom Einkommen jedes Einzelnen
gesetzten Grenzen gewähren" (Tugan, S. 122); schon die An-
ziehung des Einkommensbegriffs, der im Kommunismus jeder Art
sinnlos ist, zeigt den tiefgehenden Unterschied der Anschauungen.
Auf der anderen Seite ist durch die gänzliche Aufhebung der
privaten Verfügungsgewalt über die Produktivgüter doch ein
scharfer Trennungsstrich gegen die Konkurrenzwirtschaft des
Kapitalismus gezogen: jede einzelwirtschaftliche Kapitalbildung ist
ausgeschlossen. Leiter der volkswirtschaftlichen Produktion, des
Absatzes und der Verteilung ist allein die Gesellschaft; nur die
Wahl der Genußgüter innerhalb eines festgesetzten Rahmens ist
frei. In dieser Wirtschaftsordnung nimmt das G e l d eine eigentümliche Stellung ein. Einerseits ist es nicht mehr das frei ver-
wendbare Umtauschmittel der kapitalistischen Verkehrswirtschaft,
sondern nur noch „ideales Geld", wie T u g a n es nennt; andererseits wieder definiert Tugan den Unterschied von Kollektivismus
und Kommunismus gerade dahin, daß jener als Geldwirtschaft,
dieser als Naturalwirtschaft zu denken sei.

In den k o m m u n i s t i s c h e n Systemen, „die nicht das Einkommen, sondern die unmittelbare Konsumption regeln oder auch der letzteren freien Lauf lassen, ist das Geld als Mittel der Verteilung gänzlich überflüssig". Dagegen wird in der k o l l e k t i v i s t i s c h e n Wirtschaft
„die Verteilung der Produkte unbedingt mit Hilfe des Geldes, wenn auch
nur eines idealen Geldes bewirkt: Jede einzelne Person gibt ihr Einkommen
aus, indem sie in den Grenzen des Wertes, über den sie verfügt, konsumiert;
wozu wiederum ein genauer Vergleich zwischen dem Wert des zu konsumierenden Gegenstandes mit dem Gesamtwert des Einkommens der konsumierenden Person und die Verausgabung dieses letzteren Wertes zur Erwerbung
der Konsumptionsgegenstände notwendig ist. Daher müssen die Konsumptionsgegenstände in den Systemen dieses Typus einen f e s t e n P r e i s
haben, der Preis aber muß in bestimmten Werteinheiten ausgedrückt werden.
Mit anderen Worten ist in diesen Systemen das G e l d a l s W e r t m a ß
u n d K a u f m i t t e l ein notwendiges Werkzeug der Verteilung" (S.
15/16).

Was Tugan hier vom „idealen Geld" fordert, sind genau dieselben Aufgaben, durch die oben (2. Kapitel) die gesellschaftswirtschaftliche Dienerrolle des Geldes genauer umschrieben wurde: Preisausdrucks- und Umtauschmittel zu sein. Der Unterschied gegenüber der dort berücksichtigten Konkurrenzwirtschaft liegt nur in den „festen Preisen". Seinem Wesen nach ist das Geld auch im heutigen Wirtschaftsverkehr nur ein Mittel, die Preise zu beziffern, in Zahlen auszudrücken, und nur auf dem Umweg über die Einzelwirtschaften nimmt es tatsächlich auch auf die Preisbildung Einfluß (vgl. oben 3. Kapitel). Im Kollektivismus würde, die Tugansche Preisfestsetzung vorausgesetzt, diese Beeinflussung ausgeschlossen sein, die tatsächlichen Geldfunktionen also auf die gesellschaftliche Dienerrolle beschränkt bleiben. Das Geld wäre nicht aufgehoben, sondern nur „wesentlich" geworden; das ist es, was Tugan durchaus zutreffend mit der Bezeichnung „ideales Geld" sagt. Es entsteht nun aber die Frage, die man paradox so stellen kann: Ist dieses wesentliche Geld nicht gänzlich — unwesentlich, d. h. besteht überhaupt ein Bedürfnis, die „festen Preise in bestimmten Werteinheiten auszudrücken"? Und was für eine Werteinheit ist es, die der Preisfestsetzung zugrunde liegt? Die kapitalistische Wirtschaft bedarf einer solchen Werteinheit nur zum Ausdruck des Preises, nicht zu seiner Festsetzung, da der Preis sich hier am Markte durch das Spiel von Angebot und Nachfrage regelt; der Kommunismus andererseits verzichtet grundsätzlich auf die Preisbildung überhaupt, da sie sich in einer durchorganisierten Naturalwirtschaft mit umfassendem Wirtschaftsplan erübrige. Wie kommen nun aber im Kollektivismus die „festen Preise" zustande, und welche Rolle spielt dabei das Geld? Das ist die Frage, die uns hier beschäftigt.

Es ist das dieselbe Frage, die Adolph Wagner mit der Bemerkung andeutet, daß „im Grunde eben auch im Problem des Geldes alle großen sozialistischen Probleme der Produktion, Verteilung, Wertbestimmung stecken, von denen keines auch nur ausreichend gedankenmäßig, geschweige für praktische . . Ausführbarkeit gelöst ist" (S. 142).

II.

Die freie Verkehrswirtschaft ist ein Ineinandergreifen vieler Einzelwirtschaften. Produzenten und Konsumenten stehen sich am Markt als Anbietende und Nachfragende gegenüber. Der kapitalistische Einzelwirt wird stets Waren oder Dienste anbieten und nach beiden nachfragen; im Kollektivismus gibt es dagegen nur Angebot von Waren und Nachfrage nach Arbeitskraft seitens der

Wirtschaftsleitung, umgekehrt nur Angebote von Arbeitskraft und Nachfrage nach Genußgütern von privater Seite. Das Konkurrenzverhältnis, das für die Preisbildung maßgebend war, ist durch die „Vergesellschaftung der Produktionsmittel" aufgehoben: den einzelnen Verkäufern ihrer Dienste und Käufern der Genußgüter steht stets das Monopol der Gesellschaft gegenüber. Trotzdem sind aber der Preisfestsetzung, wenn sie wirtschaftlich sinnvoll sein soll, nach oben und unten bestimmte Grenzen gesetzt: die Preise des Waren- und des Arbeitsmarktes müssen in festem Verhältnis zu einander stehen. Bleiben die letzteren (die Löhne) erheblich unter den ersteren, so entsteht die Gefahr der mangelnden Kaufkraft der Verbraucher und dadurch der allgemeinen „Unterkonsumption"; im umgekehrten Falle reichen die vorhandenen Waren nicht hin, um die Ansprüche aller Käufer zu befriedigen, und ein Teil der Gesellschaft bleibt darum gänzlich unversorgt. Die Aufgabe der Verwalter des gesellschaftlichen Monopols ist daher — aus sozialen ebenso wie aus wirtschaftlichen Gründen — die Sicherung der ausreichenden Versorgung der Gesellschaftsglieder durch Ausgleich dieser Unterschiede. Ihre Erfüllung wird von den Kollektivisten auf zweierlei Wegen angestrebt: es scheiden sich hier eine subjektivistische und eine objektivistische Richtung; die erstere stellt den Bedarf der Verbraucher, das „Recht auf Existenz" in den Vordergrund, die letztere dagegen die Leistung der Erzeuger, das „Recht auf den vollen Arbeitsertrag".

Tugan-Baranowsky drückt dies folgendermaßen aus: „Die einen Systeme des Sozialismus (Kollektivismus) stehen ebenso streng auf dem Boden tatsächlicher Gleichheit wie der Kommunismus. Die Regelung des Einkommens nimmt in diesem Falle die Gestalt einer vollständigen Gleichheit der Einkommen aller Mitglieder der Gesellschaft an. Jedem wird das Recht auf eine gleiche Summe des Einkommens zuerkannt. Andere Systeme des Kollektivismus verstehen unter ökonomischer Gleichberechtigung das gleiche Recht eines jeden Arbeiters auf seinen vollen Arbeitsertrag; da aber die Arbeitsprodukte verschiedener Arbeiter verschieden sein können und sogar müssen, weil die Arbeiter in Wirklichkeit verschiedene Grade von Kraft und Begabung besitzen, so fordert dieser Typus von Kollektivismus durchaus keine Gleichheit der Einkommen" (S. 17). Allerdings ist hier hinzuzufügen, daß auch dann, wenn der Bedarf der Verbraucher als Maßstab der Verteilung dient, grundsätzlich keineswegs eine absolute Gleichheit einzutreten braucht. Im Gegenteil sollen „die verbrauchbaren und der Gebrauch der benutzbaren Sachen unter die einzelnen Mitglieder nach ihren Bedürfnissen verteilt werden; hier ist also für die Güterverteilung das Subjekt und seine nach Alter, Geschlecht und Erziehung wechselnde Bedürftigkeit maßgebend" (Menger, Staatslehre, S. 95/96).

Wie steht es nun bei dem subjektiven Verteilungssystem mit dem Geld? Jedem nach seinen Bedürfnissen — das ist auch die Losung des Kommunismus. Aber die Durchführung ist verschieden: Während im Kommunismus der Versorgungsberechtigte die Bedarfsgüter frei nehmen oder, soweit sie knapp sind, in natura zugewiesen erhalten soll, will diese kollektivistische Richtung ebenso wie der Kapitalismus mit dem Geldsystem arbeiten, ja sogar „die geschichtlich überlieferten Geldpreise für Sachen und Arbeitsleistungen mit den durch ¯die veränderten Machtverhältnisse gebotenen Änderungen festhalten" (Menger, Staatslehre, S. 102). Der einzige Unterschied wird dann darin liegen, daß das Geld nicht mehr einen „Selbstwert", sondern nur noch einen „Zeichenwert" hat.

Eine Bestätigung dieser Ansicht finden wir bei Kautsky: „Wird es denn in der neuen Gesellschaft noch Arbeitslöhne geben? Wollen wir nicht die Lohnarbeit und das Geld abschaffen? Wie kann man also von Arbeitslöhnen reden? Diese Einwände wären stichhaltig, wenn die soziale Revolution sofort daran gehen wollte, das Geld abzuschaffen. Das halte ich jedoch für unmöglich. Das Geld ist das einfachste bisher bekannte Mittel, welches es ermöglicht, in einem so komplizierten Mechanismus, wie es die moderne Produktionsweise mit ihrer ungeheuer weit getriebenen Arbeitsteilung ist, die Zirkulation der Produkte und ihre Verteilung an die einzelnen Mitglieder der Gesellschaft zu vermitteln; es ist das Mittel, welches es jedem ermöglicht, seine Bedürfnisse nach seinen individuellen Neigungen (natürlich innerhalb der Grenzen seiner ökonomischen Macht) zu befriedigen. Als Mittel der Zirkulation wird das Geld, solange nichts Besseres gefunden, unentbehrlich bleiben"; indessen „wird die Notwendigkeit beseitigt, daß das Geld Wertmesser und Wertgegenstand sei: an die Stelle des Metallgeldes kann irgend ein Geldzeichen treten" (Revolution, S. 81/83). Und auch Tugan schließt sich im wesentlichen dem an: „Heute ist das Geld eine Ware, die ihren selbständigen Wert hat. Im Staate Pecqueurs ist das Geld nur ein einfaches konventionelles Zeichen, ein symbolischer Ausdruck des Wertes. Es ist notwendig aus dem Grunde, weil Pecqueur allen Bürgern eine freie Auswahl der zu konsumierenden Produkte gewähren will. Jeder wählt für seinen Konsum das, was ihm gefällt, — beliebige Produkte in beliebiger Quantität: Da aber dem Gesamtwert des Konsums jedes einzelnen gewisse Schranken gesetzt sind, so entspringt daraus die Notwendigkeit, den Wert jedes konsumierten Gegenstandes genau festzustellen; gleichzeitig muß auch der Gesamtwert der von jedem Einzelnen konsumierten Produkte festgestellt werden; würden diese Feststellungen unterbleiben, so könnte die für die Einzelnen festgesetzte Norm des Einkommens überschritten werden. Daher ist das Geld in der oder jener Form für jedes kollektivistische System unbedingt notwendig" (S. 108/109).

Wie die Anführungen ergeben, sind Menger, Kautsky, Tugan in einem zwiefachen Irrtum befangen:

1. Sie erkennen den Doppelsinn des Wortes Preismaß nicht: seine ganz verschiedene Bedeutung als Preisnorm und als Preisausdruck. Sie begreifen nicht, daß auch am Markt das Geld nicht durch seinen „Eigenwert" die Preise bestimmt, sondern lediglich das Rechenmittel ist; daß es nur den zahlenmäßigen Ausdruck der Preise darstellt, die sich wesentlich aus dem Verhältnis von Angebot und Nachfrage, d. h. von Vorrat und Bedarf an Sachgütern und menschlichen Diensten am Markte ergeben; daß das Geld höchstens dann, wenn es zur Deckung eines rein wirtschaftlich nicht gerechtfertigten „Überbedarfs" an Zahlungsmitteln ausgegeben wird, wenn es als Verkörperung „zusätzlicher", nur „formaler" Kaufkraft am Markte erscheint, dadurch die Preisbildung vorübergehend beeinflussen kann (Adolf Weber).

Selbst die Lehre der „Metallisten" braucht dieser Auffassung nicht notwendig zu widersprechen: „Die Warenwerte werden doch nicht obrigkeitlich fixiert, sie bilden sich im freien Wirtschaftsverkehr. Wie kann aber dieser freie wirtschaftliche Tauschverkehr funktionieren, wenn nicht eine bestimmte Ware da ist, an der die Wertänderungen der anderen Waren g e - m e s s e n werden?" (D i e h l , Fragen, S. 104). Wollte man hieraus folgern, daß alle Warenwerte durch die „Ware Geld" b e s t i m m t werden, so wäre dieser Schluß ebenso wenig zwingend, wie der, daß der in Paris aufbewahrte Meterstab aus Platin alle Längen der Welt, die in Metern gemessen, d. h. zahlenmäßig ausgedrückt werden, auch als solche Längen bestimme.

K a u t s k y , der die Natur des Metallgeldes als eines „Wertgegenstandes" so stark betont, müßte schon als überzeugter Marxist sich von diesem Irrtum längst freigemacht haben. Weist doch M a r x bereits in seiner Auseinandersetzung mit P r o u d h o n (vgl. auch unten 9. Kap.) mit Nachdruck auf den „kleinen Übelstand" hin, daß das Geld nicht nur nicht die Ware aller Waren ist, sondern sogar „gerade Gold und Silber in ihrer Eigenschaft als M ü n z e (als Wert z e i c h e n) von allen Waren die einzigen sind, die n i c h t durch ihre Produktionskosten bestimmt werden" (Elend, S. 66).

Daß also das Geld in der freien Marktwirtschaft durch seinen „Eigenwert als Ware" die Preise selbst wesentlich bestimme oder auch nur mitbestimme, in der kollektivistischen Gemeinwirtschaft dagegen als bloßes „Wertzeichen" nur die anderweitig gebildeten „festen Preise" ziffernmäßig ausdrücke, — d i e s e Unterscheidung der kapitalistischen von der kollektivistischen Geldrechnung ist vollkommen haltlos und beweist lediglich mangelndes Verständnis für das Wesen der Geldrechnung in der Verkehrswirtschaft.

2. Der weitere Irrtum in den angeführten Lehrmeinungen liegt darin, daß schon mit der bloßen Berücksichtigung der mannig-

faltigen subjektiven B e d ü r f n i s s e eine wirtschaftlich einwand-
freie Preisgestaltung zu erzielen sei. Entscheidend muß vielmehr das Verhältnis des Bedarfs zu den vorhandenen Gütern und
Produktionsmöglichkeiten bleiben.

„Die Wirtschaftsleitung . . . wird es nicht dem einzelnen Genossen
überlassen dürfen, seine Tabakkarte nach Belieben entweder in Zigarren
oder in Zigaretten einzulösen. Würde sie dem Genossen das Recht geben zu
wählen, ob er Zigarren oder Zigaretten beziehen will, dann könnte es geschehen,
daß mehr Zigarren oder mehr Zigaretten verlangt werden als erzeugt wurden,
daß andererseits aber Zigarren oder Zigaretten in den Abgabestellen liegen
bleiben, weil sie niemand abverlangt hat" (M i s e s , Wirtschaftsrechnung,
S. 91).

Bei den Vertretern der subjektivistisch-kollektivistischen Anschauung
besteht hierüber anscheinend sehr wenig Klarheit. Am weitsichtigsten ist
in diesem Punkte wohl P e c q u e u r (insoweit vielleicht mit Schäffle
unter den Arbeitsgeldtheoretikern zu vergleichen; unten III). Es ist bezeich-
nend, daß er die Frage nicht anders lösen kann als durch erneute Einführung
von Angebot und Nachfrage, durch ein Zurückgreifen auf das verkehrswirtschaftliche Spiel der freien Kräfte: „Da die Nachfrage nach bestimmten
Produkten um vieles die Möglichkeit ihrer Produktion übertreffen kann,
und da das Prinzip der Gleichheit und Freiheit es nicht erlaubt, einige der
Konsumenten eines bestimmten nicht für alle ausreichenden Produktes vor
den übrigen in irgend welcher Weise zu bevorzugen, so wird die nationale
Behörde, welcher die Distribution dieser Produkte obliegt, der Regel folgen
müssen, daß ihr P r e i s d u r c h d a s V e r h ä l t n i s v o n N a c h -
f r a g e u n d A n g e b o t , von Bedürfnis und Produktionsmöglichkeit
b e s t i m m t wird" (Tugan, S. 42).

Letzten Endes kommen wir hier auf ein Entweder-Oder.
Sofern überhaupt Güterknappheit besteht — und ohne diese
brauchte man keine Verteilungswirtschaft —, gibt es grundsätzlich
bloß zwei Möglichkeiten, die Verteilung des Sozialprodukts auf
die einzelnen Verbraucher zu regeln: entweder durch die Konkurrenz, d. h. das freie Spiel der Kräfte, das sich in der Preisbildung am Markt mittels Gegenüberstellung von Angebot und
Nachfrage auswirkt, — oder durch die Verwaltung, d. h. die Zuweisung der Güter durch behördliche Anordnung oder vertrag-
liche Abmachung auf Grund des statistisch ermittelten Verhältnisses von Bedarf und Vorrat. Der erste Weg ist der heut übliche,
auf den zweiten weisen die kommunistischen Wirtschaftstypen. Im
Falle der Verteilung mittels freier Preisbildung ist das Geld als
Generalnenner der gesellschaftswirtschaftlichen Wertrechnung unentbehrlich; denn es besteht hier kein Überblick über den Gesamtbedarf und die Möglichkeiten, ihn zu decken. Anders aber
bei der Preisfestsetzung im Wege der wirtschaftlichen Verwaltung.

Diese zieht — die Kriegserfahrungen haben es gerade erst wieder gezeigt — die Notwendigkeit der Rationierung der Vorräte nach sich, erfordert also eine Beschränkung der „Kaufbreite" der Geldbesitzer; diese aber setzt, wenn sie ihren Zweck wirklich erreichen soll, wiederum eine un mittelbare Feststellung des gesamten gesellschaftlichen Bedarfes und aller Produkte und Produktionskräfte voraus: einen alles umfassenden, auf einer Universalstatistik fußenden Wirtschaftsplan, wie Neurath ihn entwickelt hat (vgl. oben 4. Kap., IV). Der Wirtschaftsplan ist nun jedoch seinerseits ganz und ausschließlich das Ergebnis naturaler Rechnungen, ist das unmittelbare Widerspiel zu jeder Art Geldrechnung. Auch Tugans „ideales Geld", Pecqueurs „konventionelles Zeichen" hat hier keine Stelle mehr. Die grundsätzlich „festen Preise" sind überhaupt keine Preise mehr; sie widersprechen dem Sinne des Begriffes Preis. Und in einer Wirtschaft ohne Preisbildung hat auch die Geldrechnung, — ja nicht bloß die Geldrechnung, sondern das Geld schlechthin seinen Sinn verloren. Die Lehren der Kollektivisten sind nur so zu erklären, daß sie ihre Gedankengänge nicht bis zu ⸰Ende durchgeführt haben: man ist bei der bloßen Preisfestsetzung stehen geblieben, ohne zu überlegen, daß dieses Verfahren letzten ·Endes die Naturalrechnung fordert, und daß deren Anwendung (in dem hier erforderlichen Umfange) wiederum die ganze Preisfestsetzung und den Gebrauch eines allgemeinen Umtauschmittels erübrigt, da die Güter bei der unmittelbar mengenmäßigen Feststellung des Verteilungsplanes ja auch unmittelbar den Verbrauchern überwiesen werden könnten. Neben einem naturalen Gesamtwirtschaftsplan noch Geld und Geldpreise, — das wäre so unökonomisch wie nur möglich, wäre glatte Verschwendung von Sachgütern und Arbeitskräften. Die Verwirklichung des Rechts auf Existenz, die Verteilung nach den Bedürfnissen, wie die subjektivistische Richtung der Kollektivisten sie anstrebt, führt mit zwingender Notwendigkeit, wenn die Preisbildung am Markte ausgeschaltet werden soll, zum Kommunismus, zur Großnaturalwirtschaft.

Mit Recht macht M i s e s darauf aufmerksam, daß auch der immerhin denkbare Tauschverkehr zwischen den Konsumenten im kollektivistischen Gemeinwesen nicht ausgedehnt genug ist, um eine „Wertrechnung in Geld" zu rechtfertigen (Wirtschaftsrechnung, S. 89/90).

III.

Der subjektivistischen Richtung der Kollektivisten stehen die Objektivisten, den Vertretern des Rechts auf Existenz die des Rechts auf den vollen Arbeitsertrag gegenüber. Und nicht nur rechtlich, politisch, moralisch, sondern auch wirtschaftlich sind deren Anschauungen von höchstem Interesse. Denn, wie Mises es ausdrückt, „sozialistische Produktion im Großen könnte rationell nur durchführbar sein, wenn es eine objektiv erkennbare Wertgröße geben würde, die die Wirtschaftsrechnung auch in der verkehrs- und geldlosen Wirtschaft ermöglichen würde. Als solche könnte denkbarer Weise nur die Arbeit in Betracht kommen" (ebenda, S. 109; ähnlich Adler, S. 67). Wie steht es nun um die Verteilung nach dem Maßstab der Arbeitsleistung? Nach Anton Menger wird „die Richtschnur für die Verteilung hier durch gewisse äußere ökonomische Tatsachen, namentlich durch die Menge und Beschaffenheit der von dem Einzelnen ge- lieferten Arbeit gegeben ... Der ganze Arbeitsertrag wird nach Abzug der staatlichen Lasten unter den arbeitenden Genossen verteilt" (Staatslehre, S. 96/104). Es kommt also darauf an, jeden Arbeiter durch die Anweisung auf einen dem Erfolg seiner eigenen Arbeit entsprechenden Bruchteil des Sozialprodukts zu entlohnen. Natürlich kann bei der mannigfaltigen Verschiedenheit der persönlichen Leistungsfähigkeit nicht die jeweils aufgewandte, sondern nur eine durchschnittliche „gesellschaftlich notwendige" (Marx, Kautsky) Arbeitszeit den Maßstab der Verteilung abgeben.

„Jedem Arbeiter werden nicht die Arbeitsstunden bezahlt, die er auf die gelieferten Sachgüter und Dienstleistungen wirklich verwendet hat, son- dern nur jene, die ein Arbeiter von mittlerem Fleiße und mittleren Anlagen verwenden mußte. Auf dieser Grundlage hätte der Staat alle Sachgüter zu tarifieren, und jeder Arbeiter könnte aus den staatlichen Magazinen alle. Befriedigungsmittel bis zu dem Maß der ihm bezahlten Arbeitsstunden be- ziehen" (Menger, Staatslehre, S. 105).

Das Geld, das bei diesem Verteilungssystem als Rechen- und Umtauschmittel dienen soll, hat daher zur Rechnungseinheit eine bestimmte „Normalarbeitszeit" (Rodbertus), statt der Me- tall- oder Papierwährung wird die Arbeitszeitwährung ein- geführt: das Geld wird hier zum „Arbeitsgeld".

Am schärfsten hat dies Friedrich Engels ausgedrückt: „Die in einem Produkt steckende Menge gesellschaftlicher Arbeit braucht nicht erst auf einem Umweg festgestellt zu werden; die tägliche Erfahrung zeigt direkt an, wieviel davon im Durchschnitt nötig ist. Die Gesellschaft kann einfach berechnen, wieviel Arbeitsstunden in einer Dampfmaschine, einem Hektoliter Weizen der letzten Ernte, in 100 qm Tuch von be- stimmter Qualität stecken. Es kann ihr also nicht einfallen, die in dem Produkt niedergelegten Arbeitsquanta, die sie alsdann direkt und absolut kennt, noch fernerhin in einem nur relativen, schwankenden, unzulänglichen,

früher als Notbehelf unvermeidlichen Maß, in einem dritten Produkt auszudrücken und nicht in ihrem natürlich adäquaten, absoluten Maß, der Zeit"
(S. 335). Wie es in Wahrheit um die „Einfachheit" ·der Arbeitszeitberech-
nung steht, wird sich unten zeigen.

Den ersten Versuch, das Arbeitsgeld einzuführen, machte Robert
O w e n 1832 in London mit seiner „A r b e i t s t a u s c h b a n k" (Equi-
table Labour Exchange). „Jedes Mitglied der Bank konnte in diese nützliche,
von ihm hervorgebrachte Sachgüter einlegen, welche dann von den Bank-
organen in durchschnittlichen Arbeitsstunden geschätzt und dem Produzenten in Arbeitsnoten (labour notes) bezahlt wurden; dieser konnte seinerseits zur Befriedigung seiner Bedürfnisse aus den Vorräten der Bank Sachgüter bis zum bescheinigten Betrag von Arbeitsstunden erheben" (Menger,
Staatslehre, S. 116; vgl. auch Gide-Rist, S. 270flg.). Owen beschränkt
dabei die Geltung des Arbeitsgeldes streng auf die Gemeinschaft der Einleger:
„Ein Papier, das den Arbeitswert verkörpert, wird für jedes Geschäft ihres
(der Gemeinschaft) inneren Handels oder Austauschs dienen und wird nur
für Einlagen und in der Geschäftsstelle (store) ausgegeben werden" (Schäffle,
Bau. II. S. 335 Anm.). Er glaubt, die B e r e i t s c h a f t der Einzelwirte zum Austausch genüge zur Sicherung des Unternehmens: „Würden
alle Arbeiter bereit sein, Arbeit gegen gleiche Arbeitszeit herzugeben, so hätten
wir in einer Stunde Arbeit einen so definitiven Standard des Reichtums,
wie jetzt für Entfernungen, Maße, Gewichte, wenn wir von einer Meile, einem
Pfund, einer Gallone sprechen"; es komme also nur darauf an, Einrichtungen zu treffen, „unter denen alle Arbeiter bereit seien, Arbeit gegen gleiche
Arbeitszeit zu leisten" (Simon, S. 222). Hier gerade liegt aber eben die
Schwierigkeit: Ganz abgesehen davon, daß mit der Vergrößerung der Gesellschaft die Bereitschaft der Einzelnen immer zweifelhafter wird, kann man
auch bei dieser psychischen Bedingung zur Einführung der Arbeitszeit als
Wertmaß der Wirtschaftsgüter nicht stehen bleiben. Man muß einsehen,
daß diese Bereitschaft nicht willkürlich ist, sondern ihrerseits durch alle die
Voraussetzungen und Umstände bedingt wird, die als schlechthin wirtschaftlich oder selbst nur gesellschaftswirtschaftlich auch den bisherigen Wirtschaftsverkehr bestimmen. So ist es z. B. eine Verkennung der letzten Grundlagen des gesellschaftlichen Wirtschaftens, wenn Owen durch seine Ar-
beitsbörse den „Kredit überflüssig machen" will· (Simon, S. 223; vgl.
hierzu auch unten 9. Kap.).

Owens Vorschlag wurde in Deutschland von R o d b e r t u s , der
einen ähnlichen Gedanken schon unabhängig von dem Vorgänger vertreten
hatte („Zur Erkenntnis unserer staatswirtschaftlichen Zustände", S. 27flg.),
aufgegriffen und zu einem geschlossenen System ausgebaut. Rodbertus
„kannte nur ein „Specificum" gegen die Krankheit der Gesellschaft: s t a a t -
l i c h e   L o h n r e g u l i e r u n g" (Dietzel, Rodbertus, I, S. 90). Um
diese durchführen zu können, erfand er den „Normalarbeitstag": „Die Arbeiter
begehren heute nur einen normalen Zeitarbeitstag . . . Ein solcher bloßer
normaler Zeitarbeitstag vermag noch nichts zur Lösung der sozialen Frage
beizutragen . . . Er darf nicht bloß nach Zeit, sondern muß außerdem auch
nach Werk normiert werden. Nachdem der normale Zeitarbeitstag in jedem
Gewerk festgestellt worden, muß auch noch in jedem Gewerk das normale
Arbeitswerk solchen Zeitarbeitstages festgesetzt werden: diejenige Quantität

Werk oder Leistung, die ein mittlerer Arbeiter bei mittlerer Geschicklichkeit und mittlerem Fleiß während eines solchen Zeitarbeitstages in seinem Gewerbe zu liefern imstande ist. Diese Quantität Werk konstituierte in jedem Gewerk den **n o r m a l e n W e r k a r b e i t s t a g**" (Briefe, II, S. 552flg.). „Die Beibehaltung des Metallgeldes beim Normalarbeitstag ist aber von Schwierigkeiten begleitet. Diese Schwierigkeiten lassen sich vermeiden, wenn man auf der Spur des Normalarbeitstages weiter vordringt. Der normale Werkarbeitstag muß zu **W e r k z e i t o d e r N o r m a l a r b e i t** erhoben und nach solcher in sich ausgeglichenen Arbeit nicht bloß der Wert des Produkts jedes Gewerkes normiert, sondern auch der Lohn in jedem Gewerk gezahlt werden" (ebenda, S. 557). Dazu gehört aber die „Intervention des Staates; a) der **W e r t**, wenigstens der Lohngüter, muß nach Normalarbeit konstituiert werden, b) der **L o h n** muß als Quote eines solchen Produktwertes fixiert werden. Dazu muß der Staat den augenblicklichen Metallgeldwert des Nationalprodukts sowie die Quote, die der augenblickliche Geldarbeitslohn davon ausmacht, ermitteln und muß diesen selben Quotensatz auf das nach Normalarbeit geschätzte Nationalprodukt übertragen und für alle Zukunft den Lohn auf diesem Satze festhalten ... c) Es müssen Anstalten getroffen werden, welche die Realisierung des Lohnes nach solchem Maße in Lohngütern sichern. Dazu muß der Staat 1. die Ausgabe dieses **L o h n g e l d e s** — gleich dem Papiergelde — sich selbst vorbehalten; 2. muß den Arbeitgebern in diesem Gelde Darlehen gewähren, die sie in nach Normalarbeit bemessenem Produktwert zurückzuzahlen haben; 3. muß Magazine für diese in Produkten zurückgezahlten Darlehen anlegen; 4. muß endlich die Lohnzettel der Arbeiter gegen diese Produkte nach dem konstituierten Wert annehmen" (ebenda, S. 569/570). Die Rodbertussche Theorie ist, nachdem sie lange unbeachtet geblieben war, neuerdings mehrfach sorgfältig geprüft und ihre Unhaltbarkeit eingehend nachgewiesen worden (vgl. hierzu Georg **A d l e r**, S. 66flg.; **D i e t z e l**, Rodbertus, II, S. 111flg.; Adolph **W a g n e r**, S. 142/143; **K r o p o t k i n**, Brot, S. 127flg. Über die Einzelheiten weiter unten).

Einen erheblichen Fortschritt der Arbeitsgeldtheorie finden wir nach Rodbertus nur noch bei **S c h ä f f l e**, der auch die **M a r x** schen Lehren bereits berücksichtigt („Bau und Leben des sozialen Körpers", „Quintessenz des Sozialismus"). Schäffle schaltet jeden privaten Tausch- und Leihverkehr in der sozialistischen Gesellschaft aus; er meint, daß „zwischen dem Kollektivproduktionskörper und den Konsumenten (Produktionsguthaben) **n a c h** Arbeitszeit und **A r b e i t s z e i t w e r t**, im Wege der Kompensation durch die öffentlichen Wirtschaftsämter und Clearinghäuser, **o h n e G e l d a b g e r e c h n e t** werden müsse und ebenso zwischen diesen Ämtern selbst, sofern sie Produkte voneinander übernehmen, endlich zwischen ihnen und den öffentlichen Lagern" (Quintessenz, S. 43; ebenso Bau, III, S. 334/335). Schäffle geht vor allem darin grundsätzlich über Rodbertus hinaus, daß er die Notwendigkeit eines „sozialen Taxwesens (Sozialtauschwertbestimmung) nach dem Maßstab **a u c h**" (neben den Arbeitskosten) „des besonderen und wechselnden Gebrauchswertes aller Einzelarbeiten und Einzelprodukte" erkennt, ja diese Beobachtung des Gebrauchswertes als „die erste und entscheidendste Vorfrage" ansieht (Quintessenz, S. 51; Bau, III, S. 341flg.).

Der Gedanke des Arbeitsgeldes erscheint damit bei Schäffle schon fast aufgegeben; stärker betonen ihn neuestens L e n i n und B u - c h a r i n , die wenigstens für die „erste Phase der kommunistischen Gesellschaft seiner bedürfen" (Staat, S. 86).

Eine Umbildung erfährt die Arbeitsgeldtheorie bei D ü h r i n g durch Verquickung mit dem subjektiven Verteilungssystem, Berücksichtigung des Rechts auf Existenz. Bei ihm muß die Gesellschaft „auch die Einzelnen in den Stand setzen, die produzierten Artikel von ihr zu kaufen, indem sie Jedem eine gewisse tägliche, wöchentliche oder monatliche Geldsumme, die f ü r J e d e n g l e i c h zu sein hat, als Gegenleistung für seine Arbeit auszahlt" (Engels, S. 324).

Ähnlich soll nach W e i t l i n g s Vorschlägen „die Gesellschaft verpflichtet sein, jedem Mitglied die n o.t w e n d i g e n und die n ü t z - l i c h e n Produkte oder Dienstleistungen zu liefern, wogegen dieses zu einer gewissen Zeitarbeit (6 Stunden täglich) verpflichtet ist . . . Sodann aber hat jedes Mitglied überdies noch das Recht, weitere Arbeitstunden (Kommerz- stunden) zu leisten, um sich dadurch auch die bloß a n g e n e h m e n Pro- dukte oder Dienstleistungen zu verschaffen. Der Preis dieser letzteren soll in Arbeitsstunden bestimmt und diese gegen die Kommerzstunden aus- getauscht werden" (Menger, Recht, S. 163; Diehl, Proudhon, II, S. 246/247; vgl. auch unten 7. Kapitel).

Von E f f e r t z wird das Arbeitsgeld zum „A r b e i t s b o d e n - g e l d" ausgestaltet: „Die Güter werden nicht zu einem Arbeitspreise ver- kauft, sondern zu einem Arbeits- und einem Bodenpreise, und die Menschen werden für ihre Arbeit nicht in Arbeitsgeld, sondern in Arbeits- und Boden- geld entlohnt . . . Es ist unbedingt nötig, daß auch der in den Gütern steckende Boden proportional der geleisteten Arbeit verteilt werde. Es wird ein Normal- arbeitstag von etwa acht Stunden festgesetzt. Wer acht Stunden gearbeitet, erwirbt den Anspruch auf Güter, die acht Stunden Arbeit und ein bestimmtes berechnetes Quantum Boden, und zwar den Volksboden dividiert durch die Bevölkerung, die absolute Bodeneinheit B : A enthalten . . . Der Lohn wird nicht in S c h e i n e n ausbezahlt, die auf Arbeit lauten, sondern in solchen, die a u f A r b e i t , u n d solchen, die a u f B o d e n . . . Es gibt auch hier Geld, und zwar Papiergeld. Es gibt aber hier nicht eine Arbeitswährung, sondern eine D o p p e l w ä h r u n g , eine Arbeits- und eine Bodenwährung. Sowohl Lohn- wie Güterpreise werden in Arbeits- und Bodengeld bezahlt. Man wird aber nicht Arbeit in Boden umrechnen können wie Gold in Silber; jeder Teil des Lohnes und des Preises wird in seiner eigenen Währung bezahlt werden müssen" (III, S. 19).

Endlich unterscheidet H a c k s , an Effertz anknüpfend, „N a h - r u n g s m i t t e l g e l d und K u l t u r m i t t e l g e l d": „Jeder bekommt für die von ihm geleistete Arbeit zunächst einen angemessenen Betrag von Kulturmittelgeld. Das entsprechende Nahrungsmittelgeld bekommt er gewissermaßen umsonst dazu. Aber er bekommt es nur dann, wenn er die vor- geschriebene Anzahl von Stunden gearbeitet hat. Wer weniger arbeitet, be- kommt sowohl an Kulturmittel- als an Nahrungsmittelgeld weniger" (S. 21).

Für die zuletzt erwähnten Arbeitsgeld- bezw. Doppelgeldtheorien gelten dieselben Einwände, die gegen die Arbeitsgeldtheorie überhaupt gemacht werden, in verschärftem Maße. Denn hier entsteht ja das Bedürfnis nach einer

Differenzierung nicht nur bei der einen, sondern auch noch einer zweiten Rechnungseinheit. Im einzelnen vergleiche das folgende.

Das Problem wird zuerst von Adler klargestellt: „Ist es möglich, das .. Verteilungsprinzip „Jedem nach seiner Arbeit" durchzuführen? Ist es vor allem möglich, den Wert des Produktes beständig genau auf der kostenden Arbeitsquantität festzuhalten?" Und er antwortet, auf schwerwiegende Gründe gestützt: „Ich glaube nicht, daß dies angeht" (S. 68). Es ist mit dem Arbeitsgeld ähnlich wie mit der Theorie der Preisfestsetzung nach den Bedürfnissen: sowohl die Eigenart des Geldes wie der innere Widerspruch der kollektivistischen Wirtschaftsorganisation wird verkannt. Ursprünglich stellt das Arbeitsgeld sich einfach als eine Art Banknoten dar, als ein Guthaben bei der Arbeitstauschbank (Owen); nachher wird es (von Rodbertus) als Einrichtung des „Staatssozialismus" übernommen und kommt schließlich (bei Schaeffle) in die „sozialistische Wirtschaft" hinein. In seiner ersten Gestalt — als Banknote in der Verkehrswirtschaft — wird es schon von Marx nachdrücklich bekämpft, in seiner Kritik der Grayschen nationalen Zentralbank:

„Da die Arbeitszeit das immanente Maß der Werte ist, warum neben ihr ein anderes äußerliches Maß? Warum entwickelt sich der Tauschwert zum Preis? Warum schätzen alle Waren ihren Wert in einer ausschließlichen Ware, die so in das adäquate Dasein des Tauschwerts verwandelt wird, in Geld? Dies war das Problem, das Gray zu lösen hatte. Statt es zu lösen, bildet er sich ein, die Waren könnten sich unmittelbar aufeinander als Produkte der gesellschaftlichen Arbeit beziehen. Sie können sich aber nur aufeinander beziehen als das, was sie sind. Die Waren sind unmittelbar Produkte vereinzelter, unabhängiger Privatarbeiten, die sich erst durch ihre Entäußerung im Prozeß des Privataustausches als allgemeine gesellschaftliche Arbeit bestätigen . . . Unterstellt Gray die in den Waren enthaltene Arbeitszeit als unmittelbar gesellschaftliche, so unterstellt er sie als gemeinschaftliche Arbeitszeit oder als Arbeitszeit direkt assoziierter Individuen . . . Das ist aber keineswegs Grays Meinung. Die Produkte sollen als Waren produziert, aber nicht als Waren ausgetauscht werden." Bei Gray „macht einerseits die Gesellschaft in der Form der Bank die Individuen abhängig von den Bedingungen des Privataustauschs und andererseits läßt sie dieselben fortproduzieren auf der Grundlage des Privataustausches. Die innere Konsequenz treibt Gray, eine bürgerliche Produktionsbedingung nach der anderen wegzuleugnen, obgleich er bloß das aus dem Warenaustausch hervorgehende Geld „reformieren" will. So verwandelt er Geld in Nationalkapital, das Grundeigentum in Nationaleigentum, und wenn seiner Bank auf die Finger geschen wird, findet sich, daß sie nicht bloß mit der einen Hand Waren empfängt und mit der anderen Zertifikate gelieferter Arbeit ausgibt, sondern die Produktion selbst reguliert . . . Die

„organische" Konstruktion von „Arbeitsgeld" und „Nationalbank" und „Warendocks" ist nur Traumgebild ... Das Arbeitsgeld ist eine ökonomisch klingende Phrase für den frommen Wunsch, das Geld, mit dem Geld den Tauschwert, mit dem Tauschwert die Ware und mit der Ware die bürgerliche Form der Produktion loszuwerden" (Kritik, S. 71flg.).

Die Marxschen Ausführungen bringen über das Problem des Arbeitsgeldes nach e i n e r Seite hin volle Klarheit: sie erweisen die Unmöglichkeit, das Recht auf den vollen Arbeitsertrag durch eine bloße Änderung der Verteilungsordnung i n n e r h a l b d e r K o n k u r r e n z w i r t s c h a f t zu lösen. Die Arbeitswährung hat nur dann einen Sinn, wenn sie auf g e s e l l s c h a f t l i c h e Arbeit abgestellt ist. Die gesellschaftliche Leistung im Kapitalismus ist aber gerade n i c h t die Arbeit — diese vollzieht sich im Bereich der Einzelwirtschaft —, sondern erst das Anbieten der Ware auf dem Markt. Also entscheidet auch nicht die Arbeitsleistung als solche, sondern das Warenangebot über die gesellschaftliche Wertgröße. Dieses aber wird keineswegs nur durch die Arbeitsleistung, sondern auch durch Kapital- und Risikoverhältnisse wesentlich bestimmt. Die erste Voraussetzung der Einführung eines Arbeitsgeldes ist somit die Aufhebung der Konkurrenz in der Güterbeschaffung: die Vergesellschaftung der Produktion.

Wie aber nun, wenn diese Bedingung erfüllt ist? Kann d a n n das Recht auf den vollen Arbeitsertrag durch das Arbeitsgeld verwirklicht werden? Ist dann die durchschnittliche gesellschaftliche Arbeitszeit genau zu ermitteln und die Zurückführung jeder einzelnen Arbeitsleistung und ihrer Entlohnung auf diese Zeiteinheit möglich?

Bei M a r x und E n g e l s bleibt die Frage des Arbeitsgeldes in der sozialistischen Wirtschaft — ebenso wie deren Gestaltung überhaupt (Kollektivismus? Kommunismus?) — ungeklärt. Nach B o u r g u i n ist der Arbeitsbon „dasjenige Geld, das nach dem marxistischen Wertprinzip einer sozialisierten Produktionsordnung entspricht" (S. 116); M a r x hingegen betont wieder, daß das „Owensche Arbeitsgeld ebenso wenig Geld ist wie etwa eine Theatermarke ... Das Arbeitszertifikat konstatiert nur den individuellen Anteil des Produzenten an der Gesamtarbeit und seinen individuellen Anspruch auf den zur Konsumtion bestimmten Teil des Gemeinprodukts" (Kapital, I, Anm. 50). Ganz und gar zweifelhaft ist vollends der folgende Ausspruch: „Nur zur P a r a l l e l e m i t d e r W a r e n p r o d u k t i o n setzen wir voraus, daß der Anteil eines jeden Produzenten an den Lebensmitteln sei bestimmt durch seine Arbeitszeit", — und auch dies wieder unter der weiteren Voraussetzung, daß „die gesellschaftlichen Beziehungen der Menschen zu ihren Arbeiten und Arbeitsprodukten hier d u r c h s i c h t i g e i n f a c h bleiben in der Produktion sowohl als in der Distribution" (ebenda,

S. 56; vgl. auch den oben angeführten Ausspruch von Engels). Wäre diese durchsichtige Einfachheit da, so gäbe es gar kein Geldproblem.

Bei eingehender Prüfung der Frage ergibt sich, daß auch in einer kollektivistischen Wirtschaft keine Form der Arbeitsgeldrechnung mit den Grundsätzen dieser Wirtschaftsordnung vereinbar ist.

Schon die mannigfachen Vorschläge, welche — noch über die erwähnten hinaus — in dieser Richtung gemacht worden sind, deuten darauf hin. K r o - p o t k i n unterscheidet geradezu v i e r T y p e n von Arbeitsgeldtheorien: 1. „Die meisten Kollektivisten, getreu dem Unterschied, der von den bürgerlichen Ökonomisten und von Marx zwischen „qualifizierter" und „einfacher" Arbeit gemacht wurde, lehren uns, daß die q u a l i f i z i e r t e oder professionelle A r b e i t h ö h e r b e z a h l t werden müßte als die einfache Arbeit. So müßte eine Arbeitsstunde des Arztes als gleichwertig mit 2 oder 3 Stunden des Krankenwärters oder auch 3 Stunden des Erdarbeiters gelten. Die professionelle oder qualifizierte Arbeit wird ein Vielfaches der einfachen Arbeit sein, sagt uns der Kollektivist Groenlund, weil diese Arbeit eine mehr oder minder lange Lehrzeit erfordert." 2. „Andere Kollektivisten, z. B. die französischen Marxisten, machen diese Unterscheidung nicht; sie proklamieren die G l e i c h h e i t d e r L ö h n e. Der Doktor, der Schullehrer, der Professor werden (in Arbeitsbons) nach der gleichen Taxe wie der Erdarbeiter bezahlt werden. 8 Stunden Hospitaldienst werden denselben Wert wie 8 Stunden Erd-, Fabrik- oder Bergwerksarbeit repräsentieren." 3. „Einige machen noch weitere Konzessionen; sie nehmen an, daß die u n g e s u n d e o d e r u n a n g e n e h m e A r b e i t, z. B. die des Kloakenreinigens, nach einer h ö h e r e n T a x e als die angenehme Arbeit bezahlt werden könnte. Eine Stunde Kloakenreinigungsdienst wird, sagen sie, für 2 Arbeitsstunden eines Sprachlehrers rechnen." 4. „Manche Kollektivisten nehmen auch die E n t s c h ä d i g u n g e n b l o c d u r c h d i e K o r p o r a t i o n an. Eine Korporation sagt z. B.: „Hier sind 100 Tonnen Stahl, die Produktion derselben ist durch 100 Arbeiter geschehen, und wir haben darauf 10 Tage verwandt; da unser Arbeitstag 8 Stunden gewährt hat, so macht dies 8000 Arbeitsstunden für 100 Tonnen Stahl und 80 Stunden für eine Tonne." Für diese Arbeitsleistung soll ihnen dann der Staat 8000 Arbeitsbons à 1 Stunde geben, und diese 8000 Bons werden dann unter die Mitglieder der Fabrik nach deren Gutdünken verteilt." Wie, fragt Kropotkin hier, „wenn die Bergleute nun protestierten und sagten: die Tonne darf nur 6 Arbeitsstunden und nicht 8 kosten? Wenn der Lehrer sich seine Tagesarbeit doppelt so hoch entschädigen lassen will wie der Krankenwärter? Dann tritt der S t a a t in Funktion und regelt die Differenz" (Brot, S. 127/128).

Man kommt hiernach zu dem Ergebnis entweder einer weitgehenden Differenzierung der Einheiten: 45 30jährige-Metallarbeiter-Minuten berechtigen etwa zur Inanspruchnahme von 3 noch-nicht-approbierten-Nervenarzt-Minuten; — oder, wie K r o p o t k i n sagt, „Ihr werdet genau den Teil abzuwägen suchen, der jedem in der neuen Gesellschaft zufällt. Ihr werdet Eure Arbeitsminuten zählen und werdet darüber wachen, daß Euer Nachbar

mit seiner Arbeitsminute nicht mehr kaufen kann als Ihr mit der Eurigen.
Und da die Stunde keinen Maßstab angibt, da in der einen Manufaktur ein
Arbeiter 6 Webstühle zugleich bedienen kann, während er in der anderen
Fabrik nur deren 2 überwachen kann, so werdet Ihr die Muskelkraft, die
Gehirn- und Nervenenergie, die Ihr verbraucht habt, zu bestimmen ver-
suchen. Ihr werdet genau die Lehrjahre usw. in Anschlag bringen, um den
Anteil eines Jeden an dem zukünftigen Produkt nur ja genau bestimmen
zu können. Und alles dieses, nachdem Ihr erklärt habt, daß Ihr nicht den
Anteil in Rechnung stellt, welchen in der Produktion die Vergangenheit
genommen hat" (ebenda, S. 128).

Schließlich bleiben selbst dann noch die „unberechenbaren Dienste"
ganz außer Betracht: „Die Gesellschaften würden in 50 Jahren verschwunden sein, wenn nicht Jeder unendlich viel mehr gäbe, als wofür er mit Geld
entschädigt würde oder ihm in Arbeitsbons und irgendwelchen anderen bürgerlichen Belohnungen geboten werden könnte. Es hieße die Ausrottung
der Menschheit, wenn . . jeder Mensch nicht manches gäbe, o h n e z u
r e c h n e n , wenn der Mensch besonders nicht da gäbe, wo er auf keine
Entschädigung rechnet" (ebenda, S. 135).

Wie ungeheuer kompliziert gestaltet sich also die angeblich
so einfache Arbeitsgeldrechnung, wenn man die weitgehende art-
und mengenmäßige D i f f e r e n z i e r u n g des natürlichen und gesellschaftlichen Lebens so berücksichtigen will, wie dies die Auf-
rechterhaltung der Gesellschaftswirtschaft — von der Gerechtig-
keitsforderung sei hier sogar abgesehen! — unausweichlich fordert.
Man bedenke: Im Marktverkehr besagt die W ä h r u n g nichts als
das staatlich festgesetzte und gesicherte Verhältnis der Rechnungseinheit zu einer unveränderlich bestimmten Gewichtsmenge eines
chemisch einheitlichen und gleichartigen Stoffes. Und dieses kaum
veränderliche Verhältnis ist seinerseits nur eine verkehrstechnische
Hilfe bei der ihrem Wesen nach durch ganz andere Gründe bestimmten Preisgestaltung. Das A r b e i t s g e l d m a ß soll dagegen
nicht nur Währungseinheit, n i c h t n u r R e c h n u n g sgrundlage
sein, sondern das ganze Verhältnis der gesellschaftlichen Produktion und Konsumption, die gesamte Güterverteilung soll mittels
fester Taxen auf diese Einheit als W e r t maßstab gegründet werden.
Welcher Differenzierungen müßte diese Wertnorm fähig sein! So
viele Dinge „stoßen sich hart im Raum", welche hier in Frage
kommen, daß es sich schon verlohnt, eine kleine systematische
Ü b e r s i c h t darüber zu geben: Wenn die „Normalwerkstunde"
das leisten soll, was nach dem eben Gesagten von ihr verlangt
wird, so muß sie

A. zunächst folgenden Differenzierungen des „A r b e i t s -
w e r t e s" a l s s o l c h e n Rechnung tragen. Da ist

1. die Verschiedenheit des Arbeitsopfers: gleiche Arbeitserfolge können auf ganz verschieden großem und verschieden geartetem Aufwand von Arbeitskraft beruhen. Was entscheidet überhaupt über das Arbeitsopfer?

„Wie will man die Arbeit eines Weichenstellers schätzen? Bei derlei kein greifbares Produkt hinterlassenden und deshalb nach ihren Wirkungen unermeßbaren Arbeiten wird man.. sagen: je nach der (S o n n e n -) Z e i t , die Du arbeitest, wirst Du bezahlt. Höchstens wird man hier ein paar Arbeitsintensitätsabstufungen in Erwägung ziehen können" (A'd l e r , S. 68), den Verbrauch „verschiedener Quantitäten N e r v e n - u n d M u s k e l - s t o f f bei gleicher mittlerer Anstrengung in derselben Sonnenzeit" (D i e t - z e l).

Die Berechnung des p h y s i s c h e n Aufwandes wäre durch die Feststellung des Grades der Unlustfärbung zu ergänzen, welchen das Einheitsmaß einer jeden Arbeit für den S e e l e n - z u s t a n d des Arbeiters mit sich bringt.

A d l e r hält es für nicht ausgeschlossen, die „qualitativ verschiedenen Arbeiten bloß in ihre Unlustmomente aufzulösen" und danach die Arbeiten „wirklich auf eine Einheit reduzieren zu können" (S. 68). Wie berücksichtigt er dann aber die individuell mannigfaltigen T e m p e r a - m e n t e und den Augenblickswechsel der S t i m m u n g e n ? Die geringen Erfolge der neueren Experimentalpsychologie zeigen deutlich, wie weit wir von einer irgendwie zuverlässigen „Psychometrie" entfernt sind.

2. die Verschiedenheit des Arbeitserfolges. Diese wieder kann sich darstellen

a) als p e r s ö n l i c h e u n d s a c h l i c h e Ungleichheit des Arbeitsergebnisses bei gleichem Aufwand: dank der verschiedenen B e f ä h i g u n g der Arbeiter ergibt das gleiche Arbeitsopfer die mannigfaltigsten Erfolge. (Von der Frage der A u s b i l d u n g soll abgesehen werden, da hier eine weitgehende Berichtigung durch gesellschaftliche Maßnahmen nicht ausgeschlossen ist.) Andererseits wieder läßt die Eigenart mancher Dienste gerade wieder eine Betätigung besonderer Geschicklichkeit oder Begabung oder Ausdauer, ja selbst eine Steigerung des Arbeitsopfers n i c h t zu:

„Angenommen, Weichensteller und Weber konsumieren gleiche Lebenskraft in einem zehnstündigen Normalarbeitstage, so bekommt der Weichensteller doch jahraus jahrein den gleichen Lohn für gleiches Normalwerk, während der Weber imstande ist, sein Einkommen durch überdurchschnittliche Anstrengung oder überdurchschnittliche individuelle Begabung zu erhöhen" (D i e t z e l, Rodbertus, II, S. 113).

Vielfach besteht überhaupt völlige Unmöglichkeit, die Arbeitserfolge zahlenmäßig miteinander in Verbindung zu bringen: „Es ist unmöglich, eine Norm zu finden, welche z. B. das „Produkt" des Richters mit demjenigen des Geistlichen oder des Lehrers auf einen Generalnenner brächte" (Dietzel, ebenda, S. 101).

b) in räumlich oder zeitlich ungleicher Auswirkung: Der Unterschied der Nah- und Fernwirkung ebenso wie des früheren oder späteren Eintritts des Arbeitserfolges dürfte ebenfalls nicht unbeachtet bleiben. Es sei hier an den bekannten Vergleich Böhm-Bawerks zwischen der Arbeit des Bäckers und des Forstarbeiters erinnert, der einen Eichenschößling pflanzt; oder an die jahrelang vergeblichen mühevollen Arbeiten an der Aushebung des Panamakanals.

c) in dem persönlich und sachlich, räumlich und zeitlich mannigfach verschiedenen Zusammenwirken von Arbeitsleistungen, wie es die gesellschaftliche Arbeitsteilung mit sich bringt:

„Ein Bergwerk braucht bei Produkten mit einer bestimmten darauf haftenden materiellen Arbeit vielleicht mehr Aufsichts-, Buchhaltungs- usw. -arbeit als eine Zigarrenfabrik bei Produkten mit derselben kostenden materiellen Arbeitsquantität. Jene spezifische Arbeit muß dann auf die einzelnen Produkte des betreffenden Bergwerks bezw. der Fabrik je nach Quote verteilt werden, die sie vom Gesamtprodukt dieser Unter- nehmungen ausmachen." Aber selbst diese Quotierung hat ihre unübersteig- baren Grenzen: „Die Arbeit des Richters wird für die gesamte Pro- duktion geleistet, wenn man einmal seine Tätigkeit von der wirtschaftlichen Seite aus betrachten will. Man kann hier gar nicht fragen: wieviel von der richterlichen Arbeit kommt nun auf jedes einzelne Produkt?" (Adler, S. 67).

B. Nach diesen Erwägungen ist weiter in Betracht zu ziehen, daß der sogenannte Arbeitsertrag in keiner Wirtschaftsform, ob isolierte oder gesellschaftliche Wirtschaft, allein das Ergebnis der Arbeitsleistung ist. Vielmehr sind überall die Unterschiede zu berücksichtigen, die sich aus der notwendig differenzierten Be- nutzung von Stoffen und Kräften der (außermenschlichen) Natur ergeben, — sei es, daß diese im ursprünglichen oder in bereits verarbeitetem Zustande verwandt werden. Die naturgegebene Güterknappheit kann nicht überall und stets durch Arbeit über- wunden werden, sondern die passiven Leistungen des „Wartens und Wagens" (Adolf Weber) müssen hinzutreten; auch sie dürfen in der Arbeitsgeldrechnung nicht übersehen werden, wenn nicht die Gesellschaftswirtschaft aufs schwerste erschüttert werden soll.

Adler zeigt das an einem Beispiel: „Wenn im Sozialstaat eine große Mißernte stattfindet . . . so wird eine Hungersnot nur durch Erhöhung der Getreidepreise zu vermeiden sein; denn nur so wird die notwendige Sparsamkeit aller Bewohner des Sozialstaats durchzusetzen sein" (S. 70). Einen ähnlichen Gedanken enthält auch der Gegensatz von „Arbeitsrechnung" und „Wertrechnung" bei M i s e s (Wirtschaftsrechnung, S. 106/107).

Erweitern wir so den Arbeitsertrag durch Einbeziehung der beiden anderen wirtschaftlichen Grundleistungen zum „W i r t - s c h a f t s e r t r a g" und beziehen auch alle die genannten Diffe- renzierungen der „W i r t s c h a f t s b e d i n g u n g e n" ein, — was bleibt dann noch von der Arbeitszeitrechnung, dem Arbeitsgeld? Indessen selbst diese Modifikationen reichen noch nicht aus, um einen brauchbaren Verteilungsmaßstab zu gewinnen; als bloße K o s t e n, d. h. entgangener Nutzen, müssen sie ihrerseits not- wendig auf einen positiven, gewonnenen N u t z e n bezogen werden.

„Man vergegenwärtige sich die Lage des sozialistischen Gemein- wesens. Da gibt es Hunderte und Tausende von Werkstätten, in denen gearbeitet wird. Die wenigsten von ihnen erzeugen gebrauchsfertige Waren; in der Mehrzahl werden Produktionsmittel und Halbfabrikate erzeugt. Alle diese Betriebe stehen untereinander in Verbindung. Sie durchwandert der Reihe nach jedes wirtschaftliche Gut, bis es genußreif wird. In dem rast- losen Getriebe dieses Prozesses fehlt aber der Wirtschaftsleitung jede Mög- lichkeit sich zurechtzufinden. Sie kann nicht feststellen, ob das Werkstück auf dem Wege, den es zu durchlaufen hat, nicht überflüssigerweise aufgehalten wird, ob an seine Vollendung nicht Arbeit und Material verschwendet werden" (M i s e s, ebenda, S. 101).

Ist so schon die Produktion unübersehlich, wie soll man erst die Verteilung regeln? Nur der Vergleich von Kosten und Nutzen kann helfen. Aber welches ist wieder der M a ß s t a b d e s N u t z e n s? Mises versucht den Weg zur Lösung frei zu machen: „Es ist ohne weiteres klar und braucht keiner näheren Begründung, daß die Wertrechnung n i c h t t e c h n i s c h sein, nicht auf dem objektiven Gebrauchswert (Nutzwert) der Güter und Dienstleistungen aufgebaut werden kann." Der „objektive Gebrauchswert" erhält ja eine w i r t s c h a f t l i c h e Bedeutung erst dadurch, daß er zur B e f r i e d i g u n g menschlicher Bedürfnisse verhilft!

Hier liegt der Kern der ganzen Frage und der Hauptein- wand gegen jedwede Arbeitsgeldtheorie. Wie die Kollektivisten subjektivistischer Richtung nicht mit der Knappheit der Wirt- schaftsgüter rechnen, so vergessen die Objektivisten, daß alle Wirtschaft letzten Endes nur dem Zwecke dient, den Bedarf der Wirtschaftspersonen zu decken.

D i e t z e l gegen R o d b e r t u s: „Das „Zentralorgan" hat zu bestimmen, was produziert werden soll, und demgemäß die Arbeiter auf die verschiedenen Betriebszweige zu verteilen. Was produziert werden soll, entscheidet sich natürlich danach, was die Konsumenten b e g e h r e n

werden. Diese können nur soviel begehren, wie sie als Produzenten geleistet haben: das Q u a n t u m des Begehrs steht danach fest. Aber das Q u a l e?
. . . Daß unter gleichen Bedingungen — physiologischen, klimatischen, sozialen — die Bedürfnisse „im allgemeinen bei jedermann eine gleiche Reihenfolge bilden", mag zutreffen; aber wieviel verschiedene Produktionspläne — z. B. für die verschiedenen Altersklassen, für die Bewohner der Berge, der Ebenen, der Meeresküsten, für die Bevölkerung der verschiedenen Zonen — müßte das vielgeschäftige „Zentralorgan" ausarbeiten!" (II, S. 100).

Um diesen grundlegenden Mangel auszugleichen, gibt es z w e i Möglichkeiten, aber auch n u r diese beiden: entweder man gibt den Grundsatz des Rechts auf den vollen Arbeitsertrag bei der Lohn- und Preisfestsetzung auf und regelt die Verteilung nach dem Spiel von Angebot und Nachfrage, — oder man sagt sich von der Freiheit der Arbeit und des Konsums los und geht zum Kommunismus über. Der Kollektivismus ist auch in der objektivistischen Form wegen seiner Einseitigkeit als Wirtschaftsordnung undenkbar.

E n g e l s schon konnte sich der Bedeutung der „Nutzeffekte der verschiedenen Gebrauchsgegenstände . . gegenüber (!) den zu ihrer Herstellung nötigen Arbeitsmengen" nicht ganz verschließen (S. 335), und S c h ä f f l e´ hat in Verfolg dessen durch˜ Hereinziehung des „besonderen und wechselnden Gebrauchswertes aller Einzelarbeiten" die Arbeitsgeldtheorie im entscheidenden Punkte aufgegeben. Er sieht klar, daß man auch im „Sozialistenstaate" das Recht auf den vollen Arbeitsertrag nicht verwirklichen kann, weil „vom Kollektivprodukt abginge, was für das Gemeinwesen gebraucht wird, also in öffentlichen Nutzen übergeht: z. B. für Ersatz und Verbesserung aller kollektiven Produktionsmittel, für Schutz, Ordnungswesen, Erziehung und öffentliche Anstalten anderer Art . . . Es wäre u m - g e k e h r t w i e h e u t e: Das Ganze würde´ nicht durch Steuern aus dem Privateinkommen schöpfen, sondern den Einzelnen einen nicht zu veräußernden, sondern zu verzehrenden Teil der Produkte und Bedarfe seinerseits austeilen. Organe des Gemeinwesens wären ja an Stelle konkurrierender und steuernder Privaten getreten, um die Masse des Zwischenstoffwechsels zu bestimmen und zu leiten" (Bau, III, S. 334).

D i e t z e l und A d l e r führen im einzelnen aus, wie nur der unmittelbare Zwang — namentlich der Arbeitszwang — oder fortdauernde Lohn- und Preisverschiebungen das Mißverhältnis von Vorrat und Bedarf ausgleichen können: „Soll das Gesamtprodukt nicht übergroßen Schaden leiden, so muß dem Sozialwillen das Recht zustehen, die Individuen hin und herzuschieben wie Marionetten" (Dietzel, II, S. 112; ebenso Adler, S. 71).

Auch Adolph W a g n e r darf hier nicht unerwähnt bleiben. Er beginnt seinen „Exkurs" über das Arbeitsgeld mit der Erinnerung, „daß die folgerichtige Entwicklung der sozialistischen Gedankengänge zu einer „n a t u r a l e n" V e r t e i l u n g in einem sozialistischen Wirtschaftssystem führen müßte, d. h. zu einer solchen, in welcher nicht nur die W e r t - a n t e i l e j e d e s Genossen . . . autoritativ festgestellt, sondern auch . . in bestimmten k o n k r e t e n G ü t e r n der und der Art und Menge zum Behufe der Bedürfnisbefriedigung ü b e r w i e s e n werden müßten. Damit wäre jede Freiheit des Konsums, jede freie Wahl der Güter hierfür geopfert. Um die abschreckende Ungeheuerlichkeit eines solchen Systems zu vermeiden, hat man indessen auch im Sozialismus an eine Art Geld, ein sogenanntes Arbeitsgeld gedacht, welches diese Freiheit des Konsums mindestens in gewissen Grenzen bestehen ließe" (S. 142). Und derselbe Exkurs schließt: ,,Also Schritt für Schritt weiter auf dem Z w a n g s w e g e. Wollte man d a v o n a b s e h e n , so bliebe nichts anderes übrig als, die Taxen der einen nicht oder weniger, als zum vollen Absatz nötig ist, nachgefragten Güter zu ermäßigen, um ihren Absatz zu erzielen, die Taxen der stärker begehrten Güter entsprechend zu erhöhen, um die Nachfrage danach einzuschränken. D. h. man wäre auch bei dem sozialistischen Arbeitsgelde wieder zum ,,M a r k t g e s e t z" d e s f r e i e n V e r k e h r s , Angebot und Nachfrage und Regelung der Preise danach, zurückgekehrt! . . . Es wäre damit . . der Grundgedanke des sozialistischen Arbeitsgeldes ad absurdum geführt" (S. 143). Genau dasselbe Entweder-Oder drückt Wagner hier aus, was K r o p o t k i n in dem einen Satze zusammendrängt, daß ,,die Nation oder die Kommune, die sich eine derartige" (kollektivistische) ,,Organisation gibt, gezwungen sein würde, entweder zum Privateigentum zurückzukehren oder sich unmittelbar in eine kommunistische Gesellschaft umzugestalten" (Brot, S. 129).

Jeder Versuch also, das Geld allein seines Dienstes als R e c h e n m i t t e l zu entheben oder diese Funktion in ihrer Eigenart zu verändern, zeugt nur von der mangelnden Einsicht des betreffenden Reformators in das Wesen des Geldes und der Geldwirtschaft und bleibt entweder gänzlich wirkungslos oder führt mit unausweichlicher Notwendigkeit zur völligen Beseitigung des Geldes, zur Großnaturalwirtschaft. Der Kollektivismus ist eines derjenigen Wirtschaftssysteme, dessen praktische Durchführbarkeit man nicht zu erörtern braucht, weil er als ,,sozialistische Geldwirtschaft" einen unlösbaren Widerspruch in sich enthält.

M i s e s äußert sich in diesem Sinne: ,,In der sozialistischen Wirtschaft, die zwar nicht notwendigerweise das Geld vollständig beseitigen muß, wohl aber den Ausdruck der Preise der Produktionsmittel (einschließlich der Arbeit) in Geld unmöglich macht, kann das Geld in der Wirtschaftsrechnung keine Rolle spielen" (S. 102; man darf hinzufügen, daß das Geld, das nicht Preisausdrucksmittel ist, auch seine Existenzberechtigung als Umtauschmittel einbüßt: wo keine Geldpreise, da gibt es auch keine Geldzahlungen). Während Mises nun aber eine sozialistische Wirtschaft, weil sie ohne einheitliche Wertrechnung ,,bestenfalls auf vage Schätzungen" angewiesen sei, überhaupt nicht für lebensfähig hält, glaubt N e u r a t h fest an eine ,,Wirtschaftsordnung, in welcher Produktion und Verteilung ohne Zugrundelegung eines einheitlichen Maßes, weder des bisherigen Geldes, noch eines Arbeitsgeldes, noch sonst einer ähnlichen Einrichtung geregelt werden" (Kriegsw., S. 171; näheres hierüber vgl. unten im Schlußkapitel, III).

7. Kapitel.
Die Abschaffung der Geldzahlung.

Wie die einen fälschlich glauben, die Geldrechnung aufheben, das Geld als Zahlungsmittel aber beibehalten zu können, so meinen andere umgekehrt, die Geldzahlungen allein beseitigen zu können und zu sollen.

> Lie f mann, der das Geld ausschließlich als „abstrakte Rechnungseinheit" auffaßt, sagt geradezu: „Wenn deren Verkörperung in einem wertgeschätzten Sachgut nicht mehr erforderlich ist, dann erst beginnt die eigentliche Epoche der Geldwirtschaft" (Geld, S. 191).

Wiederum muß man hier zweierlei scharf auseinanderhalten: denjenigen Streit gegen das „wertgeschätzte Sachgut", der sich nur gegen den psychologistischen Auswuchs eines mißverstandenen Metallismus richtet, — und die Bekämpfung des körperlichen Geldzeichens schlechthin. Im ersteren Falle handelt es sich, wie immer wieder hervorzuheben ist, überhaupt nicht um eine Aufhebung des Geldes, sondern nur um den Kampf gegen eine historisch einseitige Auffassung von seinem Wesen. Hier soll nur die zweite Bestrebung erörtert werden, die das Geldzeichen durch den Buchvermerk, den Zahlungsverkehr durch das Verrechnungswesen ersetzen will. Vorschläge und auch praktische Versuche in dieser Richtung begegnen uns vielfach auch im täglichen Leben. Wir müssen die lediglich auf eine Geldreform innerhalb der heutigen Wirtschaftsführung abzielenden Bestrebungen von denen unterscheiden, welche die Frage unter den Voraussetzungen eines anderen gesellschaftswirtschaftlichen Organisationstyps lösen wollen.

1. Innerhalb der kapitalistischen Konkurrenzwirtschaft will man die Geldzahlungen durch weitgehende Ausgestaltung der Giroüberweisungen und allgemeinen Abrechnung verdrängen.

> So meint insbesondere Lie f mann, „je mehr die Trennung von Konsum- und Erwerbswirtschaft, die rein geldliche Nutzen- und Kostenvergleichung der letzteren, die Geldrechnung aller Kosten bei der ersteren, fortschreitet, je mehr alle Güter und Leistungen Geldpreise haben und auch das Geldleihkapital sich entwickelt, um so mehr treten die vom Staate geschaffenen realen Zahlungsmittel an Bedeutung zurück hinter

der abstrakten Rechnungseinheit, die, von den Einzelnen als Grundlage ihrer Einkommen geschätzt, alle Umsätze (!) vermittelt" (Geld, S. 191). Liefmann befindet sich hier in einem Irrtum, der für ihn charakteristisch ist, weil er aus seiner Auffassung des Wirtschaftens als eines Komplexes ausschließlich „psychischer Erwägungen" folgt: er hält auch die Überweisung für einen Akt der Geld r e c h n u n g. Liefmann sieht nicht, daß Geldrechnung und Verrechnungsverkehr zwei ganz verschiedene Tatbestände sind. Verrechnung bedeutet in unserer Wirtschaftsordnung wechselseitige Übertragung von Kaufkraft; ob diese Übertragung durch Metallstücke oder Banknoten bewirkt wird oder durch allgemein gebräuchliche Schecks oder Lochungen der Ausweiskarte über ein Giroguthaben oder sogar nur Buchungen in den Konten von Gläubiger und Schuldner, ist dem Wesen nach kein Unterschied. In allen diesen Fällen haben wir es außer mit der abstrakten Rechnungseinheit auch mit Objekten konkreten Handelns zu tun; selbst der Buchungsvermerk ist noch ein solches r e a l e s M i t t e l der Kaufkraftübertragung, nicht bloß Rechnung mit idealen Zahlengrößen. B e n d i x e n bemerkt dazu treffend: „Giralgeld i s t reales Zahlungsmittel, nicht anders als Noten und Münzen, und l a u t e t wie diese auf abstrakte Werteinheiten. Mit vorgestelltem Geld kann man so wenig zahlen, wie man sich mit vorgestelltem Brot satt essen kann" (Währungspolitik, S. 149).

Obendrein muß aus verkehrstechnischen Gründen „eine geringe Menge Scheidegeld für den Detailverkauf in Umlauf bleiben" (Neurath); denn „gewisse Zahlungen — insbesondere . . die Zahlungen des Kleinverkehrs — werden immer durch tatsächliche Leistung der allgemein anerkannten körperlichen Zahlungsmittel geschehen müssen" (Hahn, S. 44).

2. In der heutigen Wirtschaftsordnung bedeutet also die Ausbreitung des Verrechnungswesens nicht eine Beseitigung des Geldes als Zahlungsmittel, sondern nur eine technische Veränderung der zufällig gebrauchten Geldzeichen. Wie steht es aber mit dieser Einrichtung in einer an der en Wirtschaftsorganisation? Man hat das Verrechnungswesen vielfach mit den kollektivistischen Systemen in Verbindung gebracht, ja sogar in Plänen von Kommunisten spielt es, namentlich für die Übergangswirtschaft, mitunter eine Rolle.

E n g e l s z. B. denkt sich den Verkehr innerhalb der Kommune durch Arbeitsgeld, zwischen den Kommunen durch „bloße Buchführung" geregelt: „Im Verkehr zwischen der Kommune und ihren Mitgliedern ist das Geld gar kein Geld, fungiert es gar nicht als Geld. Es dient als reines Arbeitszertifikat, es konstatiert, um mit Marx zu reden, „nur den individuellen Anteil des Produzenten an der Gemeinarbeit und seinen individuellen Anspruch auf den zur Konsumtion bestimmten Teil des Gemeinprodukts" und ist in dieser Funktion ebenso wenig Geld wie etwa eine Theatermarke" . . . Ob die Marke, die das Maß der erfüllten „Produktionspflicht" und des damit erworbenen „Konsumtionsrechts" bezeichnet, ein Wisch Papier, ein

Rechenpfennig oder ein Goldstück ist, bleibt sich für diesen Zweck vollständig
gleich ... Wenn das Metallgeld schon im Verkehr der Wirtschaftskommune
mit ihren Mitgliedern nicht als Geld fungiert, sondern als verkleidete Arbeits-
marke, so kommt es noch weniger zu seiner Geldfunktion im Austausch
zwischen den verschiedenen Wirtschaftskommunen. Hier ist das Metallgeld
total überflüssig. In der Tat wird eine bloße Buchführung hinreichen, die
den Austausch von Produkten gleicher Arbeit gegen Produkte gleicher Arbeit
viel einfacher vollzieht, wenn sie mit dem natürlichen Maßstab der Arbeit
— der Zeit, der Arbeitsstunde als Einheit — rechnet, als wenn sie die Arbeitsstunden erst in Geld übersetzt. Der Austausch ist in Wirklichkeit reiner
N a t u r a l a u s t a u s c h; alle Mehrforderungen sind leicht und einfach
ausgleichbar durch Anweisungen auf andere Kommunen" (S. 327/328).
Die Unterscheidung, die Engels macht, ist dadurch bedeutsam, daß
er das Arbeitsgeld in seiner Eigenschaft als Zahlungsmittel dem Goldstück
völlig gleichstellt, wogegen er die Buchungen nur als Scheinzahlungen, als
verschleierte Naturalwirtschaft ansieht. Allerdings zeigt gerade diese Unterscheidung, daß E n g e l s von dem Wahn der Arbeitszeitrechnung als einer
Geldrechnung noch keineswegs befreit ist.

Noch deutlicher tritt die naturalwirtschaftliche Grundlage des Verrechnungswesens bei B e l l a m y hervor, obwohl das Geld als solches in
der „Kreditkarte" beibehalten wird: „Ein Kredit, der seinem Anteil an
der jährlichen Produktion des Landes entspricht, wird jedem Bürger am An-
fange eines jeden Jahres in der Staatsbuchführung eingeräumt, und eine
Kreditkarte wird ihm ausgestellt, auf Grund welcher er sich aus den öffentlichen Warenlagern, die es in jeder Gemeinde gibt, das besorgt, was er
wünscht, und wann er es wünscht ... Die Karte ist auf eine gewisse Anzahl
D o l l a r s ausgestellt. Wir haben das alte Wort behalten, aber nicht die
Sache. Der Ausdruck dient nur als ein a l g e b r a i s c h e s Z e i c h e n ,
um die Werte der verschiedenen Produkte miteinander zu vergleichen ...
Der Wert der von mir auf Grund dieser Karte entnommenen Gegenstände
wird von dem Beamten gebucht, welcher aus diesen Reihen von Vierecken
den Preis des von mir Bestellten ausschneidet" (S. 70).

Weiter ist in diesem Zusammenhange S o l v a y s Plan „s o z i a l e r
B u c h u n g e n (Comptabilisme social)" zu nennen. Hiernach gibt die Nationalbank den „Transaktionenten . . Rechnungshefte in blanco oder mit
einer bestimmten auf der Creditseite eingetragenen Summe aus"; außerdem
„einen Stempel mit Ziffern oder Zeichen, die alle Angaben hinsichtlich seiner
Person feststellen.., und mit Hilfe dessen er die Ziffern seiner Transaktionen
in dem Heft seiner Korrespondenten einträgt oder löscht". Um auch Fern-
zahlungen zu dienen, kann „das Abrechnungssystem auch Credit- und Debet-
marken an Stelle der Stempel anwenden, die der Käufer (bezw. Verkäufer)
aus seinem Heft ablöst und auf das Credit (bezw. Debet) des Verkäufers (bezw.
Käufers) klebt" (S. 15). Während „die in den Blankoheften eingetragenen
Transaktionen auf Risiko und Gefahr der Transaktionenten gehen", werden
„die in den schon mit einem Creditbetrag versehenen Heften eingetragenen
Transaktionen" bis zur Höhe dieses Betrages von der Nationalbank garantiert.
Dafür werden auch die „Kredit-Abrechnungshefte" nur gegen hypothe-
karische Sicherheitsleistung abgegeben. Nach Rückkehr der nicht gebrauch-
ten oder erloschenen Hefte „eröffnet der Hauptrechnungsführer ein Konto

für jeden Rücklieferer eines Heftes, der noch einen Saldo hat; dieser Saldo wird auf dem Konto vorgetragen, und man kann für diesen Betrag, wiederum gegen Hypothekenbestellung, neue Kreditrechnungshefte erhalten" (S. 17).

Solvay ist nicht Anhänger eines ausgesprochenen Kollektivismus oder gar Kommunist; er huldigt vielmehr der Anschauung des „P r o d u k t i - v i s m u s , der darin besteht, die soziale Produktivität durch eine sehr verschiedene Mittel umfassende Gesamtordnung auf ihr Maximum zu bringen" (Gide - Rist, S. 359). Auch Solvays Vorschlag bedeutet keineswegs eine Aufhebung der Geldzahlungen; die Auffassung Schumpeters, der „keinen Wesensunterschied zwischen dem bestehenden Währungsgeld und Solvays Buchgeld" sieht (Sozialprodukt, S. 636), ist durchaus zutreffend.

Schließlich reiht sich den drei letztgenannten Plänen neuestens noch Justus R e c h t s Vorschlag der Umwandlung des Geldes in ein staatliches „K o n t o g u t" an.

Auch die Bedeutung dieser Vorschläge liegt nicht darin, daß sie das Geld in seiner Zahlungsmittelfunktion aufheben, sondern daß das Zahlungswesen z e n t r a l i s i e r t wird; daß diese die höchste Blüte der Verkehrswirtschaft darstellende Einrichtung einen mehr und mehr v e r w a l t u n g s w i r t s c h a f t l i c h e n Charakter annimmt.

Bei E n g e l s verdeckt die Buchführung nur noch die Naturalwirtschaft, B e l l a m y s Kreditkarte „entspricht dem Anteil der Inhaber an der jährlichen Produktion des Landes", und S o l v a y s Buchungen sollen bewirken, „daß man stets mit einer genügenden Genauigkeit die Gesamtsumme der Ausgaben und Einnahmen eines Jeden erkennt". Mit voller Schärfe tritt dieser verwaltungswirtschaftliche Gesichtspunkt hervor, wenn N e u r a t h „uneinlösliches Girogeld i m K r i e g s f a l l e" verlangt: „Es erscheint erwägenswert, alle Guthaben bei Banken, Sparkassen und verwandten Instituten im Kriegsfalle für uneinlösliche Giroguthaben zu erklären, über die nur mit Schecks „zur Verrechnung" verfügt werden könnte . . . Zahlungen könnten ungehindert geleistet werden, zumal dann, wenn das G i r o g e l d zum K u r a n t g e l d erhoben würde. Man zahlt dann dem Hausherrn den Zins, dem Fleischer das Fleisch, dem Angestellten das Gehalt in Girogeld. Nur eine verhältnismäßig geringe Menge Scheidegeld müßte für den Detailverkauf im Umlauf bleiben. Muß jemand an einen anderen Zahlung leisten, der kein Konto besitzt, so wird demselben z w a n g s w e i s e eines z. B. bei der Postsparkasse eröffnet, welche ja ihr Filialnetz bis in die kleinsten Ortschaften erstreckt" (Kriegsw., S. 134). Hier wird also nicht die unmittelbare Aufhebung der Geldzahlungen, sondern nur ihre verwaltungswirtschaftliche Ausgestaltung erstrebt; aber diese scheinbare Förderung der Geldwirtschaft soll in Wahrheit nur den Übergang zur Naturalwirtschaft bilden: „Soweit der bargeldlose Zahlungsverkehr organisierend eingreift, wird durch ihn m i t t e l b a r d i e N a t u r a l w i r t s c h a f t b e g ü n s t i g t, da nur sie, nicht aber die Geldwirtschaft einer auf einem Wirtschaftsplan aufgebauten Organisation fähig ist. Der bargeldlose Zahlungsverkehr fördert in diesem Sinne nicht nur die Entthronung des Goldes, sondern hilft auch die Entthronung des Geldes anbahnen" (ebenda, S. 166; näheres oben im 4. Kapitel, II).

Auch das Programm der kommunistischen Partei Rußlands vom Mai 1919 fordert als eine die Geldabschaffung vorbereitende Maßnahme die Erweiterung des Verrechnungsverkehrs: „Die K. P. R. stützt sich auf die Verstaatlichung der Banken und erstrebt die Durchführung einer Reihe von Maßnahmen, die das Gebiet der geldlosen Verrechnung erweitern und die Abschaffung des Geldes vorbereiten: obligatorische Aufbewahrung der Gelder in der Volksbank, Einführung von Budgetbüchern, Ersatz des Geldes durch Schecks, kurzfristige Gutscheine für den Empfang von Produkten usw." (S. 20).

Das Ergebnis ist somit dasselbe wie im vorigen Kapitel; ebensowenig wie die Geldrechnung kann die Geldzahlung allein abgeschafft werden. Entweder beide oder keine von beiden! Die meisten der angeblich zur Beseitigung des Geldes als Zahlungsmittel gemachten Vorschläge zielen von vornherein ins Leere, da sie auf einer falschen Auffassung vom Wesen des Geldes beruhen. In den übrigen Plänen aber ist es gar nicht auf die bloße Aufhebung der Geldzahlung abgesehen, sondern nur auf die allmähliche Umgestaltung des Geldverkehrs zur Geldverwaltung und schließlich die völlige Beseitigung der Geldwirtschaft (und Geldrechnung) durch die Großnaturalwirtschaft.

8. Kapitel.
Die Abschaffung der Geldhortung.
I.

Nicht genug damit, daß man wähnte, das Geld nur als Rechnungseinheit oder nur als Zahlungsmittel beseitigen zu können, noch an anderer Stelle hat man mit den Reformvorschlägen eingesetzt: man will die Geldhortung, seine Aufspeicherung unterbinden. Das Geld — so glaubt man —, insbesondere das schöne, blanke Metall brauche nur aus dem Topf oder Strumpf herausgeholt und ins Rollen gebracht zu werden, um alle seine Schattenseiten verschwinden zu lassen. Am meisten hat durch solche Gedanken und Pläne Silvio Gesell von sich reden gemacht, als Verfasser mehrerer Bücher und Schriften (vgl. das Quellenverzeichnis), Führer der Freiland-Freigeld-Bewegung und gewesener Finanzminister der Münchener Räterepublik vom April 1919.

Gesells Pläne sind „begründet auf der Erkenntnis, daß einerseits der Austausch nur solange ungestört von statten gehen kann, als das Tauschverhältnis zwischen Waren und Geld (Preis des Geldes) unverändert bleibt; daß andererseits irgend eine Ware — und demnach auch das Geld (!) — nur solange einen über Ort und Zeit hinweg festen Preis haben kann, als wie auf irgend eine Weise ein dauernder Ausgleich zwischen Nachfrage und Angebot in der betreffenden Ware künstlich erzwungen wird . . . Darum fordert die Geldreform: Anschmiegung des Geldangebots (nicht mit Geldproduktion zu verwechseln) an die durch das fortlaufende Angebot von Waren vertretene Nachfrage nach Geld, um auf diese Weise . . den festen Preis zu erzwingen" (Verwirklichung, S. 86). Die Schwankungen der Güterpreise erklären sich nach Gesell aus dem unregelmäßigen, „dem Zufall, den Spekulanten, Wucherern, Kapitalisten und Privatinteressen überlassenen Angebot von Geld" (ebenda, S. 86/87). Das mangelnde Angebot wieder hat seinen Grund darin, daß das Gold gehortet werden kann. Die Eignung des Metallgeldes — Gesell nennt es „Übergeld", „Sonntagsgeld" — zum Sparmittel steht seiner Benutzung als Zahlungsmittel entgegen: „Das Vieh war, als Ware betrachtet, ein schlechtes Tauschmittel (Geld); als Tauschmittel betrachtet, war es besser als das Gold" (ebenda, S. 77). Denn das Vieh unterliegt, wie jedes andere Genußgut, bei längerer Aufbewahrung dem Verderb; nicht so die Edelmetalle, die doch gerade, soweit sie Geld sind, in ständigem Umlauf befindlich sein sollen. Durch ihre

Dauerhaftigkeit wird die Geschwindigkeit des Umlaufs nach Gesells Meinung von dem Belieben des Geldbesitzers abhängig gemacht; es besteht keinerlei aus der Natur des Geldes hervorgehender Zwang, es auszugeben, und so gibt der Besitzer es nicht hin, ohne einen Profit davon zu haben: den Zins. Gesell führt sogar den Zins des Realkapitals teilweise auf das Geld zurück: „Da der Kaufmann die Waren diskontiert, ähnlich wie die Bank die Wechsel, aber selbstverständlich niemand Geld ohne Zins vorschießt oder verleiht, so ist es klar, daß der Kaufmann den Austausch der Waren von einer entsprechenden Zinsvergütung abhängig machen wird. In den Handel wird also keine Ware aufgenommen, die nicht eine Zinsbelastung trägt" (ebenda, S. 247).

1. Schon diese nach der ersten Auflage des Gesellschen Hauptwerkes gegebene Andeutung des erkenntnismäßigen Unterbaues der Freigeldbewegung offenbart grundlegende Irrtümer. In der jüngst erschienenen erheblich veränderten dritten Ausgabe des Buches sind diese nicht etwa beseitigt, nein, sie treten eher noch gröber hervor.

a) Zunächst ist die Gesellsche Geldtheorie als typisch „privatwirtschaftlich" zu bezeichnen. Aus dem engen Gesichtskreis des Kleinkapitalisten, aus spezifisch kleinbürgerlichen Vorstellungen von Markt- und Geldverkehr ist seine Lehre herausgeboren. Wirtschaft: Wechsel von Einnahmen und Ausgaben des Einzelwirts in der Konkurrenzwirtschaft. Ziel des Wirtschaftens: Vermehrung des Geldbesitzes. Weg des Wirtschaftens: Losschlagen der Waren, Aufspeicherung von Geld. Grundnorm: Keine Geldausgabe machen, die nicht mehr Geld, „d. h. Zins", einbringt!

„Alle müssen das, was sie erzeugen, verkaufen. Der Schuster, der Schreiner verkaufen ihre Erzeugnisse an die Kundschaft, der General, der Lehrer verkauft seine Leistungen an den Staat, der Tagelöhner an den Unternehmer... Und den Absatz, den gegenseitigen Austausch der Arbeitsprodukte vermittelt das Geld. Ohne das Dazwischentreten des Geldes gelangt keine Ware mehr bis zum Verbraucher; ...der Tauschhandel ist derart umständlich, ...daß man lieber die Arbeit einstellt (!)" (Wirtschaftsordnung, S. 116). Mithin „erfüllt das Geld seinen Zweck dadurch, daß immer wieder jemand das Geld sucht" (S. 130). Nun ist aber die Geldwirtschaft Konkurrenzwirtschaft, d. h. „wechselseitige Ausbeutung des Nächsten", wo „die Grundsätze des Wuchers auch die des Handels im allgemeinen" und „zwischen Handel und Wucher nur Maßunterschiede, keine Artunterschiede festzustellen sind" (S. 128/129). Anders ausgedrückt: „Das Streben, für eine möglichst geringe Leistung eine möglichst hohe Gegenleistung herauszuholen, — das ist die Kraft, die den Austausch der Produkte leitet und beherrscht" (S. 130). Bei diesem Konkurrenzkampf zieht der Warenverkäufer, der „das Geld sucht", mit Notwendigkeit den kürzeren. Denn „die Ware muß gegen Geld verkauft werden d. h. es besteht für das

Geld eine Zwangsnachfrage, die genau ebenso groß ist wie der Vorrat an Waren" (S. 117); „die Gegenstände, die das Angebot (von Waren) vertreten, verderben; sie werden leichter, schlechter, fallen gegenüber den frischen Erzeugnissen ständig im Preise . . . Das Angebot muß also größer, dringender werden, in demselben Maße, wie etwa der Verkauf, der Absatz stockt" (S. 176/177). In diesem Sinne geht das Angebot der Ware von der Ware aus, nicht vom Eigentümer (!); einen Willen läßt die Ware ihrem Eigentümer nur in seltenen Ausnahmen und dann noch in beschränktem Maße . . . Ob der Preis dem Erzeuger Gewinn oder Verlust bringt — einerlei, die Waren werden angeboten, müssen angeboten werden, und zwar in der Regel sofort. Darum können wir das Angebot von Waren, d. i. die Nachfrage nach Geld, mit der Ware selbst als wesenseins ansehen, sie von menschlichen Handlungen unabhängig erklären" (S. 178/179). Umgekehrt ist das Geldangebot, die Warennachfrage, von solchem Zwange befreit. Aus Gold hergestellt, . . widersteht es siegreich allen Zerstörungskräften der Natur . . . Das Geld, das wir aus Gold machen, schützt seinen Besitzer vor jedem Stoffverlust (!) . . . Der Besitzer des Goldes kann also die Nachfrage nach Waren hinausschieben; er kann seinen Willen geltend machen, . . den Zeitpunkt, wo er das Geld anbietet, auswählen . . . Die Ware befiehlt, duldet keinen Widerspruch, das Gold ist geduldiger Diener seines Herrn. Dort Zwang, hier Freiheit — und beides vereinigt, Zwang auf der einen Seite, Freiheit auf der andern, bestimmt den Preis" (S. 179/180). Das Ergebnis ist: „Unser heutiges Geld vermittelt der Regel nach den Austausch der Waren nur unter der Bedingung eines Tributs. Der Profit, der Tribut, der Zins, oder wie man es nennen mag, ist die allgemeine Voraussetzung des Warenaustausches Ohne Tribut kein Tausch . . . Kann aus irgend einem Grunde das Geld seinen gewohnten Tribut nicht erheben, so bleiben die Waren liegen, sie verderben, verfaulen, vergehen (Krise)" (S. 181).

b) Hierzu kommt dann der Gefühlsmetallismus des „Schatzbildners", der sich von seinen Goldstücken und Talern nicht trennen kann, weil sie doch so schön glänzen und so „vollwichtig" in der Hand liegen.

Bendixen macht sich — in einer humoristischen Randbemerkung zu Knapps „Staatlicher Theorie des Geldes" — über solches „psychisches Wirtschaften" lustig: „Wenn Knapp sich einen Apfel kauft, so nimmt er 10 Pfg. aus seinem Portemonnaie und sagt: Dieses Stück gilt 10 Pfg., und da die Obstfrau 10 Pfg. verlangt, so zahle ich damit meine Schuld. — Welch seelenloses Handeln! Wir schätzen unser Zehnpfennigstück wert, wir haben es lieb, wir lassen nur mit Schmerzen von ihm, wir bringen es leise weinend zum Opfer, nachdem wir das Lustgefühl, den Nickel zu besitzen, mit dem Lustgefühl, den Apfel zu verspeisen, verglichen und das letztere Lustgefühl als überwiegend festgestellt haben. Das ist psychisches Wirtschaften, und das Zehnpfennigstück „gilt" nicht nur, sondern es ist ein Gut, ein Kostengut, denn es ist „kostspielig" und „selten" und sein Wiedererwerb mit Kosten verbunden, so daß es auch „Sparwert" hat (Wesen, S. 71, Anm.).

Bei G e s e l l ist alles das bitterer Ernst: „Ein b l a n k e r Taler, ein entschieden echter Taler, wird in der Woche vielleicht nur zehnmal den Besitzer wechseln, weil mancher sich an seinem Anblick vielleicht längere Zeit weidet und noch einmal überlegt, ehe er ihn ausgibt. Bei einem „v e r s c h l i s - s e n e n" Taler sind diese Hemmungen geringer und bei einem Taler, dessen E c h t h e i t a n g e z w e i f e l t wird, gar nicht vorhanden. Um dieselbe Bahn zu durchlaufen, braucht also ein blanker Taler drei Wochen, ein ver- schlissener zwei Wochen und ein zweifelhafter nur eine Woche. U m d i e g l e i c h e A n z a h l v o n G e s c h ä f t e n a b z u w i c k e l n, b r a u c h t m a n d r e i n e u e, z w e i a l t e u n d n u r e i n e n z w e i f e l h a f t e n. Die Verschleißkraft, die kaufmännische oder handelstechnische Qualität des Geldes steht also im umgekehrten Verhältnis zur banktechnischen Qualität des Geldes. Kaufmännisch betrachtet, ist ein zweifelhafter Taler dreimal besser als ein blanker Taler" (S. 171/172). Kein Wunder darum, wenn Ge- sell glaubt, der „Vorschlag, das Geld mit S c h w e f e l w a s s e r s t o f f zu durchtränken, damit sich jeder beeile, es wieder weiterzugeben", werde eine Erweiterung der „Grenze der möglichen Schnelligkeit des Geldumlaufes" offenbaren (S. 173).

c) Das Ergebnis des soeben geschilderten wirtschaftlichen Denkens und Fühlens ist schließlich Gesells auf die Spitze ge- triebene „W a r e n t h e o r i e":

„Das Geld ist eine völlig selbständige Ware, deren Preis bei jedem Handwechsel, Fall für Fall, neu durch den Handel bestimmt werden muß. Beim Verkauf einer Ware weiß der Empfänger des Geldes nicht, was er nun seinerseits für das Geld erhalten wird. Das muß sich erst durch einen neuen Handel, meist an einem anderen Orte, zu einer anderen Zeit, mit anderen Personen erweisen" (S. 116/117 Anm.). Wie alle Waren einen Preis haben, so soll es auch einen „P r e i s d e s G e l d e s" geben; darunter „versteht man d i e M e n g e W a r e n, d i e m a n „p r e i s g e b e n" m u ß, u m e i n e b e s t i m m t e M e n g e G e l d e i n z u k a u f e n" (S. 152 Anm.).

Der G r u n d f e h l e r der Gesellschen Geldauffassung ist die maßlose Überschätzung der privatwirtschaftlichen Bedeutung des Geldes. Er verkehrt dessen Dienerrolle g r u n d s ä t z l i c h in eine Willkürherrschaft, macht aus dem verkehrstechnischen Hilfsmittel die wichtigste „Ware" und aus dem ursprünglichen Waren Um- tauschmittel zum Gelderwerb.

Heut noch darf man also hier an das anderthalb Jahrhunderte alte Wort David H u m e s erinnern, daß das Geld nur „das Öl sei, welches die Be- wegungen der volkswirtschaftlichen Maschinen geschmeidiger und leichter macht" (Adolf Weber, Banknote, S. 10); oder an S o l v a y s Aus- spruch, nach dem „das Geld ein Werkzeug ist, dem man die Kraft von „Gegenständen" beigelegt hat" (S. 4).

Heute, nach den Wirren und Nöten der letzten sechs Jahre wird von Gesell noch ernstlich behauptet, der Warenbesitzer

müsse seinen Besitz losschlagen, der Geldmann aber könne mit
dem Einkauf beliebig lange warten! Jahrelang schon zahlt, wer
es irgend kann, „Phantasiepreise", um ein Pfund Mehl oder Zucker,
einen Anzugstoff, ein Paar Schuhe überhaupt zu erhalten, reißt
sich um die Dienste der Hausangestellten und Droschkenkutscher
und sucht ängstlich jede sich auf eine Ware des täglichen Bedarfs erstreckende „Beziehung" aufrecht zu erhalten. Umgekehrt
geben die Verkäufer ihre Waren, wenn sie sie überhaupt feil-
bieten, möglichst als „Friedens"- oder wenigstens „Auslandsware"
aus, jedenfalls also räumlich oder zeitlich als „von recht weit her".
Und die Gewerkschaftsführer lehrten Jahrzehnte, daß Vorent-
haltung der Arbeitskraft die Lage der Arbeiter verbessere. Angesichts all dieser unmittelbaren Erfahrungen hat Silvio Gesell
die Kühnheit, zu behaupten, daß den „100000 Arbeiterbataillonen,
. . wenn sie nicht arbeiten, mit jedem Pendelschlag der Uhr ein
Teil ihrer Habe, ihrer Arbeitskraft verloren geht", und daß „der
Bäcker gar seine Ware zum regelrechten Preis nur absetzen kann,
solange die Brötchen noch warm sind" (S. 178). Wogegen „das
einzige, was das Gold vielleicht zu fürchten hat, die Erfindung
eines brauchbaren Papiergeldes wäre; aber selbst gegen solche
Möglichkeit ist der Goldbesitzer dadurch geschützt, daß solches
Papiergeld nur durch den Willen des Volkes zustande kommen
kann, — ein schwerfälliger Feind, der ihm Zeit zur Flucht
läßt" (S. 179)! Dieses Buch ist im Jahre 1919 neu aufgelegt!
    Sicherlich wird „der Besitzer des Goldes nicht von seinem
Eigentum zum Verkauf gedrängt"; wohl aber von seinem Hunger!
Das Gold kann ihm allenfalls als Schmuck dienen, aber es kann
ihn nicht satt machen, nicht wärmen, nicht kleiden. Es kann ihn
nicht „real", sondern nur „zirkulatorisch" befriedigen (Knapp).
Nicht weil er das Geld loswerden, aber weil er Genußgüter erwerben oder seine produktive Tätigkeit aufrecht erhalten muß,
ist der Geldbesitzer ebenso — wo nicht sogar stärker — zum
Kauf genötigt wie der Warenbesitzer zum Verkauf. Wie erklärte
sich sonst die von Gesell selber erwähnte Tatsache (die allein hin-
reicht, sein theoretisches Kartenhaus umzustoßen), daß man in
„Schweden 1916 für 100 Kronen in Papiergeld 105 Kronen in
Gold bezahlt" hat? (S. 120 Anm.; Gesell macht daraus vielleicht
einen Triumph des schlechten, schmutzigen, verrissenen Papiers
über das Gold, das unvergängliche). Nicht einmal der Satz: „Wer
kein Geld hat, kann auch keine Nachfrage nach Waren halten"
(S. 171), hat seine volle Geltung behalten: Kreditverkehr, Natural-

tausch und zwischenstaatliche Wirtschaftsabkommen haben auch diese Wahrheit erheblich eingeschränkt. Was bleibt also noch von der „unzerstörbaren Ware Geld"? Was ist ihr „Preis" in Gesells Begriffswörterbuch anderes als das Spiegelbild der Warenpreise? Der Geldpreis am Geldmarkt hat einen Sinn; aber der Geldpreis am Warenmarkt, der durch die Menge der Waren bezeichnet wird, die eben für die Menge von Geldeinheiten erhältlich sind, die wieder den fraglichen Geldpreis ausmachen, — diese Gedankenverschlingung gemahnt doch stark an die berühmte Katze, die immer im Kreise lief, weil sie hinter ihrem Schwanz herjagte.

2. Gesells praktische Vorschläge entsprechen ganz den Erwartungen, die man nach seinen theoretischen Darlegungen hegen darf. Sein Ziel sieht er darin, daß „auch die Nachfrage eine vom Willen der Geldbesitzer befreite Sache" werde, „daß auch die Besitzer der Tauschmittel es eilig haben sollen" (S. 293) und so „das Geld über Ort und Zeit hinweg ewig denselben Preis erzielt, den es heute hat" (S. 152). Zur Erreichung dieses Zieles hat Gesell zwei Wege angegeben. Das eine Mal fordert er nur eine Reform der Notenausgabe: Ersatz der bisher bestehenden Zentralnotenbank durch ein „Reichsgeldamt", das befugt ist, Geld in jeder nur durch den Zweck begrenzten Menge durch Wechseldiskont, Steuererlaß, Ankauf von Reichsschuldentiteln in den Verkehr zu bringen, andererseits durch Inkasso der fällig werdenden Wechsel sowie durch Steuerzuschläge und Verkauf von Reichsschuldentiteln wieder einzuziehen und zu vernichten (Währungspolitik, S. 65 flg., 72). Die Beurteilung dieses Plans kann man mit der kritischen Betrachtung des anderen Vorschlags verbinden, da dieser nur der Ausbau des ersteren ist: Ersatz der bisher umlaufenden Zahlungsmittel durch das „Freigeld", das „wöchentlich ein Tausendstel an Zahlkraft verliert, und zwar auf Kosten der Inhaber". ·

„Am 1. Januar gilt das Freigeld auf den Märkten, in den Läden, an der Lohnkasse, an allen Staatskassen und vor Gericht 100 Mk. und am 31. Dezember nur noch 95 Mk." (genau 94,80 Mk.); „d. h., will der Inhaber den Zettel am Ende des Jahres dazu benutzen, um 100 Mk. in Wechseln, Rechnungen, Steuerzetteln zu bezahlen, so muß er auf den Zettel noch 5 Mk. zulegen ... Die Mark als Währung ist das Unveränderliche, das Währende, die Grundlage aller Berechnungen; die Mark als Geld" (lies: Zahlungsmittel) „hat nur den Ausgangspunkt mit jener gemein" (Wirtschaftsordnung, S. 248). „Der Empfänger .. sucht nun das Geld immer so schnell wie möglich weiterzugeben; denn behält er es aus Bequemlichkeit bei sich, so muß er .. nach-

zahlen ... So steht der Geldumlauf unter Druck, der es bewirkt, daß j e d e r
i m m e r g l e i c h b a r b e z a h l t, seine Schuld tilgt ... Am Ende
des Jahres werden alle Geldscheine gegen neue umgetauscht ... Durch den
Kursverlust von 5,2% jährlich dürfte die umlaufende Geldmasse um jährlich
200 bis 300 Millionen abnehmen, damit aber daraus kein Geldmangel entsteht,
muß das Währungsamt diese Millionen immer durch neu herzustellendes
Geld jährlich ersetzen. (Dies bedeutet für das Amt also — als unbeabsichtigte
Nebenwirkung der Geldreform — eine regelmäßige Einnahme)" (ebenda,
S. 243/244). Die Aufgaben des „R e i c h s w ä h r u n g s a m t e s" gibt
Gesell dahin an, daß es „G e l d a u s g i b t, wenn solches im Lande
fehlt, und Geld e i n z i e h t, wenn im Lande sich ein Überschuß zeigt,
das ist alles ... Als Richtschnur dient dem Reichsgeldamt die .. Statistik
für die Ermittelung des Durchschnittspreises aller Waren ... Je nachdem
der Durchschnittspreis Neigung nach oben oder nach unten zeigt, wird der
Geldumlauf eingeschränkt oder erweitert. Um die Geldausgabe zu vergrößern, •
übergibt das Reichswährungsamt dem Finanzminister neues Geld, der es
durch einen entsprechenden A b s c h l a g v o n a l l e n S t e u e r n
verausgabt ... Das ist eine einfache Sache, aber noch einfacher wird die
Verminderung des Geldumlaufs sein. Denn da die Gesamtmenge des Geldes
durch den Umlaufsverlust um 5% jährlich abnimmt, so braucht man, um
den Geldbestand zu vermindern, überhaupt nichts zu tun ... Das Reichswährungsamt .. ist also Alleinherrscher sowohl über die Geldherstellung
wie über das Geldangebot" (S. 245/247). Dabei „hat es keine Schalter, nicht
einmal einen Geldschrank ... Es ist nur ein Mann nötig, der das Geld von
der Reichsdruckerei den Staatskassen übergibt, und der das für währungs-
technische Zwecke von den Steuerämtern eingezogene Geld verbrennt. Das
ist die ganze Einrichtung. Eine Presse und ein Ofen. Einfach, billig, wirksam.
Und mit diesem einfachen Apparat wollen wir die schwere Arbeit der Gold-
gräber, die kunstvollen Maschinen der Münzstätten, die Betriebsmittel der
Banken, die aufgeregte Tätigkeit der Reichsbank ersetzen, und zwar so ersetzen, daß n i e m a l s 1 P f e n n i g z u v i e l, n i e m a l s z u w e n i g
u m l a u f e n w i r d. U n d d a s h e u t e, m o r g e n, e w i g, in guten
wie in bösen Tagen" (S. 248). Denn „mit dem Freigeld ist die Nachfrage nicht
mehr vom Geld zu trennen, nicht mehr als eine Willensäußerung seiner
Besitzer zu betrachten ... Börsenstimmung, Wucherspiel, Krach, schwarzer
Freitag, das alles ist fortan für die Nachfrage ohne Einfluß" (S. 252). Ist es
doch jetzt so, daß „d a s G e l d d e n I n h a b e r h e t z t u n d j a g t,
genau wie früher der Erzeuger von seinen Waren gehetzt und gejagt wurde,
bis er sie glücklich an den Mann gebracht hatte" (S. 258).

Alles ist danach im schönsten Fluß, die „Quelle an die Stelle
des starren Wasserbehälters, der Zisterne getreten". Die Verkäufer mit ihren Waren, die Käufer mit den dickgefüllten Brief-
taschen drängen sich am Markt. Keinerlei Sorge, daß das Geld
nicht reichen könne; denn läßt die Nachfrage nach, so gibt der
Staat einfach einen 10%igen Steuererlaß. Verschwunden ist alles
Mißtrauen des Verbrauchers gegenüber dem Händler. Die Waren
gehen reißend ab. Es können gar nicht genug Güter bereitgestellt

werden, so groß ist die Nachfrage. Und doch muß auch wieder
eifrig produziert werden; denn sonst gehen die Preise in die Höhe,
und dann gibt's eine gewaltige Steuererhöhung: „Wenn die Preise
anziehen, so verbrennt das Währungsamt Geld, und was es verbrennt, ist Nachfrage" (S. 251). Wie nun aber, wenn Mißernte
oder Viehseuche die Produktion hintanhält? Dann können nur
entweder die Preise trotzdem tiefgehalten werden, d. h. wer noch
im Besitze von Waren ist, muß sie opfern, — oder bloß die Reichsten,
die trotz hoher Steuern noch Zahlungsfähigen, dürfen mehr als
Käufer auftreten. Die misera plebs hungert. Aber — „die Wirt-
schaftskrisen, die Arbeitslosigkeit haben wir überwunden" (S. 251).
Viererlei F e h l e r sind hier zu vermerken:

a) Bei der Enge seines privatwirtschaftlichen Gesichtskreises
übersieht Gesell anscheinend, daß eine Preissteigerung nicht nur
aus einer zu starken Vermehrung der Umlaufsmittel, sondern auch
aus einer — unverschuldeten oder künstlich herbeigeführten — Verringerung des am Markt verfügbaren W a r e n b e s t a n d e s folgen
kann. Die Gesellsche Preisstatistik kann im besten Fall nur
Preise ermitteln, nicht aber zeigen, ob und in welchem Maße die
Preisverschiebungen im Einzelfalle auf Geld- oder Warenmengen-
veränderungen zurückgehen.

b) Ferner rechnet Gesell auch hier wieder ausschließlich
mit der S p i e ß e r i d e o l o g i e des kleinbürgerlichen Hamsters,
der noch diese Woche möglichst viel einkauft, weil ja Montag
alles wieder ein paar Pfennige teurer ist.

> „Letzten Sonnabend unterhandelte ich eine Stunde lang"— so läßt
> Gesell seinen „Verkäufer" berichten — „mit dem Käufer einer Näh-
> maschine, und der Mann konnte sich nicht entschließen . . . Schließlich
> machte ich ihn auf den baldigen Wochenschluß für den Geldkurs aufmerk-
> sam. Das half; . . er sah nach der Uhr, betrachtete seine Geldbriefe und
> r e c h n e t e a u s , d a ß , wenn er noch länger zögerte, er 10 P f e n n i g
> e i n b ü ß e n w ü r d e. D a l i e ß e r a l l e B e d e n k e n f a l l e n ,
> z a h l t e u n d g i n g" (S. 256).

Man stelle sich hiernach den Betrieb einer Großbank am Samstag kurz vor Geschäftsschluß vor. Wie dort die Zahlungen sich
häufen mögen! Und wenn z. B. die A.-E.-G., welche noch ein
Millionenkreditgeschäft zum alten Wochenkurs telefonisch ab-
schließen will, die Fernleitung nicht mehr rechtzeitig frei bekommt, —
wer haftet dann für den entstandenen Schaden?

c) Gesell ist kein Feind der Sparsamkeit, sondern
nur der privaten Aufspeicherung von Geld. So haben denn

in der Freigeldwirtschaft auch nur die „Privatgeldvorräte" sich selbsttätig aufgelöst, ohne daß deshalb das S p a r e n weggefallen ist:

„Wenn ich jetzt eine Summe Geld erübrigt habe, so mache ich es genau wie früher — ich bringe sie zur Sparkasse, und die Sparkasse schreibt mir die Summe in mein Buch ein. In dieser Beziehung hat sich nichts geändert ... D i e S p a r k a s s e s c h u l d e t m i r s o u n d s o v i e l M a r k d e u t s c h e r R e i c h s w ä h r u n g , n i c h t a b e r d i e Z e t t e l , d i e i c h i h r l i e f e r t e ... Also in Bezug auf die zurückzuerstattende Summe ist alles beim alten geblieben. Aber ich sehe, daß ich j e t z t b e d e u t e n d m e h r s p a r e n kann als früher . ; . Mit erstaunlicher Regelmäßigkeit bringe ich jetzt monatlich meinen Überschuß zur Kasse. Aber wie es mir ergeht, so scheint es allen zu ergehen; denn es herrscht immer ein ganz ungewöhnliches Gedränge an der Kasse. Die Sparkasse hat schon wiederholt den Z i n s f u ß h e r a b - g e s e t z t , .. und es heißt, daß bei Einführung unseres Freigeldes im Weltverkehr der Zins a u f N u l l f a l l e n wird" (S. 272).

Nicht nur keine Verminderung also, sondern sogar noch Erhöhung der Spartätigkeit; Überfluß an Geld, der von Gesell in echt privatwirtschaftlicher Wendung mit Kapitalreichtum verwechselt wird (hierzu oben 2. Kap., IV) und ihm daher auch die Möglichkeit gewährt, den Z i n s „a b z u s c h a f f e n"! Ja, ist denn der Zins hier wirklich abgeschafft? Gerade in Gesells wirtschaftlichem Begriffssystem erscheint er doch einfach als „mehr Geld"; dann ist das „Sparen" in der Freigeldwirtschaft aber ebenso gut zinstragend wie in der heutigen Wirtschaft, und zwar allein schon wegen seiner Gegenwirkung gegen den „Schwund" des Geldes. Die 100 Mk. in der Geldtasche werden innerhalb eines Jahres zu 94 Mk. 80 Pf., verlieren also 5,2%; auf der Sparkasse aber werden immer wieder 100 Mk. voll ausgezahlt; ist d a s e t w a s a n d e r e s a l s e i n e „V e r z i n s u n g" v o n 5,2%?!

Oberdrein hat die Sparkasse ihrerseits den Schwund des bei ihr lagernden Geldes zu tragen; zwar d a r f sie es „zu den gleichen Bedingungen wieder ausgeben", aber „während die Eingänge an der Sparkasse fortgesetzt zunehmen, g e h e n die Gesuche um D a r l e h e n z u r ü c k , weil die Handwerker, Bauern und Unternehmer aus denselben Gründen, die mir das Sparen erleichtern, jetzt mit den eigenen Überschüssen ihren Wirtschaftsbetrieb erweitern können" (S. 273).

So offenbart sich die Sparkasse zuletzt nur noch als staatlich anerkannte Hamsterkammer, — viel sicherer als der häusliche Geldschrank, denn auf sie allein vermag der Sparer den 5%igen Kursverlust abzuwälzen. Die vermeintliche Abschaffung des Zinses besteht also lediglich darin, daß die Sparkasse nicht neben der völlig umsonst gewährten Beihilfe zur Gesetzesumgehung dem Hamster noch ein weiteres Aufgeld auf seine Einlage zahlt. (Nebenbei, wer bezahlt den Sparkassen die ununterbrochenen Ausfälle, die sie durch keine Abwälzung mehr einbringen können? Nur das Reichsgeldamt kann das übernehmen, das somit durch unausgesetzte I n f l a t i o n selber die ganze Freigeldwirtschaft erschüttert!)

d) Das Verblüffendste an der Freigeldwirtschaft sind schließlich Gesells R e c h e n m e t h o d e n. Nachdem er die grundlegende Verpflichtung aller festgestellt hat, „sofort und unter allen Umständen genau soviel zu kaufen, wie wir selbst verkauft haben", gibt er folgende Aufgabe zu lösen:

> „Rechne nach, was geschehen muß, wenn jeder für 100 Mk. Arbeitsprodukte auf den Markt wirft, aber nur für 90 Mk. kauft, also 10 Mk. zu sparen wünscht. Wie kann man diesen Widerspruch lösen und a l l e n Menschen die Möglichkeit geben, zu sparen?" (S. 347).

Durch das Freigeld soll der Widerspruch behoben sein; denn

> „es sagt: willst Du Deine Sachen verkaufen, so kaufe Deinem Nächsten seine Sachen ab. H a s t D u f ü r 100 v e r k a u f t , s o k a u f e a u c h f ü r 100! Wenn alle so handeln, wird j e d e r s e i n v o l l e s E r z e u g n i s v e r k a u f e n u n d s p a r e n können" (S. 275).

Silvio G e s e l l übertrifft sich hier selbst: er spart den Rest der bleibt, wenn man 100 von 100 abzieht! Das freilich ist eine ganz neue „Geldrechnung". Die Frage ist nur, ob überhaupt noch eine. R e c h n u n g. Liegt auch das noch im Plane Gesells, daß die Freigeldwirtschaft unsere einfachsten Vorstellungen von Zahlenverhältnissen umbildet?

> Eine treffende Kritik hat Paul W e r n e r an dem ehemaligen Finanzminister geübt: „Durch die Fabrizierung eines gleitenden Geldwertes will Gesell den Zins und damit die Ausbeutung aus der Welt bringen. Wie gewisse kleinbürgerliche Ökonomen dokterte er an den E r s c h e i n u n g s f o r m e n der kapitalistischen Krankheit herum, ohne ihr Wesen zu treffen. Er wollte das Gleichgewicht in der Welt herbeiführen, indem er die Zunge der Wage festhielt. Er hat nicht Zeit gehabt, diese geistvolle Methode anzuwenden, sonst hätte die Räterepublik einen wunderbaren finanziellen Kladderadatsch erleben können (S. 20). Auch Conrad S c h m i d t äußert sich ähnlich: „Das arme Deutschland mit seinen sich ständig und mehr vermehrenden und entwertenden Papiergeldmassen hätte nach dem Silvioschen Rezept allen Anlaß, sich zu seinem Unglück Glück zu wünschen ... Vielleicht verherrlicht der Verfasser diesen Zustand nächstens als das ersehnte Paradies" (S. 547).

II.

Ein typischer Irrtum verbindet G e s e l l mit den Arbeitsgeldtheoretikern: sie v e r w e c h s e l n W ä h r u n g (Nennwert) u n d K a u fk r a f t! Gesell und alle seine Anhänger, die sich einbilden, eine
„absolute Währung" schaffen zu können (vergl. hierzu namentlich
die so betitelte Schrift von Theodor Christen), sind ihm unterlegen. Grundsätzlich — es handelt sich ja hier immer nur um
das Grundsätzliche, Letztliche — gibt es jedoch bei dieser Frage
eben nur das Entweder-Oder der Gegenpole Verkehrs-(Geld-)
und Verwaltungs-(Natural-)wirtschaft. Wie alle Arbeitsgeldtheoretiker, so schlagen auch die Freigeldmänner das Kompromiß der
„G e l d - V e r w a l t u n g" vor; ein Gedanke, der in dem geplanten
Ausmaß nicht verwirklicht werden kann, weil die Durchführung
von zwei Voraussetzungen abhängt, die grundsätzlich einander
entgegenwirken: der marktmäßigen und der taxatorischen Feststellung des gesellschaftlichen Wertes aller Austauschobjekte, der
freien und der gebundenen Preisbildung. Man glaubt dem Geld
seine verkehrswirtschaftliche Eigenart nehmen, seinen privatwirtschaftlichen Mißbrauch verhindern zu können, indem man die Preise
festlegt; man übersieht aber dabei, daß ein wirtschaftlich einwandfreier Ansatz von Preistaxen erst in einem Stadium erreicht werden
kann, wo nicht nur der falsche, sondern jeder Gebrauch von Geld
sich erübrigt, insofern als dieses nämlich infolge der veränderten
Preisgestaltung zur Naturalanweisung geworden ist. Durch
währungspolitische Maßnahmen die Nutzung der Kaufkraft festlegen oder gar die Marktpreise bestimmen zu wollen, heißt recht
eigentlich das Pferd am Schwanze aufzäumen.

Dies letztere Urteil bezieht sich ebenso wie auf die Freigeldbewegung auch auf die Gesell nahe stehenden G e l d s t e u e r t h e oretiker J o h a n n s e n und H a r b u r g e r.

1. J o h a n n s e n ist Gesell sowohl nach der wissenschaftlichen
Leistung wie in seinen praktischen Vorschlägen bedeutend überlegen.

Die Kritik, die er selbst an G e s e l l s Lehren übt, schlägt in allen
Punkten durch. Er wirft ihm insbesondere die Einseitigkeit in der Beurteilung
der Preisbildung vor: „Als ob die Preise einzig vom Geldvolumen abhingen!
Als ob nicht in ein und demselben Lande scharfe Schwankungen der Indexziffern vorkämen bei fast unverändertem Geldvolumen" (S. 212)! Und praktisch hält Johannsen es für nicht ausgeschlossen, daß die Gesellsche
Freigeldwirtschaft durch „Geldsubstitute, z. B. Schecks für 5 oder 10 Mk.
von renommierten Häusern" durchbrochen wird.

Gemeinsam mit Gesell hat er den Gedanken, durch eine
fortdauernde Entwährung (Devalvierung) die gesellschaftswirt-

schaftlich ungesunde — privaten Nutzen auf Kosten der Gesamtheit bringende — Geldhortung zu beseitigen, mindestens ihr dadurch entgegenzuwirken.

> „Der Spartätigkeit wohnt.. i m m e r die das Volkswohl schädigende Tendenz inne, einen Mangel an Nachfrage und somit Geschäftsstille zu erzeugen. Werden die aus der Spartätigkeit resultierenden Sparfonds in der Expansion veranlagt (also im Aufbau neuen Produktiv- oder Gebrauchskapitals), dann wird diese schädigende Tendenz nicht bloß neutralisiert, sondern in das Gegenteil umgewandelt, und alsdann wirkt der Sparprozeß segensreich ... Werden aber die für die Expansion verfügbaren Sparfonds nicht in der Expansion, sondern in anderer Weise veranlagt" (Johannsen hat vor allem Konsumptivdarlehen im Auge), „dann wird jene schädigende Tendenz nicht länger neutralisiert, und wenn nicht neutralisiert, tritt sie in Kraft. Dann haben wir Depression" (S. 227).

Wahrheit und Irrtum sind hier eng miteinander verquickt. Unter dem Gesichtspunkt der D a u e r wirtschaft ist das Sparen durchaus zu begrüßen, da es die natürliche Güterknappheit ausgleichen, ihren Kreislauf durch die Stadien der Beschaffung, Verwendung, Wiederbeschaffung usw. aufrecht erhalten hilft und somit ein im eigentlichsten Sinne wirtschaftliches Verhalten des Menschen darstellt. V o r ü b e r g e h e n d dagegen, insbesondere in der V e r k e h r s wirtschaft, kann das Sparen, wie Johannsen zutreffend bemerkt, auch hemmend wirken, den Wirtschaftsverkehr verlangsamen. Mit Notwendigkeit braucht aber auch das vorübergehende Noch-nicht-Verwenden von verwendungsbereiten Gütern noch keinen Rückschritt in der Wirtschaft, keine Beeinträchtigung der Versorgung zu bedeuten; am allerwenigsten die Rücklage von G e l d, da dieses ja unmittelbar überhaupt nicht nutzbar wird, sondern erst im Wege des Umtausches. Entscheidend für die wirtschaftliche Bewertung ist daher nicht die Aufspeicherung von Gütern oder Geld als solche, sondern erst die V e r w e n d u n g der Rücklage: ob sie als „vorgetane Arbeit" der Steigerung der gesamtwirtschaftlichen Produktivität dienen oder nur dem Sparer eine privatwirtschaftliche Vorzugsstellung gewähren soll, die ihm „unverdiente Gewinne" auf Kosten anderer Einzelwirte, vielleicht gar zum Schaden der ganzen Wirtschaftsgesellschaft, einträgt. (Die Worte „Kapitalbildung" und „Kapitalisierung" deuten den Unterschied dieser Verwendungsarten an; der Maßstab der ersteren ist die Produktivität, der zweiten nur die privatwirtschaftliche Rentabilität.) Sicherlich ist es nun wirtschaftlich — nicht etwa nur moralisch oder politisch — zweckmäßig, die Bereicherung des einzelnen auf Kosten der Gesamtheit zu unterbinden. Insoweit

kann man Johannsen und allen anderen, die das fordern, vollkommen beipflichten. Die Frage ist nur, ob er nicht ähnlich wie
Gesell die Geldhortung als Quelle dieser „Ausbeutung" ganz
erheblich überschätzt. Und wenn das selbst verneint wird, bleibt
noch zu untersuchen, ob sein Heilmittel nicht den Teufel mit
Beelzebub austreibt, nicht ein größeres Übel das andere ablöst.
Bei Johannsen dürfte namentlich dieses letztere der Fall sein.
Nicht daß seine „Geldsteuer" wie Gesells Freigeld widersinnig
wäre, sich selbst aufhöbe, — die Einwände betreffen nur die zu
befürchtenden nachteiligen Folgen seiner praktischen
Durchführung für den gesamten Wirtschaftsverkehr; diese
Nachteile erscheinen unverhältnismäßig groß neben dem Vorteil,
daß der Geldhamsterei ein Riegel vorgeschoben wird.

Johannsen bezeichnet als die „unter der Geldsteuer statthaften
Zahlmittel..: Erstens: P a p i e r g e l d , aus Marktalerscheinen bestehend"
(der Marktaler ist lediglich eine Rechnungseinheit). „Zweitens: S c h e c k s ,
auf eine Freibank gezogen und auf Neumark lautend" (etwa unseren Geldsurrogaten entsprechend; die Neumark ist gleichbleibende Rechnungseinheit
im Gegensatz zu dem dauernd im Nennwert sinkenden Marktaler). „Drittens:
S c h e i d e m ü n z e , bis zum Betrage eines Marktalers. Viertens: A l t -
g e l d , aus Gold, Silber oder Banknoten bestehend"; dies aber in der Hauptsache „nur gestattet zu Zwecken der Umwechslung bei der Reichsbank und
bei den Goldbanken" (S. 88). Die S t e u e r lastet hauptsächlich auf
der e r s t e n Geldart: „Ein Ein-Marktaler-Schein ist in der ersten Januarwoche eine Reichsmark (oder Neumark) oder 100 Pfennige wert, v e r -
l i e r t a b e r j e d e W o c h e e i n e n P f e n n i g am Werte" — bei
Gesell nur $^1/_{10}$ Pfennig —, „bis gegen Ende des Jahres sein Wert auf
50 Pfennige gefallen ist; dann können zwei alte Scheine zu 50 Pfennigen gegen
einen neuen zu 100 Pfennigen umgetauscht werden, und dieser ist gleichfalls
dem wöchentlichen Wertwechsel unterworfen. Letzterer findet statt in der
Freitagnacht... Eine Summe von 100 Neumark meint also 100 Reichsmark,
aber nicht in Gold zahlbar, sondern in Marktalerscheinen, wobei letztere je
nach dem Datumwert verrechnet werden ... Der wöchentliche Wertverlust
bedeutet (eben)soviel S t e u e r e i n n a h m e für die Regierung. Beträgt
in der ersten Januarwoche der Wertverlust 40 Millionen Mk. auf alles im
Lande kursierende Neugeld, so druckt die Regierung 40 Millionen zuzüg-
liches Neugeld, welches Geld sie zur Bestreitung der laufenden Regierungs-
ausgaben verwenden kann. Für diese zuzüglichen Emissionen von Papiergeld, die sich jede Woche wiederholen, existiert volle Deckung des Metallgeldes" (S. 89/90). Die M e t a l l d e c k e des Geldes rührt daher, daß es
nur in den Mengen ausgegeben wird, in denen Gold in die Reichsbank ein-
geliefert wird: „Zum Zwecke des Umwechselns eröffnet die Regierung G o l d -
b a n k e n (eventl. in Verbindung mit den Postämtern), welche am Samstag-
morgen" — nur zu dieser Zeit, unmittelbar nach dem Kurswechsel — „Gold
auszahlen gegen Hinterlegung von Marktalerscheinen, zu andern Zeiten
aber Marktalerscheine auszahlen gegen Hinterlegung von Altgeld; wobei der

Marktaler stets nach dem Datumkurse verrechnet wird" (S. 89). Also doch
wieder ein Hamsterschutz? werden manche fragen; denn Altgeld und Scheidemünzen machen die Entwährung nicht mit, auch das Bankgeld nur zu einem
Drittel der Papiergeldsteuer: „Drittelsteuer". Johannsen sieht selber,
wieder im Gegensatz zu Gesell, sehr wohl den „Ausweg, daß der Eigentümer, nachdem er die Marktalerscheine gezogen hat, diese am nächsten
Samstag bei der Goldbank in Gold umwechselt. Dann aber müßte er immerhin eine volle Wochensteuer verlieren . . . Der Hauptsache nach verbleibt
das Faktum, daß das Gros des Bankgeldes der Steuer nicht entrinnen kann"
(S. 97).

Das Steuersystem Johannsens ist zweifellos gut organisiert.
Das Hauptbedenken liegt in der hier ganz besonders brennenden
Abwälzungsfrage. Wir haben hier eine Steuer von jährlich
50 % auf tägliches Geld, von $16^2/_3$ % auf Bankgeld! Da das
Bestehen der Konkurrenzwirtschaft, eines freien Wirtschaftsverkehrs von Johannsen angenommen wird, so muß er damit
rechnen, daß jeder Einzelwirt sie, soweit möglich, abzuwälzen versuchen wird. Das Problem der Kalkulation, des privatwirtschaftlichen Preisansatzes, wird nicht mehr nur die allgemeine Kosten-
einbringung, sondern auch noch die Steuerüberwälzung sein. Und
die Lösung der Frage würde einen unerträglichen Druck auf alle
Festbesoldeten, Pensionäre, Rentner bedeuten; denn auf ihnen als
Nur-Konsumenten bleibt die Last ruhen, solange nicht Gehälter und Pensionen von der Entwährung ausgenommen sind.
Johannsens Plan bedeutet übrigens weder unmittelbar
noch mittelbar die Abschaffung des Geldes oder auch
nur einer seiner Funktionen.

2. Im Gegensatz zu der stark metallistisch beeinflußten Auffassung Johannsens — die volle Metalldeckung seiner Noten
ist ihm unerläßliche Voraussetzung — sind Harburgers Ausführungen die Ausgeburt eines radikalen Nominalismus.

Er geht davon aus, daß „jedes Geldsystem nichts ist als ein System
von Maßstäben, ein System von Zahlen, die Gütern, Leistungen nach bestimmten Gesetzen zugeordnet sind" (S. 8). „Wie bei allen Maßsystemen kann man
nun die Einheiten willkürlich wählen bzw. kann man auch die Einheiten wechseln, d. h. in ein anderes Bezugssystem übergehen . . .
Dazu brauchte, wenigstens rein theoretisch, niemand geschädigt zu werden.
Wenn man annehmen würde, daß alle Leistungen der Individuen untereinander sofort nach Festsetzung der neuen Kaufkraft in neuen Kaufeinheiten ent-
richtet würden, so würde gleichwohl die Gemeinschaft (Staat) den Vorteil
davon haben, da sie diejenige ist, die den Modul festgesetzt und das logische
prius hat, gleichsam in diesem sich unaufhörlich drehenden Rad auf der ersten
Speiche sitzt" (!). Den Vorteil, daß sie die erste ist, die in neuer Einheit
bezahlt, kann ihr nichts nehmen; sie selbst definiert ja diese neue Kaufeinheit"

(S. 18/19). Um zu beweisen, daß es „keinen Letzten gibt, an dem der Verlust hängen bliebe" — vgl. das Abwälzungsproblem bei Johannsen —, bildet Harburger eine mathematische Reihe aus dem Zahlenverhältnis der „dazukommenden Ausgaben des Staates" und des „umlaufenden Geldes", indem er die Potenzen dieses Bruches summiert: „Wegen der Unendlichkeit der Reihe wird der Verlust am Schluß unendlich klein und eliminiert sich dadurch, daß die Reihe konvergiert und einen endlichen, noch dazu rationalen Endwert hat" (S. 31).

Daß mit Harburgers mathematischen Spekulationen für die wissenschaftliche Erklärung der Tatsachen und die praktische Wirtschaftsführung nichts gewonnen ist, liegt klar zutage. Er selbst muß zugeben, daß die Voraussetzung seiner Deduktionen, „dieser Schemen „durchschnittliches Individuum" mit dem hier angenommenen Geschäftsgeist, in der Wirklichkeit nie existiert" und „auch das Vakuum, der freie Handel, in der Wirklichkeit nicht rein vorkommt" (S. 82). Was sich aus dieser allgemeinen Einsicht für die praktische Bedeutung seiner Reformvorschläge ergibt, wird indes von Harburger verschwiegen.

9. Kapitel.
Die Abschaffung des Gelddarlehens.

Wie Gesell so sahen wir auch Johannsen gegen die Aufspeicherung des Geldes, die Hortung kämpfen. Indes zeigte sich
ein bemerkenswerter Unterschied der Anschauungen: Gesell läßt
sich die oberflächliche Feststellung, daß die Geldhortung die Nachfrage am Markt verhindere, als wissenschaftliche Grundlage seiner
Reformpläne genügen; Johannsen dagegen geht dem Problem
ernsthaft nach und gelangt zu dem Ergebnis, daß nicht schon das
bloße Nicht-Ausgeben des Geldes, sondern erst die weitere Verwendung ein abschließendes Urteil in dieser Frage erlaubt. Und
zwar müssen da drei Fälle unterschieden werden: die bloße Hortung, das Vergraben des Geldes; die „Veranlagung in der Ex-
pansion", d. h. die Nutzbarmachung zur Förderung der gesellschaftlichen Güterbeschaffung; endlich eine nur auf den privaten
Vorteil der Einzelwirte abgestellte „Kapitalisierung", zumal in der
Form des verzinslichen Darlehens. Diese letzte Verwendung
hält Johannsen vom Standpunkt der Gesellschaft aus, deren wirtschaftliche Interessen hier mit denen des Geldbesitzers in Widerspruch geraten, für besonders schädlich. Über ihn hinaus gehen
in derselben Richtung Proudhon und seine Anhänger, indem sie
die Frage der Geldabschaffung mit dem Problem der Aufhebung des Zinses gleichsetzen. Nicht die Geldzahlungen
sollen aufhören, wohl aber seine darlehnsweise Hingabe; „der Zins
muß sterben!"

1. Die erkenntnismäßige Grundlage dieser Richtung der
Geldreform bildet jene äußerste Überspannung der privatwirtschaftlichen Warentheorie des Geldes, welche Proudhon „in der Mün-
zung des Goldes und des Silbers .. den ersten Akt der Konstituierung der Werte" sehen läßt.

„Die Menschheit geht überall mit unendlicher Stufenfolge zu Werke.
Nachdem sie begriffen hat, daß die Produkte der Arbeit dem Maß und Verhältnis unterworfen werden müssen, um sie alle gleich tauschfähig zu machen,
beginnt sie damit, diesen Charakter absoluter Tauschfähigkeit einem beson-

deren Produkte zu erteilen, das für sie der Typus und das Muster aller anderen werden wird . . . Auri sacra fames! verfluchtes Gold! ruft lustigerweise ein Kommunist aus. Man könnte ebensogut sagen: verfluchter Weizen, verfluchte Weinstöcke, verfluchter Hammel, denn ebenso wie Gold und Silber muß jeder Warenwert zu einer genauen, scharfen Bestimmung gelangen" (I, S. 67). M a r x hat hierauf zur Antwort gegeben. „daß das Beispiel vom Golde als Darstellung des zu seiner Konstituierung gelangten Wertes von Herrn Proudhon nur gewählt wurde, um . . nachzuweisen, daß jede nach ihren Produktionskosten abgeschätzte Ware Geld werden müsse. Alles das wäre schön und gut, bestände nicht der kleine Übelstand, daß gerade Gold und Silber in ihrer Eigenschaft als M ü n z e (als Wertzeichen) von allen Waren die einzigen sind, die n i c h t durch ihre Produktionskosten bestimmt werden; und das ist so sehr richtig, daß sie in der Zirkulation durch Papier ersetzt werden können" (Elend, S. 66).

Die Marxsche Kritik zeigt den letzten Grund auf, warum Proudhons Reformpläne keinen Erfolg haben konnten. Denn aus der hier gerügten Verkennung der Natur des Geldes überhaupt erklärt sich weiter seine Auffassung von S p a r e n und K r e d i t. Die Verwendbarkeit des Geldes im Dienste der Kapitalbildung: als gesellschaftstechnisches Hilfsmittel beim Anhäufen vorgetaner Arbeit, ist Proudhon ganz unbekannt:

„Was die Gesellschaft betrifft, so ist die S p a r k a s s e , die auf der F i k t i o n   v o n   d e r   P r o d u k t i v i t ä t   d e s   K a p i t a l s beruht, der deutlichste Beweis für die verderblichen Wirkungen dieser Funktion. Wenn die Einzahlungen aller Sparkassen auf 1 Milliarde steigen, so macht das zu 3½% 35 Millionen Steuern (!), die zum Budget hinzukommen und auf die Steuerpflichtigen zu verteilen sind . . . Nehmen wir an, der S t a a t ahme die Depositenbank nach und verwahre (!) die seinem Schutze anvertrauten Gelder, ohne sie anzurühren. Nach 20 Jahren wird er mit Zins und Zinseszins zwei Milliarden statt einer schuldig sein. Also am Ende Bankrott, unvermeidlicher Verlust der Hälfte der geschuldeten Summen, ohne irgendeinen Vorteil für den Staat . . . Es leuchtet ein, daß der Staat eine so ungünstige Stellung nicht einnehmen kann. Er muß also, um sich keine zu große Last aufzulegen, die Ersparnisse des Volkes auf den öffentlichen Haushalt verwenden (!); was darauf hinauskommt, die Sparkasse in eine beständige offene A n l e i h e zu verwandeln, mit unaufhörlichen Ein- und Ausgängen, die aber nie gänzlich zurückbezahlt wird . . . Auf Seiten der E i n z a h l e n - d e n ist die Sparkasse ein nicht weniger kräftiges, nicht weniger sicheres Mittel des E l e n d s . . . Man sagt zu dem Armen: Dulde noch mehr, enthalte dich, faste, sei noch ärmer, noch blanker und bloßer; verheirate dich nicht, liebe nicht: damit der Herr ruhig auf Deiner Resignation schlummern und das Hospital dich am letzten Tage ohne Verlust aufnehmen kann, . . . Der p h i l a n t h r o p i s c h e   u n d   e i n g e s t a n d e n e   Z w e c k   d e r S p a r k a s s e ist, dem Arbeiter eine Hilfsquelle in Sicherheit zu bringen wider die Zufälligkeiten, die ihn bedrohen: Teuerung, Krankheit, Feiern, Lohnherabsetzung . . . Der ö k o n o m i s c h e   u n d   g e h e i m e   Z w e c k d e r   S p a r k a s s e ist, vermittelst einer zurückgelegten Summe (!) die

Lebensmittelkrawalle. „Koalitionen und Arbeitseinstellungen zu verhindern, indem man auf das ganze Leben des Arbeiters das Unglück verteilt, das ihn von einem Tage zum andern treffen und in Verzweiflung bringen kann" (II, S. 174flg.)

Proudhon sieht als verblendeter Warentheoriker für das in den Sparkassen angesammelte Geld nur die beiden Möglichkeiten des sofortigen oder künftigen Umtauschs in K o n s u m güter. Unter diesen Umständen ist freilich „Kapital mit anderen Worten Darlehen auf Zins" und die Einsicht in das r e i n wirtschaftliche (Gegensatz: das nur privatkapitalistische, einzelwirtschaftliche) Wesen des Zinses durchaus verschlossen. Für Proudhon bedeuten „immerwährende Fallite, fortdauernder Bankrott das letzte Wort über die Gesellschaft und über den Staat. Sucht keinen anderen Ausweg; die Finanzwissenschaft (!) hat die Tilgungskasse ersonnen und Euch ihren Widerspruch enthüllt" (II, S. 183).

2. Die praktischen Vorschläge Proudhons sind der unmittelbare Ausfluß seiner Geld- und Zinstheorie und nur aus dieser heraus zu verstehen. Nur wer Geld und Kredit, Kapital und Zins ausschließlich mit dem Auge des kapitalistischen Einzelwirts sieht, kann in der Verkehrswirtschaft wie Proudhon „unentgeltlichen Kredit" verlangen. So wie Proudhon die Kreditgewährung auffaßt: als einfaches Gelddarlehen, als bloße zeitweilige Überlassung des Geldbesitzes, so ergibt sich freilich die Möglichkeit, den wechselseitigen Kredit als Tausch zu erklären und nun rückwärtsschließend den Darlehenszins als überflüssig zu bezeichnen. Es ist ja gar kein Zweifel, daß das einzelne Darlehen auch unverzinslich gegeben werden kann, zumal wenn persönliches Vertrauen in die wirtschaftlichen Kräfte des Darlehensnehmers die Risikofurcht überwindet; das gilt indessen für das Gelddarlehen im tatsächlichen Einzelfalle nicht mehr und nicht weniger als für den angeblichen Warenkredit, der ja in Wahrheit nur eine andere Form des Gelddarlehens ist (vgl. oben 3. Kap., III).

a) Widersinnig ist daher schon die Zielsetzung Proudhons, wenn er die „Unentgeltlichkeit des Kredits" fordert, um das G e l d , den „Despoten der Zirkulation, den Tyrann des Handels, das Haupt der kaufmännischen Feudalität, das Symbol des Eigentums, zu vernichten".

„Unter der Herrschaft des Geldes ist der Kredit e i n s e i t i g , d. h. der Inhaber von Geld kann allein Kredit geben, er selbst erhält ihn nicht (!). Nach dem Gesetz der Gegenseitigkeit ist der Kredit im Gegenteil z w e i s e i t i g , indem sich jedermann gegenseitig Kredit gibt von einem Teile seiner Arbeit. Kreditieren unter der monarchischen Herrschaft des

Geldes ist leihen, kreditieren unter der repuklikanischen Herrschaft des wohlfeilen Handels ist tauschen'' (Diehl, Proudhon, II, S. 46/47).

Hier konstruiert Proudhon einen völlig haltlosen Gegensatz zwischen Leihe und Tausch. Der Unterschied liegt keineswegs in der Rolle, die das Geld dabei spielt; sondern in jedem Falle, ob mit oder ohne Geld, ist der Tausch ein Besitzwechsel gegenwärtiger Güter, die Leihe dagegen geschieht im Vertrauen auf die künftige Gegenleistung. Die Eigentümlichkeit der Leihe ist es, daß der (auch stets nur zeitweise) Verzicht auf die hingegebene Gütermenge erst in der Zukunft, nicht wie beim Tausch sofort entgolten wird. Der Darlehensgeber „wartet" in allen Fällen auf die Gegenleistung und „riskiert" sogar vielfach ihr Ausbleiben. Die Leihe auf einen Tausch zurückführen, wie Proudhon will — das heißt: die Zeit als Bedingung des Wirtschaftens, also des tatsächlichen menschlichen Handelns verleugnen.

b) Schon aus diesem Grunde sind auch weiter die Mittel verfehlt, mit denen Proudhon sein Ziel verfolgt: nach seinem Vorschlag soll der „Tauschbon" als „eine Urkunde, namenlos, immer austauschbar und bei Sicht zahlbar, aber nur gegen Waren und Dienstleistungen," in Umlauf gesetzt werden. Dieser Plan würde, soweit er — wegen der dabei vorausgesetzten allgemeinen Hilfsbereitschaft — überhaupt zu verwirklichen ist, zu einem umgekehrten Kapitalismus führen: zur „Ausbeutung der Starken durch die Schwachen" (Kropotkin) — anstatt zu dem von Proudhon erstrebten „Mutualismus", der „Gegenseitigkeitswirtschaft".

c) Ferner bedeutet dieser Tauschbon nichts weniger als eine Abschaffung des Geldes: Proudhon bekundet die naive Auffassung, daß der „bon de circulation weder Papiergeld noch Geldpapier noch ein Staatsbon noch ein Bankbillet" sei, sondern „der verallgemeinerte Wechsel".

Anton Menger wendet dagegen mit Recht ein, daß der Tauschbons „sich nicht wesentlich von uneinlöslichen Bank- oder Staatsnoten mit Zwangskurs unterscheidet; nur sollte eben der gesetzliche Zwangskurs durch eine vertragsmäßige Verpflichtung der Genossen zur Annahme der Bons ersetzt werden" (Recht, S. 74).

Der Wechsel ist ein Geldsurrogat (vgl. oben 3. Kap., II) nur deshalb und so lange, als er zeitlich in bezug auf die Beteiligten und durch gesetzliche Förmlichkeiten der Übertragung und Vorlegung verkehrsmäßig beschränkt ist; fallen diese Einschränkungen fort, wird der Wechsel „verallgemeinert", so ist er eben Geld wie jede Banknote und jedes Goldstück.

d) Endlich geht noch nicht einmal Proudhons Wunsch, den leidigen Zins abzuschaffen, durch seine Tauschbank in Erfüllung; er fällt nur hier nicht dem Darlehensgeber, sondern ausnahmsweise dem Darlehensnehmer zu:

„Der Schneider, der die 20 000 fr. von der Bank zinslos erhalten hat, kann in derselben Zeit mehr und bessere Produkte erzielen als ein Konkurrent, der ohne Kapital oder nur mit geringem Kapital arbeiten muß; in der höheren Einnahme, die dieser Bevorzugte aus dem Verkauf seiner Erzeugnisse erzielt, kommt die Wirkung des Kapitals zum Vorschein; in der Volksbank genießen also nicht die Kreditgeber, sondern die Kreditnehmer die Zinsen . . . Der unentgeltliche Kredit ist nichts weiter als ein Geschenk" (D i e h l , Proudhon, II, S. 227; ebenso G i d e - R i s t , S. 352).

Keines der Proudhonschen Ziele ist also durch Ausführung seiner Vorschläge errreichbar: weder die Abschaffung des Kredits noch des Geldes noch des Zinses. Der Tauschbank-Plan ist auch niemals volle Wirklichkeit geworden: die 1849 von Proudhon ins Leben gerufene „Volksbank" ist nicht über das Gründungsstadium hinausgekommen. Im übrigen war diese Bank keineswegs in Übereinstimmung mit Proudhons theoretischen Ansichten; sie war ein echtes kapitalistisches Bankunternehmen mit 5 Millionen fr. Grundkapital und einer Forderung von 2 % Zinsen für die Darlehensgewährung (vgl. im einzelnen Diehl, ebenda, I, S. 64/67) —, ähnlich den 1829 von Mazel und 1831 von Bonnard in Marseille unternommenen, ebenso bedeutungslos gebliebenen Bankreform-versuchen.

Im Zusammenhang mit Proudhons Gedanken ist auch T u c k e r s Lehre vom „Geldmonopol" und seine Forderung der „G e l d f r e i h e i t" zu erwähnen: „Das In-Verkehr-Setzen von Geld muß so frei sein, wie die Herstellung von Schuhen." Es muß nur gestattet sein, „Banken zur Ausgabe von Papiergeld gegen Verpfändung beliebigen Eigentums zu bilden, wobei . . . die Kunden der Bank sich gegenseitig verpflichten, deren Noten an Stelle von Gold und Silber zum Nennwerte anzunehmen und die Einlösung erst zur bestimmten Verfallzeit gegen Zurückgabe der Noten und Freigabe der Pfänder verlangt werden könnte; alsdann würde unter dem Einfluß der Konkurrenz der K a p i t a l z i n s auf die bloßen Betriebskosten des Bank-geschäfts, d. h. auf viel weniger als 1% herabsinken, da es niemandem einfallen würde, einem Kapitalisten Zins zu zahlen, wenn er von der Bank das Geld zum Ankauf von Betriebsmitteln zinslos erhalten könnte" (Eltzbacher, S. 184/185).

Die Geldmonopol-Theorie klingt auch bei T o l s t o i an: „Geld ist eine neue Form der Sklaverei, die sich von der alten lediglich durch ihre Unpersönlichkeit, durch das Fehlen jeder menschlichen Beziehung zwischen dem Herrn und dem Sklaven unterscheidet" (Eltzbacher, S. 228).

In jüngster Zeit endlich hat Gustav L a n d a u e r den Proud-honschen Lehren, namentlich als Gegengewicht gegen den übermächtigen

Marxismus, neue Geltung zu verschaffen gesucht; seine Darlegungen sind indes, was das Wirtschaftliche angeht, von ebensowenig Sachkenntnis getrübt wie die seines Meisters: „Das Geld hat dadurch seine verhängnisvolle Ausnahmestellung, daß es nur in den Tausch, aber gar nicht in Wahrheit in den Verbrauch eingeht . . . Wird darum in der rechten Tauschwirtschaft, wo sich Produkt nur gegen gleichwertiges Produkt tauschen soll, allerdings ein Zirkulationsmittel nötig sein, das unserem Geld entspricht und wohl auch Geld heißen wird, so wird es doch eine entscheidende Eigenschaft unseres Geldes nicht haben können: die Eigenschaft, a b s o l u t e n W e r t zu haben und auch dem zum Schaden anderer zu dienen, der es nicht durch Arbeit erworben hat . . . Die Schädlichkeit des heutigen Geldes liegt nicht bloß in seiner Verzinslichkeit, also seinem Wachstum (!), sondern schon in seiner Unverbrauchbarkeit (!), also in seinem Bleiben, seinem Nichtgeringerwerden und seinem Nicht-im-Konsum-Verschwinden . . . In der freien Tauschwirtschaft muß . . das Geld, wie jede Ware, den Doppelcharakter des Verbrauches und Tausches tragen" (S. 121/122).

Angesichts solcher Ausführungen kann man nur mit M a r x feststellen, daß es „Herrn Proudhon und seiner Schule vorbehalten blieb, die Degradation des Geldes und die Himmelfahrt der Ware ernsthaft als Kern des Sozialismus zu predigen und damit den Sozialismus in ein elementares Mißverständnis über den notwendigen Zusammenhang zwischen Ware und Geld aufzulösen" (Kritik, S. 73).

Grundsätzlich ist zur Frage der Abschaffung des Gelddarlehens und -zinses also nur wieder darauf zu verweisen, was bereits im ersten Teil dieser Schrift (3. Kapitel, IV) bemerkt wurde: daß weder das Darlehen noch der Zins, weder die Kreditgewährung noch die dafür entrichtete Gegenleistung Sachverhalte sind, mit denen das G e l d in notwendigem Zusammenhang steht. Naturaldarlehen und Naturalzinsen sind theoretisch und praktisch ebensowohl möglich wie die entsprechenden Geldleistungen. Es ist also von vornherein verfehlt, zu glauben, man könne das Geld abschaffen, indem man den Kredit unentgeltlich macht — oder auch umgekehrt den Zins aufheben, indem man das Gelddarlehen aus der Welt schafft. Alle Eingriffe, die bei dieser Verwendung des Geldes ansetzen, sind in bezug auf seine Aufhebung — juristisch gesprochen — Versuche mit untauglichen Mitteln, wo nicht sogar am untauglichen Objekt.

Schluß.

10. Kapitel.
Die Grenzen des Geldes.

I.

Überblicken wir die vorstehenden Ausführungen, um ihr Ergebnis in möglichster Kürze zusammenzufassen, so dürfte das Folgende festzustellen sein:

1. Das Wesen des Geldes wird heute noch vielfach verkannt, und die Irrtümer haben manche verleitet, seine Bedeutung zu über-, aber auch zu unterschätzen. So scheitern gewisse Versuche der Abschaffung des Geldes schon deshalb, weil es ihren Vertretern an Klarheit darüber mangelt, was dem Gelde wesentlich und was nur irgendwie zufällig mit ihm verknüpft ist. Alle diese Lehren und Vorschläge (vgl. oben das 6. bis 9. Kapitel) können bei der zusammenfassenden Würdigung des Hauptproblems unbeachtet bleiben.

2. Die hiernach verbleibenden Theorien der geldlosen Wirtschaft (4. und 5. Kapitel) lassen die G r e n z e n erkennen, die dem G e l d seinem Wesen nach gesetzt sind. Sie stehen insoweit durchaus im Einklang mit der im ersten Teil der Arbeit versuchten Klarstellung der Wesenheiten des Geldes.

3. Andererseits aber haben sich auch im Hinblick auf die g e l d l o s e Wirtschaft gewisse Zweifel nicht unterdrücken lassen: ob die t h e o r e t i s c h   d e n k b a r e n, d. h. keine inneren Widersprüche aufweisenden Naturalwirtschaftstypen auch p r a k t i s c h   d u r c h f ü h r b a r sind. Die Untersuchung der letzteren Frage war hinter der Prüfung der ersteren bisher ausdrücklich zurückgestellt worden, da diese bereits die Ablehnung mehrerer Reformpläne begründete. Nunmehr tritt das Problem der Zweckmäßigkeit, der praktischen Vorzüge und Nachteile der geldlosen Wirtschaft gegenüber der Geldwirtschaft um so schärfer hervor.

Zwei Fragen sind also zu beantworten: nach den Grenzen des Geldes und nach den Grenzen der geldlosen Wirtschaft; in der Fragestellung des Buchtitels sind sie, der Abkürzung wegen, in einem Satz zusammengezogen, nun aber scharf auseinanderzuhalten.

II.

Den tiefsten Wesenskern des G e l d e s fanden wir in seiner Dienerrolle als Vermittler des Marktverkehrs: als Rechen- und Umtauschmittel in der entwickelten Konkurrenzwirtschaft. Da es hiernach grundsätzlich Mittel zum Zweck ist — „Geld ist, was Geldesdienst verrichtet" —, so ist seine B e g r e n z u n g einmal durch eben diesen Zweck gegeben, zum anderen durch seine Zweckmäßigkeit, d. h. seine Eignung, diesen Zweck zu erfüllen. Das Geld würde nicht bloß dann überflüssig werden, wenn der Zweck wegfiele, dem es dient, sondern auch dann, wenn der Zweck in der geldlosen Wirtschaft ebenfalls und mit nicht mehr Aufwendungen erreicht würde.

1. Die nächste Frage also: Was ist der Z w e c k des Geldes? Die Antwort ergibt sich aus der oben im ersten Teil gegebenen Umschreibung des Begriffs: es dient als Generalnenner der gesellschaftswirtschaftlichen Wertschätzungen (Geldrechnung) und als Mittler bei dem allgemeinen Güteraustausch (Geldzahlung) in der Marktwirtschaft. Damit sind ohne weiteres gewisse G r e n z e n gesetzt, allerdings nur nach unten; es sind gewisse Wirtschaftstypen zu benennen, in denen das Geld n o c h keine Rolle spielt. Es ist seinem Wesen nach bezogen und beschränkt

a) auf eine G e s e l l s c h a f t s wirtschaft, d. h. eine Wirtschaftsordnung, in der das Ziel des Wirtschaftens — die Deckung des menschlichen Lebensbedarfs unter Ausgleich der natürlichen Güterknappheit — in einer g e s e l l s c h a f t l i c h e n Organisation erreicht wird: daher ist das Geld in der i s o l i e r t e n W i r t s c h a f t eines Einsiedlers sinnlos;

b) auf eine V e r k e h r s wirtschaft, d. h. auf eine Wirtschaftsordnung, in der die Menschen einzeln oder in Teilverbänden (Familie, juristische Körperschaften) als selbständige „Wirtschafts-personen" in Wechselbeziehung treten: daher hat das Geld auch keine Stätte in der H a u s w i r t s c h a f t, weil hier die „Hauskinder" keine Wirtschaftspersonen sind, sondern im Haushalt versorgt werden (Familie oder Anstalt; die Tatsache, daß einzelne Hausangehörige auch untereinander in Tauschbeziehungen treten fällt nicht mehr unter den Begriff der Hauswirtschaft);

c) auf eine Marktwirtschaft, d. h. eine Wirtschaftsordnung, in der die Güter bei ihrem Kreislauf in den verschiedenen Stadien verschiedenen nicht unmittelbar verbundenen Wirtschaftspersonen zufallen, weil infolge der ausgedehnten Arbeitsteilung jede Wirtschaftsperson als Produzent in einer bestimmten Richtung den Bedarf vieler unbekannter Konsumenten befriedigen kann; wo deshalb im Güterkreislauf zwischen die Beschaffung und die Verwendung noch ein Austausch treten muß, und zwar ein zusammengefaßter Austausch aller Güter gegen alle nach einem einheitlich-gesellschaftlichen Maßstabe der Bewertung: daher kann das Geld selbst in der Kundenwirtschaft noch entbehrt werden, solange die hier bestehenden persönlichen Beziehungen einen unmittelbaren Gütertausch, einen ursprünglichen Naturalverkehr auf Grund der individuell-subjektiven Wertvergleichung der Tauschgegenstände durch die Tauschenden gestatten.

Sehr eindrucksvoll zeichnet Mises den Unterschied der primitiven Wirtschaft, welche das Geld noch nicht benötigt, von der entwickelten Verkehrswirtschaft, die ohne es nicht mehr auskommt: „Die Geldrechnung gibt uns einen Wegweiser durch die erdrückende Fülle der wirtschaftlichen Möglichkeiten. Sie gestattet uns, das Werturteil, das sich in unmittelbarer Evidenz nur an die genußreifen Güter und bestenfalls noch an die Produktivgüter der niedrigsten Güterordnungen knüpft, auf alle Güter höherer Ordnung auszudehnen. Sie macht den Wert rechenbar, sie gibt uns damit erst die Grundlage für alles Wirtschaften mit Gütern höherer Ordnung. Hätten wir sie nicht, dann wäre alles Produzieren mit weitausholenden Prozessen, dann wären alle längeren kapitalistischen Produktionsumwege ein Tappen im Dunkeln ... Nur unter einfachen Verhältnissen vermag die Wirtschaft ohne Geldrechnung auszukommen. In der Enge der geschlossenen Hauswirtschaft, wo der Familienvater das ganze wirtschaftliche Getriebe zu überblicken vermag, kann man die Bedeutung von Veränderungen des Erzeugungsverfahrens auch ohne die Stütze, die sie dem Geist gewährt, mehr oder weniger genau abschätzen. Der Produktionsprozeß wickelt sich hier unter verhältnismäßig geringer Anwendung von Kapital ab. Er schlägt wenig kapitalistische Produktionsumwege ein; was erzeugt wird, sind in der Regel Genußgüter höherer Ordnung. Die Arbeitsteilung ist noch in den allerersten Anfängen; ein und derselbe Arbeiter bewältigt die Arbeit eines ganzen Produktionsverfahrens von seinem Anfang bis zur Vollendung des genußreifen Gutes. Das alles ist in der entwickelten gesellschaftlichen Produktion anders. Es geht nicht an, in den Erfahrungen einer längst überwundenen Zeit einfacher Produktion ein Argument für die Möglichkeit, im Wirtschaften ohne Geldrechnung auszukommen, zu suchen. Denn in den einfachen Verhältnissen der geschlossenen Hauswirtschaft kann man den ganzen Weg vom Beginn des Produktionsprozesses bis zu seiner

Vollendung übersehen und immer beurteilen, ob das eine oder das andere Vorfahren mehr genußreife Güter gibt. Das ist in den unvergleichlich verwickelteren Verhältnissen unserer Wirtschaft nicht mehr möglich" (Wirtschaftsrechnung, S. 97/98).

Ein weiteres noch ergibt sich aus diesen Darlegungen: daß der Z w e c k des Geldes — die Feststellung der gesellschaftlichen Wertschätzungen und die Erleichterung des Austauschs der Sachgüter und menschlichen Dienste — in einer entwickelten gesellschaftlichen Wirtschaft i m m e r besteht, gleichgültig wie die betreffende Gesellschaft wirtschaftlich organisiert ist. Solange die Gesellschaftswirtschaft noch nicht Marktwirtschaft war (in dem oben angedeuteten Sinne, etwa nur Kundenwirtschaft), war der Zweck des Geldes auch noch nicht gegeben; er e r l i s c h t indessen n i c h t dadurch, daß die Gesellschaftswirtschaft, welche erst einmal diese Ausdehnung und Ausgliederung erfahren hat, die F o r m ihrer Organisation verändert, indem sie von der Verkehrs- zur Verwaltungswirtschaft übergeht. Folglich kann eine Begrenzung des Gelddienstes in der entwickelten Gesellschaftswirtschaft, da sie nicht durch Fortfall des Zweckes zu begründen ist, nur dadurch eintreten, daß infolge der organisatorischen Veränderungen das Geld nicht mehr das geeignetste M i t t e l zu diesem Zwecke ist.

2. Die weitere Frage lautet somit: Was begründet die E i g n u n g des Geldes, seinen Zweck zu erfüllen, und welche Umstände behindern es daran? Hier darf man sagen, daß die beiden Funktionen des Geldes sich wechselseitig bedingen: weil die Preise ziffernmäßig in Geld ausgedrückt werden, ist es auch der geeignetste Vermittler der Bezahlung dieser Preise; umgekehrt ist dadurch, daß ein allgemeines Umtauschmittel vorhanden ist, die beste Möglichkeit gegeben, die Preise auf die Einheit dieses Gegenstandes zu beziehen.

Das letztere betont M i s e s besonders: „Zwei Bedingungen sind es, die die Wertrechnung in Geld ermöglichen. Zunächst müssen nicht nur die Güter erster Ordnung, sondern auch die Güter höherer Ordnung, soweit sie von ihr erfaßt werden sollen, im Tauschverkehr stehen. Stünden sie nicht im Tauschverkehr, so würde es nicht zur Bildung von Austauschverhältnissen kommen ... Die zweite Bedingung ist die, daß ein allgemein gebräuchliches T a u s c h m i t t e l , ein Geld in Verwendung steht, das auch im Austausch der Produktionsgüter seine Vermittlerrolle spielt. Wäre dies nicht der Fall, dann wäre es nicht möglich, alle Austauschverhältnisse auf einen einheitlichen Nenner zurückzuführen" (ebenda, S. 97/98).

Damit ist die entscheidende B e g r e n z u n g gegeben, die schon in den voraufgegangenen Kapiteln eine so bedeutsame Rolle spielte:

es geht nicht an, in eine der wesentlichen Funktionen des Geldes einschneidend einzugreifen, ohne es damit zu seinem **gesamten** Dienst unfähig zu machen.

a) Auf der einen Seite darf man nicht eine Funktion des Geldes willkürlich **erweitern**, darf z. B. der Geldrechnung nicht ein Gebiet unterwerfen, das für einen Geldverkehr, überhaupt für Austauschverhältnisse nicht in Frage kommt:

„Die wirtschaftlichen Güter treten . . in die Geldrechnung nur in jenen Mengen ein, die gegen Geld ausgetauscht werden. Jede Erweiterung des Anwendungsgebietes der Geldrechnung führt zu Mißgriffen. Die Geldrechnung versagt, wenn man sie in geschichtlichen Untersuchungen über die Entwicklung der wirtschaftlichen Verhältnisse als Maßstab der Güterwelt zu verwenden sucht, sie versagt, wenn man an ihrer Hand Volksvermögen und Volkseinkommen zu schätzen sucht, wenn man mit ihr den Wert von Gütern berechnen will, die außerhalb des Tauschverkehrs stehen, wie etwa, wenn man die Menschenverluste durch Auswanderung oder durch Kriege in Geld zu berechnen strebt" (ebenda, S. 96/97).

b) Auf der anderen Seite wird der gesamte Geldesdienst gehemmt, wenn eine seiner wesentlichen Funktionen grundsätzlich **eingeschränkt** wird. Hier liegt z. B. der Grund, weshalb **gegen den privatwirtschaftlichen „Mißbrauch" des Geldes in der Konkurrenzwirtschaft** — sei es durch private, sei es durch öffentliche Wirtschaftspersonen — **nichts Durchgreifendes unternommen werden kann**, weshalb auch hier letzten Endes nur die Preisbildung am Markte die Regulierung der Störung veranlassen kann. Und aus demselben Grunde **ist auch die Beschränkung der „Kaufbreite", die Neurath** fordert, und die der Umlaufsfähigkeit des Geldes eine prinzipielle Grenze setzt, als **Dauerzustand undenkbar**. Entweder muß neues Geld das alte ablösen wie seinerzeit Metallgeld das Viehgeld, Papier das Metall, — oder aber (falls dies durch Gelingen der Rationierung, durch Unterbindung eines jeden Hintenherum verhindert wird) die Rückkehr zum primitiven Naturaltausch oder die Fortentwicklung zur Großnaturalwirtschaft ist die notwendige Folge. Soll die Rationierung, mit der die Umwandlung begann, nämlich sinngemäß durchgeführt werden, so bedingt sie eine Bindung der Preisbildung, die Einführung von Naturallöhnen, Naturaldarlehnen, Naturalsteuern usw., wie dies Neurath ganz richtig in Betracht zieht. Unter diesen Umständen ist aber auch die Geldrechnung nicht mehr das geeignete Mittel, die gesellschaftlichen Wertschätzungen zueinander in Beziehung zu setzen.

Es gilt dies alles auch von jeder „sozialistischen" Wirtschaft, d. h. jeder Wirtschaft mit vergesellschafteter Produktion, gleichgültig ob der Konsum grundsätzlich frei ist oder einer die Mitglieder bindenden Regelung unterliegt. In diesem Sinne M i s e s: „Der Tauschverkehr kann sich auch im engen Rahmen, den ihm die sozialistische Gesellschaftsordnung zuweist, vermittelt abspielen. Es ist nicht notwendig, daß er sich immer in den Formen des direkten Tausches abwickelt. Die gleichen Gründe, die auch sonst zur Herausbildung des indirekten Tausches geführt haben, werden ihn auch in der sozialistischen Gesellschaft im Interesse der Tauschenden als vorteilhaft erscheinen lassen. Daraus folgt, daß die sozialistische Gesellschaft auch Raum bietet für die Verwendung eines allgemein gebräuchlichen Tauschmittels, des Geldes. Seine Rolle wird in der sozialistischen Wirtschaft grundsätzlich dieselbe sein wie in der freien Wirtschaft; in beiden ist es der allgemein gebräuchliche Tauschvermittler. Doch die B e d e u t u n g dieser Rolle ist in der auf dem Gemeineigentum an den Produktionsmitteln beruhenden Gesell·schaftsordnung eine a n d e r e als in der auf dem Sondereigentum an den Produktionsmitteln beruhenden. Sie ist hier" (gemeint ist die sozialistische Gesellschaft) „unvergleichlich geringer, weil der Tausch in dieser Gesellschaft eine viel geringere Bedeutung hat, weil er hier überhaupt nur Konsumgüter erfaßt. Da kein Produktivgut im Tauschverkehr umgesetzt wird, wird es unmöglich, Geldpreise der Produktivgüter zu erkennen. Die Rolle, die das Geld in der freien Wirtschaft auf dem Gebiete der Produktionsrechnung spielt, kann es in der sozialistischen Gemeinschaft nicht behalten. D i e W e r t - r e c h n u n g i n G e l d w i r d h i e r u n m ö g l i c h" (ebenda, S. 89/90).

Ähnlich äußert sich S o d a: „Der Geldbegriff steht mit den Voraussetzungen des heutigen Wirtschaftssystems — nämlich der Vertragsfreiheit, der Arbeitsteilung und dem Güteraustausch und Verkehr — in einem so engen Zusammenhang, daß man den einen ohne die anderen und auch umgekehrt logisch gar nicht denken kann" (Wirtschaftsgesetze, S. 81). „Gerade .. der G e l d b e g r i f f stellt das Moment dar, welches d i e V e r k e h r s - w i r t s c h a f t v o n d e r g e s c h l o s s e n e n W i r t s c h a f t g r u n d - s ä t z l i c h u n t e r s c h e i d e t" (ebenda, S. 95).

III.

Um es noch einmal zu wiederholen: Grenzen des Geldes haben sich durch die Organisationsänderung der gesellschaftlichen Wirtschaft nicht insofern ergeben, als etwa sein Zweck nicht unverändert fortbesteht; solange es eine umfassende und stark gegliederte Gesellschaftswirtschaft gibt, bleibt es gleichgültig, ob die Glieder der Wirtschaftsgesellschaft in freien Verkehr miteinander treten, oder ob die Gestaltung der Wirtschaftsführung in der Hand von Verwaltungsorganen liegt, deren Anordnungen die einzelnen Wirtschaftspersonen binden. Anders aber die Eignung des Geldes, seinen Zweck zu e r f ü l l e n: diese schwindet mit der Aufhebung des Wirtschaftsverkehrs, ja schon mit der Vergesellschaftung der Produktionsmittel.

Daraus ergibt sich nun die weitere Frage: wie wird der nach wie vor bestehende Zweck des Geldes in der geldlosen Wirtschaft erreicht? Wie vollzieht sich nun die gesellschaftswirtschaftliche Wertrechnung und Überleitung des Sozialprodukts an die Konsumenten? Hat die geldlose Wirtschaft gleichwertige Mittel an der Hand, um den gesellschaftlichen Güterprozeß im Lauf und in fortlaufender steigender Verbesserung zu erhalten? Hier kommen wir an eine Frage, wo die Meinungen besonders scharf einander widerstreiten.

Einerseits denkt N e u r a t h an eine „Wirtschaftsordnung, in welcher Produktion und Verteilung o h n e Z u g r u n d e l e g u n g e i n e s e i n - h e i t l i c h e n M a ß e s , weder des bisherigen Geldes noch des Arbeitsgeldes noch sonst einer ähnlichen Einrichtung, geregelt werden . . . Die N a - t u r a l e i n k o m m e n könnten in T y p e n g r u p p i e r t werden, welche durch bestimmte Mengen und Qualitäten von Nahrung, Wohnung, Kleidung usw. charakterisiert erscheinen" (Kriegsw., S. 171).

In schärfstem Gegensatz dazu meint L e d e r e r , „für theoretisch orientierte Leser bedarf es keines besonderen Hinweises darauf, daß die von Neurath mit soviel Energie betonte Naturalwirtschaft rationell ohne irgendeine Quantifizierung, also o h n e G e l d (ob nun Gold oder Arbeitsgeld, ist gleichgültig) u n m ö g l i c h ist" (Besprechung, S. 812/813).

Mit der bloßen Behauptung der praktischen Möglichkeit oder Unmöglichkeit einer geldlosen Wirtschaft ist für die Lösung der Frage nicht viel gewonnen. Zwar wird eine voll befriedigende Antwort schon aus Mangel an Erfahrungsstoff nicht zu finden sein, immerhin läßt sich aber wenigstens ein gewisser Einblick in die n o t w e n d i g e n V o r a u s s e t z u n g e n gewinnen, unter denen eine geldlose Gesellschaftswirtschaft praktisch überhaupt Bestand haben kann. Es muß erörtert werden, wie die beiden gesellschaftstechnischen Aufgaben des Geldes — der ziffernmäßig einheitliche Ausdruck sämtlicher individueller Nutzen- und Kostenschätzungen und die Vermittlung des Austausches der Güter- und Dienstleistungen — in einer grundsätzlich auf die Beseitigung des Geldes eingestellten Wirtschaft gelöst werden können, und welche Grenzen diesen Bestrebungen gesetzt sind.

1. Wenn nicht die Zeiten des primitiven Tauschverkehrs wiederkehren sollen, so bedürfen die wirtschaftlichen Wertungen der Menschen auch in der Naturalwirtschaft der gesellschaftlichen Vereinheitlichung. Selbst mit der Annahme, daß alle individuellen Interessengegensätze innerhalb der Gesellschaft verdrängt werden könnten, entfällt nicht die allgemeine naturgegebene Güterknappheit, die gerade erst durch das

gesellschaftliche Wirtschaften ausgeglichen werden soll. Nicht nur in der kapitalistischen, sondern in jeder entwickelten Gesellschaftswirtschaft bestehen — als gesellschaftliche Wesenheit — die Probleme der Arbeitsteilung und -vereinigung, der gesellschaftlichen Vorratsbildung und Gefahrübernahme und der Verteilung der (leiblichen und geistigen) Genußmittel auf die einzelnen Glieder der Gesellschaft. Was sich ändern kann, ist nur die Art, wie diese gesellschaftstechnischen Aufgaben gelöst werden: ob grundsätzlich der einzelne Mensch sein wirtschaftliches Verhalten selbständig bestimmt und als Wirtschaftsperson, als Einzelwirt („Privatwirt") mit den anderen ebenso gestellten Genossen in einen Wirtschaftsverkehr tritt, — oder ob im Prinzip „die Gesellschaft" die alleinige wirtschaftende Persönlichkeit ist und nur ein einziger Wille, der „Kollektivwille" der Gemeinschaft, im Wege der Wirtschaftsverwaltung über die Verhaltungsweisen ihrer Glieder entscheidet. In beiden Fällen bilden den letzten Antrieb der Wirtschaft die Bedürfnisse der einzelnen Menschen, die hinsichtlich der Notwendigkeit ihrer Befriedigung unter dem Gesichtspunkt der Lebenserhaltung abgestuft werden, und deren Sättigung durch die natürliche Güterknappheit gehemmt ist. Aus diesem Tatbestand, welcher die letzte, wirtschaftswissenschaftlich nicht mehr beweisbare Voraussetzung jedes Wirtschaftens überhaupt bildet, folgt mit logischer Notwendigkeit für alle gesellschaftliche Wirtschaft eine natürliche „Interessen-Rivalität" (Schäffle) der Genossen. Und der Unterschied der Verkehrs- und Verwaltungswirtschaft ist nicht etwa darin zu suchen, daß dieser naturgegebene Zustand durch die letztere beseitigt würde, sondern daß der Gegensatz vor-wirtschaftlich bleibt, nicht sich zum Konkurrenzkampf in der Wirtschaft auswächst. Während in der „freien" Verkehrswirtschaft der Streit in dem „Recht des (wirtschaftlich) Stärksten" sein Ende findet, soll in der Verwaltungswirtschaft ein jeder gleichmäßig dem Gemeinwillen unterworfen werden. Wirkt sich die Interessen-Rivalität kapitalistisch im „freien Spiel der Kräfte", d. h. im Gegeneinander des Wirtschaftens aus (man beachte die sprachliche Verwandtschaft von „Tauschen" und „Täuschen", „Handel" und „Händel"!), so will der Sozialismus das durch die „Vergesellschaftung" aller wirtschaftlichen Machtmittel verhindern. Die „soziale Frage" wird dadurch nicht aus der Welt geschafft, sondern nur ihre Lösung aus einer wirtschaftlichen zu einer politischen Aufgabe umgewandelt. Die Gestaltung der Gesellschaftswirtschaft wird auch hier durch die Mannigfaltigkeit der

Strebungen und Fähigkeiten der Genossen bestimmt, nur nicht mehr unmittelbar, sondern auf dem Umwege über den Sozialwillen.

Hieraus ergibt sich — wiederum zwingend, wie mir scheint — die Unhaltbarkeit einer jeden Lehrmeinung, welche die einheitliche Wertung aller Wirtschaftsobjekte (Sachgüter, Natur- und Menschenkräfte) in ihrem Verhältnis zum gesellschaftlichen Gesamtbedarf für irgendeinen Typ der entwickelten Gesellschaftswirtschaft als entbehrlich erachtet. Die Vereinheitlichung der individuellen Wertschätzungen ist schon deshalb eine Notwendigkeit, um über die Interessen-Rivalität der Einzelnen hinweg den Gesamtbedarf der Gesellschaft feststellen zu können. Geldlose Gesellschaftswirtschaft kann nicht Aufhebung der einheitlichen Wertbestimmung bedeuten!

Schäffle gibt eine ausnehmend klare Gegenüberstellung der kapitalistischen und der sozialistischen Bestimmung des gesellschaftlichen Wertes: „Das volkswirtschaftliche Gleichgewicht wird jetzt mit Hilfe regulierender Marktpreisbildung nur sehr unvollkommen und in einer für zahllose Existenzen verderblichen Weise hergestellt . . . Alle müssen einander kostspielig rekognoszieren oder ins Blinde hinein auf den Markt fahren . . . Alle betasten einander mit der Absicht, möglichst viel zu erlangen, völlig gleichgültig dagegen, ob die anderen existieren können oder zugrunde gehen. . . Durch den Marktpreis findet . . wohl schließlich eine gesellschaftliche Gleichgewichtsherstellung zwischen Angebot und Nachfrage statt, aber nicht so, wie es in einem Spiel der Wechselwirkungen zwischen vernunftbegabten und zu gemeinsamer Gesamterhaltung befähigten Wesen stattfinden könnte. Nicht durch gesellschaftliche Vernunft, nicht unter Oberleitung von Organen des Interesses der Gesamtversorgung, sondern durch anarchischen und blinden Druck und Gegendruck der Sonderinteressen wird in der Marktpreisbildung das volkswirtschaftliche Gleichgewicht zwischen Angebot und Nachfrage höchst labil und für den Moment erreicht . . . — Der Sozialismus könnte, wenn er der ganzen Volkswirtschaft einen festen Kern einheitlich anstaltlicher Organisation wirklich schaffen würde, wohl viel Besseres erreichen . . . Alle wären unmittelbar interessiert, daß möglichst reiner Nutzen erreicht würde, die Jagd auf andere als persönlich verdiente Prioritätsrenten wäre unmöglich, die gerechte Regelung aller Tauschäquivalente wäre das allgemeinste Interesse . ., die Tauschwertbildung wäre nicht mehr der Spielball einer millionenfältigen, mit allen Mitteln der List und der Täuschung betriebenen Jagd nach Sondergewinnen . . . — Bei beiden Systemen der Organisation des sozialen Stoffwechsels beherrscht Geistesarbeit die soziale Wertbildung, nur im einen Fall einheitslos aus dem Druck konkurrierender Individualwertbestimmungen heraus, im anderen Fall durch Interessen-Rivalität vor der Instanz sozialer Wertungsorgane" (Bau, III, S. 351 flg.).

2. Die Naturalwirtschaft kann einen einheitlichrechenmäßigen Ausdruck der gesellschaftlichen

W e r t v e r g l e i c h u n g   n i c h t   e n t b e h r é n. Die Verständigung der Glieder der Wirtschaftsgesellschaft über die Gesamtwertung der Wirtschaftsgegenstände erfordert notwendig einen gemeinsamen Ausdruck. Alle wirtschaftlich erheblichen Dinge müssen wechselseitig aufeinander bezogen, ihr Wert an einem gemeinsamen Maßstab festgestellt, Artverschiedenheiten auf Mengenunterschiede zurückgeführt werden. Es mag phantasiemäßig vorstellbar sein, daß die vorhandenen und verbrauchten Mengen der Wirtschaftsgüter (Stoffe und Kräfte) durch eine Universalstatistik im Sinne N e u r a t h s nach Gattung und Art gesondert erfaßt und „ohne Zugrundelegung eines einheitlichen Maßes" durch s p e z i e l l e V e r g l e i c h e bewertet werden. Selbst unter Voraussetzung völlig wahrheitsgetreuer Angaben und außerordentlich rascher Durchführung der Ermittlungen dürfte jedoch diese gesellschaftliche Wertfestsetzung im höchsten Maße unpraktisch sein. Ermöglicht sie doch kaum eine auch nur leidliche Differenzierung der Wertobjekte nach dem wechselnden Verhältnis von Vorrat und Bedarf, vor allem mit Rücksicht auf den Gesamtgütervorrat und den Gesamtbedarf der Gesellschaft. Geldlose Gesellschaftswirtschaft kann also auch nicht Aufhebung der einheitlichen Wertrechnung bedeuten!

Hier liegt das schwerste Bedenken gegen die N e u r a t h sche „Großnaturalwirtschaft". Logisch folgerichtig entwickelt, versagt der Plan gegenüber der praktischen Erwägung, ob eine so umfassende und komplizierte, dazu in manchen Punkten („Lebenslagetypen"!) von vornherein unzulängliche Statistik eine ausreichende Grundlage für den gesellschaftlichen Wirtschaftsplan bilden kann. Gewährt sie — immer unter Annahme schnellster Durchführung und zutreffender Angaben — einen einigermaßen sicheren Überblick über die gesellschaftswirtschaftliche Erheblichkeit der individuellen Bedürfnisse? Ermöglicht sie die Einsicht in die zu ihrer Befriedigung notwendigen Aufwendungen? Läßt sie den jeweils erforderlichen Umfang der Vorratsbildung, die Größe des zu übernehmenden gesellschaftlichen Risikos auch nur annähernd erkennen? Das sind Fragen, die nicht sicher mit Ja oder Nein zu beantworten sind, da die geschichtliche Wirklichkeit uns dazu keine Handhabe bietet, aber die Durchführbarkeit des Neurathschen Planes wird dadurch, daß er auf den Generalnenner der gesellschaftswirtschaftlichen Wertungen verzichtet, sehr zweifelhaft. Es scheint, als ob in diesem Punkte die Vorschläge Neuraths unbedingt einer Ergänzung bedürften (vgl. weiter unten).

Auch M i s e s betont ganz besonders die Schwierigkeit, ja Unmöglichkeit der Wirtschaftsführung ohne einheitliche Wertrechnung: „Man denke an den Bau einer neuen Eisenbahnstrecke. Soll man sie überhaupt bauen, und wenn ja, welche von mehreren denkbaren Strecken soll gebaut werden? In der freien Verkehrs- und Geldwirtschaft vermag man die Rechnung in Geld aufzustellen. Die neue Strecke wird bestimmte Gütersendungen

verbilligen, und man vermag nun zu berechnen, ob diese Verbilligung so groß
ist, daß sie die Ausgaben, die der Bau und der Betrieb der neuen Linie er-
fordert, übersteigt. Das kann nur in Geld berechnet werden. Durch die
Gegenüberstellung von verschiedenartigen Naturalausgaben und Natural-
ersparungen vermag man hier nicht zum Ziele zu kommen. Wenn man
keine Möglichkeit hat, Arbeitsstunden verschiedener qualifizierter Arbeit,
Eisen, Kohle, Baumaterial jeder Art, Maschinen und andere Dinge, die der
Bau und der Betrieb von Eisenbahnen erfordern, auf einen gemeinsamen
Ausdruck zu bringen, dann kann man die Rechnung nicht durchführen.
Die wirtschaftliche Trassierung ist nur möglich, wenn man alle in Betracht
kommenden Güter auf Geld zurückzuführen vermag. Gewiß, die G e l d -
r e c h n u n g hat ihre Unvollkommenheiten und ihre s c h w e r e n M ä n -
g e l , aber wir haben eben n i c h t s B e s s e r e s a n i h r e S t e l l e
zu setzen; für die praktischen Zwecke des Lebens reicht die Geldrechnung
eines gesunden Geldwesens immerhin aus. Verzichten wir auf sie, dann wird
jeder Wirtschaftskalkül schlechthin unmöglich. Die sozialistische Gemeinschaft wird sich freilich zu helfen wissen. Sie wird ein Machtwort sprechen
und sich für oder gegen den geplanten Bau entscheiden. Doch diese Entscheidung wird bestenfalls auf Grund v a g e r S c h ä t z u n g e n erfolgen;
niemals wird sie auf der Grundlage eines g e n a u e n. W e r t k a l k ü l s
aufgebaut sein" (Wirtschaftsrchg., S. 102/103). Die Ausführungen zeigen
treffend den Mangel der N e u r a t h schen Vorschläge. Andererseits über-
treibt M i s e s die Sicherheit des privatkapitalistischen Wertkalküls. Die
Indexziffern und privatwirtschaftlichen Statistiken, auf denen heut zumeist
die Wirtschaftsrechnung der Einzelwirte beruht (und zwar des Privatmannes
so gut wie des Staates), geben vielfach auch nur „vage Schätzungen"
wieder, wofern sie nicht sogar die tatsächlichen Verhältnisse verschleiern
s o l l e n . Trotzdem kann man daraus nicht etwa wieder rückschließend
die Überlegenheit des N e u r a t h schen Planes entnehmen, weil die
Mängel der kapitalistischen Wertrechnung nicht wie bei Neurath
technischer Natur sind, sondern als „ein organischer Fehler des jetzigen
Produktions- und Verteilungs-Rechtes" (Schäfle) erklärt werden
können. Nicht aus der Eigenart des Geldes als Wertausdrucksmittel
folgen sie, sondern . aus dem privatkapitalistischen Mißbrauch seiner Umtauschmittelfunktion.

3. D i e H a u p t b e d e u t u n g d e r N a t u r a l w i r t s c h a f t
l i e g t i n d e r B e s e i t i g u n g d e r G e l d r e c h n u n g d e r
E i n z e l w i r t e u n d d e s E i n f l u s s e s n u r f o r m a l e r
K a u f k r a f t a u f d i e g e s e l l s c h a f t l i c h e W e r t f e s t -
s e t z u n g. Geld- und Verkehrswirtschaft auf der einen, geldlose
und· Verwaltungswirtschaft auf der anderen Seite erwiesen sich
als grundsätzliche Gegensätze; ganze Gruppen von Reformvorschlägen mußten wegen prinzipieller Vermengung der beiden
Typen als widersinnig verworfen werden (Arbeitsgeld und Freigeld,
oben 6. und 8. Kap.). Lehnt man nun auch die Neurathsche
Großnaturalwirtschaft mangels einer einheitlichen gesellschaftlichen

Wertrechnung als praktisch undurchführbar ab, so scheint nichts anderes mehr übrig zu bleiben als eine glatte Verneinung unserer Hauptfrage: der Schluß, daß eine entwickelte Gesellschaftswirtschaft ohne die heutige Geldpreisbildung auf die Dauer unhaltbar sei.

So die Meinung von M i s e s: „In der auf dem Sondereigentum an den Produktionsmitteln beruhenden Wirtschaftsordnung wird die Wertrechnung von allen selbständigen Gliedern der Gesellschaft geführt. Jedermann ist an ihrem Zustandekommen in zweifacher Weise beteiligt, einmal als Verbraucher, das andere Mal als Erzeuger . . . Durch das Zusammenspiel der beiden Wertungsprozesse wird dafür Sorge getragen, daß das wirtschaftliche Prinzip überall, im Verbrauch sowohl als in der Erzeugung, zur Herrschaft gelangt. Es bildet sich jenes genau abgestufte System der Preise heraus, das jedermann in jedem Augenblick gestattet, seinen eigenen Bedarf mit dem Kalkül der Wirtschaftlichkeit in Einklang zu bringen. — Das alles fehlt notwendigerweise im sozialistischen Gemeinwesen. Die Wirtschaftsleitung mag genau wissen, was für Güter sie am dringendsten benötigt. Aber . . die Bewertung der Produktionsmittel muß sie entbehren. Den Wert, der der Gesamtheit der Produktionsmittel zukommt, vermag sie festzustellen. . . . Sie vermag auch zu berechnen, wie groß der Wert eines einzelnen Produktionsmittels ist, wenn sie die Bedeutung des Ausfalles an Bedürfnisbefriedigung berechnet, der durch seinen Wegfall entsteht. Doch sie kann ihn nicht auf einen einheitlichen Preisausdruck zurückführen, wie dies die freie Wirtschaft, in der alle Preise auf einen gemeinsamen Ausdruck in Geld zurückgeführt werden können, vermag. In der sozialistischen Wirtschaft, die . . den Ausdruck der Preise der Produktionsmittel (einschließlich der Arbeit) in Geld unmöglich macht, kann das Geld in der Wirtschaftsrechnung keine Rolle spielen . . . Es scheint nahe zu liegen, . . es auch im sozialistischen Gemeinwesen mit selbständiger Verrechnung der einzelnen Produktionsgruppen zu versuchen. Doch das ist ganz und gar unmöglich. Denn jede selbständige Verrechnung der einzelnen Zweige eines und desselben Unternehmens beruht ausschließlich darauf, daß eben im Marktverkehr für alle Arten von verwendeten Gütern und Arbeiten Marktpreise gebildet werden, die zur Grundlage der Rechnung genommen werden können. Wo der freie Marktverkehr fehlt, gibt es keine Preisbildung; ohne Preisbildung gibt es keine Wirtschaftsrechnung. Man könnte etwa daran denken, zwischen den einzelnen Betriebsgruppen den Austausch zuzulassen, um auf diesem Wege zur Bildung von Austauschverhältnissen (Preisen) zu gelangen und so eine Grundlage für die Wirtschaftsrechnung auch im sozialistischen Gemeinwesen zu schaffen . . . Aber wieder kommt man dabei um den entscheidenden Punkt nicht herum. A u s t a u s c h v e r h ä l t n i s s e d e r P r o d u k t i v - g ü t e r k ö n n e n s i c h n u r a u f d e m B o d e n d e s S o n d e r - e i g e n t u m s a n d e n P r o d u k t i o n s m i t t e l n b i l d e n. Wenn die Kohlengemeinschaft an die Eisengemeinschaft Kohle liefert, kann sich kein Preis bilden, es wäre denn, die beiden Gemeinschaften seien Eigentümer der Produktionsmittel ihrer Betriebe" (Wirtschaftsrchg., S. 101flg.).

Zunächst ist nach den Ausführungen von Mises das eine festzustellen: Die Frage, ob eine ausgedehnte, hochgegliederte

Wirtschaftsgesellschaft ohne einen einheitlichen Zahlenausdruck der gesellschaftlichen Wertungen auskommen kann, tritt weit hinter dem Problem zurück, wie diese Wertungen festzusetzen seien. Die praktische Bedeutung der Geldabschaffung liegt nicht in der Aufhebung der Geldrechnung schlechthin, sondern der Geldrechnung der Einzelwirte! Wie oben schon (4. Kap., III) ausdrücklich bemerkt, hat die Naturalrechnung auch in der heutigen Wirtschaftsrechnung ihre Stelle; nur greift sie hier nicht über den Bereich der Einzelwirtschaft hinaus. Die gesellschaftliche Wertung erscheint in der Marktwirtschaft ausschließlich in Angebot und Nachfrage der Einzelwirte, wobei stets das Angebot von realen Wirtschaftsgütern als Nachfrage nach Geld, die Nachfrage nach Waren und Diensten als Geldangebot auftritt. Durch den ‚Geldschleier" wird die sofortige Feststellung verhindert, ob die geforderten und gezahlten Preise, Löhne, Zinsen auch dem Stande der Gesamtwirtschaft nach gerechtfertigt sind; insofern ist die Marktpreisbildung „anarchisch". Und aus dieser Erkenntnis entspringt nun der Gedanke der naturalen Verwaltungswirtschaft: die gesellschaftliche Wertbestimmung, die heute grundsätzlich in der Hand der Einzelwirte liegt und in der freien Preisbildung vollzogen wird, soll der privaten, im „Geldvermögen" versinnbildlichten Macht entzogen werden. Nicht die nominale Kaufkraft der Einzelwirte soll fernerhin die gesellschaftlichen Wertungen bestimmen, sondern das wirkliche Verhältnis aller Produkte und Produktionsmöglichkeiten zu der Gesamtheit der zu befriedigenden Bedürfnisse. Nicht nur die Leistungen, sondern auch der Bedarf aller Genossen muß dazu der Gesellschaft unmittelbar — „in natura" — bekannt werden; der Gemeinwille, nicht die einzelwirtschaftliche (vielleicht nur vorgebliche) Kaufkraft, entscheidet dann nach dem Stande der Gesamtwirtschaft über die Berücksichtigung der individuellen Bedürfnisse. Ob die gesamten Aufwendungen der Genossen: ihr Arbeiten, Warten, Wagen, mit dem Ergebnis ihres Wirtschaftens — d. h. also der ihnen entgangene Nutzen mit den erreichten Nutzungsmöglichkeiten — auf einen Generalnenner gebracht und in ziffernmäßigen Messungen verglichen wird, ist demgegenüber eine Frage von lediglich verkehrstechnischer Bedeutung; maßgebend ist, daß gesellschaftliche, nicht nur einzelwirtschaftliche Naturalrechnung betrieben und dadurch der störende Einfluß der teilweise immer nur formalen Kaufkraft der Geldbesitzer bei der Festsetzung des gesellschaftswirtschaftlichen Wertes der Güter und Dienstleistungen ausgeschaltet wird. Ist dieses Ziel erreicht, so ist es gleichgültig, was für eine Rechnungseinheit man der Wertvergleichung zugrunde legt; vor allem kommt es darauf an, den Marktpreis grundsätzlich in eine „Sozialtaxe" (Schäffle) umzuwandeln.

Diese Umwandlung ist theoretisch durchaus denkbar, und über ihre praktische Brauchbarkeit kann noch kein einwandfreies Urteil gefällt werden; es läßt sich indes in der heutigen Wirtschaft die ausgesprochene Tendenz feststellen, die Marktpreisbildung durch taxmäßige Feststellungen zu verdrängen (Höchst- und Richtpreise, Lohntarife, Diskontsatz der Zentralnotenbank und ähnliches).

Den Gedanken der Sozialtaxe hat M i s e s in seinem Aufsatz gar nicht ins Auge gefaßt; wie die zuletzt angezogene Stelle zeigt, begnügt er sich mit der Behauptung, daß zu einer Preisbildung — ohne welche wiederum eine Wirtschaftsrechnung und überhaupt eine rationelle Wirtschaft unmöglich sei — das „Sondereigentum an den Produktionsmitteln" die notwendige Voraussetzung bilde. Es ist indessen nicht einzusehen, weshalb der gesellschaftswirtschaftliche Wert der Kohle, welche die Kohlengemeinschaft an die Eisengemeinschaft liefert, nur dann feststellbar sein soll, wenn „die beiden Gemeinschaften Eigentümer der Produktionsmittel ihrer Betriebe" sind. Nach Mises kommt außer der kapitalistischen nur noch die Lösung der Arbeitswerttheorie in Frage, die freilich nicht ausreicht (vgl. oben 6. Kap., III). Die Sozialtaxe, den verhältnismäßig am besten durchdachten Vorschlag in dieser Richtung, erwähnt Mises mit keinem Wort, obwohl S c h ä f f l e bereits eine recht klare Vorstellung davon gegeben hat: „Öffentliche Organe der Produktionsgewerkschaften und Vertreter der Konsumenten (etwa die Lagerbehörden, bei welchen die Bedarfe zum Übergang in den Konsum liegen), müßten zusammentreten, täglich, wöchentlich, monatlich, je nach den besonderen Umständen. Ihnen wäre durch die Zentralstelle der Produktionsbuchhaltungen bekannt, den wievielten Teil der sozialen Arbeitszeit eine bestimmte Menge einer bestimmten Güterart (zu bestimmter Zeit an bestimmte Orte geliefert) kostet. Bei einem den Vorrat übersteigenden Stand und hoher Dringlichkeit der Nachfrage müßte die Taxe höher als der durchschnittliche Arbeitskostensatz angesetzt werden, im umgekehrten Falle niedriger ... Die Taxen müßten nicht für das ganze Land gleich sein, sondern könnten für Orte, welche höhere Kosten verursachen, höher angesetzt und auch aus sonstigen Rücksichten der Gesamterhaltung und Gesamtentwicklung vielfach modifiziert werden. Die Taxorgane würden mit den Produktionszentralstellen behufs Ausdehnung oder Einschränkung der Produktion und mit den Ablieferungsmagazinen behufs der Bekanntmachung der Taxsteigerungen und Taxminderungen zum Zwecke der Anregung von Veränderungen in den Bedarfen in Verkehr treten ... Die Veränderung läge darin, daß, während jetzt jeder Käufer private Wahlinstanz über rivalisierenden Privat gebotcn und jeder Verkäufer private Wahlinstanz über konkurrierenden Privatnachfragen ist, eventuell auch öffentliche Organe der Wertbestimmung auf Grund d e r e i n h e i t l i c h g e s a m m e l t e n T a t s a c h e n d e r B e d a r f s - u n d d e r A r b e i t s r i v a l i t ä t e n auftreten und auf die Ausgleichung zwischen Bedarf und Arbeit in jeder Produktgattung hinwirken würden. Von den heutigen Polizeitaxen unterscheide sich die sozialistische Taxe dadurch, daß sie allgemein auf Grund von Bedarfs- und Arbeitskonkurrenzen normiert würde, nicht bloß ausnahmsweise in Fällen der mangelnden Konkurrenz und der Unmöglichkeit beiderseitig freien Austrages. Nur im Auftreten von öffentlichen Taxinstanzen an Stelle privater Wahlinstanzen käme sie dem Polizeitaxwesen nahe" (Bau, III, S. 154/155).

In seiner neuesten Schrift hat auch N e u r a t h den Gedanken der Sozialtaxe aufgegriffen: „Die Lohnkämpfe der überlieferten Wirtschaftsordnung gehen ihrem Ende entgegen . . . Bald werden die Arbeiterverbände untereinander über die Lohnsätze und Arbeitsbedingungen sich einigen, da ja letzten Endes die besser bezahlten Arbeiter von den schlechter bezahlten erhalten werden. Das Ergebnis wird ein G e n e r a l l o h n s y s t e m sein, in welchem nach Gefahr, Risiko, Annehmlichkeit und Anstrengung der Arbeit, nach Örtlichkeiten und Arbeitsweise, Alter des Arbeitenden usw. alle Löhne und Gehälter, einschließlich jener für Direktoren und Unternehmer, festgelegt werden. Ebenso wie ein Generallohnsystem wird ein G e n e r a l p r e i s - s y s t e m entstehen, da die Werktätigen von vornherein wissen wollen, was ihr Geldlohn, in Naturalien ausgedrückt, bedeutet. Die Verknüpfung des Generallohnsystems mit dem Generalpreissystem bedeutet einen großen Schritt zur Organisation der Naturalversorgung" (Vollsoz., S. 22). Die Sozialtaxe, auf die Neurath hier letzten Endes auch hinauskommen würde, ist in der Tat die notwendige Ergänzung zu seinen früheren Gedanken der Universalstatistik und des einheitlichen Wirtschaftsplans; erst in Verbindung mit der T a x f e s t s e t z u n g durch die gesellschaftlichen Wirtschaftsorgane erhalten Neuraths Vorschläge praktische Bedeutung Überhaupt bedeutet der Gedanke der durchgängigen taxmäßigen Wertbestimmung aller Güter und Dienste den Ausbau alles dessen, was aus den kommunistischen und kollektivistischen Theorien an praktisch bedeutsamen Anregungen entnommen werden kann; hier finden wir unmittelbare und weitgehendste Berücksichtigung der individuellen Bedürfnisse, verbunden mit der Beachtung der natürlichen Knappheit an Menschenkraft und Sachgütern. Nicht nur die „Arbeitskosten", sondern auch die „notwendige Sparsamkeit" und die Risikoverhältnisse sind bei Schäffle in Rechnung gezogen, und vor allem wird neben dem „Kostenwert" auch der „Nutzwert" für den jeweils zu befriedigenden Bedarf nicht vernachlässigt: „Periodisch . ., wie heutzutage die Rate einer großen Bank müßten soziale Taxwerte in Einheiten des einfachen sozialen Arbeitstages für jede Güterart und Qualitätsstufe jeder Güterart festgestellt werden unter Berücksichtigung b e i d e r S e i t e n des wirtschaftlichen Wertes" (Bau, III, S. 347). Daß bei Schäffle der Arbeitstag als Rechnungseinheit erscheint ist keineswegs der Ausfluß einer einseitigen Arbeitsgeldtheorie; das zeigt schon seine Behauptung, man müsse „den veränderlichen N u t z wert der individuellen Arbeitstage innerhalb eines gleitenden Tarifs von Gesellschafts wegen wechselnd taxieren" (ebenda, S. 346; vgl. auch oben 6. Kap., III). Die Sozialtaxe in dem hier beschriebenen Sinne dürfte auch T u g a n bei der Vorstellung von „festen Preisen" und „idealem Geld" vorgeschwebt haben; nur ist bei ihm die Beziehung auf die entsprechenden Einrichtungen der kapitalistischen Verkehrswirtschaft noch zu stark (vgl. oben 6. Kap., I/II).

4. Die Überleitung der Güter an die Verbraucher
geschieht in der Naturalwirtschaft durch unmittelbare
Zuweisung an die zu Versorgenden und durch Verrechnung
der leitenden Stellen, hilfsweise unter Anwendung eines
allgemeinen Umtauschmittels. Wie oben angedeutet, ist es
gleichgültig, welche Art- und Mengeneinheit die rechnerische
Grundlage der gesellschaftlichen Taxfestsetzung bildet, da sie hier
lediglich eine Ausdrucksfunktion ausübt. Von ebenso unterge-
ordneter Bedeutung ist es für eine mit Sozialtaxen arbeitende
Wirtschaftsordnung, ob der durch die Taxfestsetzung geregelte
„Zwischenstoffwechsel" (Schäffle) des Wirtschaftskörpers mit
oder ohne Heranziehung eines allgemeinen Umtauschmittels,
mit oder ohne Veranstaltung von Zahlungen bewältigt
werden kann.

a) In weitgehendem Maße werden die dem einzelnen Genossen
nach dem gesellschaftlichen Versorgungsplane zustehenden Güter
ihm unmittelbar zugewiesen werden können, wobei Buchungen über die gesellschaftlichen Leistungen und die Gegenleistungen
der Wirtschaftsleitung zur Kontrolle dienen. Dieses Verfahren
wird zurzeit in Rußland angewandt, und auch in Österreich und
Deutschland sind neuestens Anregungen zu einer solchen Natural-
entlohnung gegeben worden.

Aus Rußland berichtet Eisenberger im März 1920: „Auf
dem Gebiete der Industrie hat sich gleichfalls die sozialistische Umwertung
aller Werte vollzogen. Nach Industrieverbänden geschieden, hat die Auf-
saugung großer und kleiner Unternehmen eines Berufszweiges durch Zentral-
verwaltungen stattgefunden. Unter unmittelbarer Anlehnung an die Gewerkschaften und in Befolgung der Weisungen des Wirtschaftsrats regeln „Zentro-
metall", „Zentroleder", „Zentrotextil", „Zentrogummi" usw. die Erfassung
und Anfuhr des Rohmaterials an die Verarbeitungsstellen, überwachen dessen
fachgemäße Ausgabe an die einschlägigen Betriebe, kontrollieren und regi-
strieren die Produktion und leiten die Fertigfabrikate weiter an die Konsumgenossenschaften, deren Aufgabe in der Verteilung besteht. Die Mitglied-
schaft der Werktätigen in den Konsumgenossenschaften ist obligatorisch.
Zur Erleichterung des Absatzes sind den Fabriken eigene Konsumfilialen ange-
gliedert. Die Buchhaltung sämtlicher Genossenschaften erstreckt sich auf die
Führung von Personenkonti, deren Abschluß regelrecht zum Löhnungsappell
erfolgt, wobei die Sollposten zur Eintragung in das Arbeitsbuch des Konsumenten gelangen, der es seiner Fabriksleitung zwecks Erhebung des nach
Abzug seiner Warenschuld verbleibenden Lohnes vorweist. Befindet sich
also der Arbeiter im Besitz irgendeiner Anweisung für den Ankauf von Lebensmitteln, Schuhen, Wäsche, Kleidern, Möbeln und dergleichen, so tritt an
Zahlungsstatt ein entsprechender Eintrag unter Preisvermerk in sein Arbeitsbuch, während seine Arbeitsstelle die Kosten bei der Lohnauskehrung in An-

schlag bringt. Auf diese Weise verschwindet das Papiergeld immer mehr aus dem Umlauf. Selbstverständlich ist ohne Anweisungen niemand bezugsberechtigt, da ja sonst die Rationierung nicht eingehalten werden könnte. Das erwähnte Arbeitsbuch bietet jederzeit einwandfreien Aufschluß über die Art der Buchungen, die Höhe der Löhne, sowie die progressiv sich steigernden Verpflegungs- und Ausstattungsanteile. Letztere bewegen sich ganz im Rahmen gleichheitlicher, durch die Endsumme der jeweils zur Verfügung stehenden Produktionsergebnisse begrenzter Zuweisungen pro Person. Jede Vergrößerung der Gesamtausbeute in Industrie und Landwirtschaft spiegelt sich demnach automatisch wieder in der aufwärtsstrebenden Kurve der Lebenshaltung" (S. 5/6).

Für Ö s t e r r e i c h macht L e d e r e r ähnliche Vorschläge; er denkt sich den Naturallohn namentlich unter Heranziehung „sozialisierter bzw. organisierter Produktionen" (mit Hilfe der „Zentralstellen der einzelnen Wirtschaftszweige") verwirklicht, und zwar vermittelst eines Gutschein- und Verrechnungssystems (Wiederaufbau, S. 115flg.). In U n g a r n konnte die Räteregierung ihr Geldsystem neben dem bislang herrschenden nicht behaupten (V a r g o , S. 120flg.).

Endlich wird in D e u t s c h l a n d die naturale Entlohnung mit Rücksicht auf die im letzten Winter so stark gestiegenen Preise als ein Gegengewicht gegen die Teuerung in Betracht gezogen. Bemerkenswert ist in dieser Richtung ein Aufsatz H e i n z P o t t h o f f s in der Mannheimer „Neuen Badischen Landeszeitung" (Morgenausgabe vom 12. April 1920): „Die Millionen der Lohnempfänger und die Millionen der Hausfrauen müssen sich also klar werden, daß wir vor einem Wendepunkte stehen, der die Wirtschaftslage sehr verschlechtern muß, wenn sie ihn nicht zur Verbesserung ausnutzen ... Ablehnung unberechtigt hoher Preise, organisierter Boykott alles wucherisch Verteuerten ... Konsumentenstreik! ... Geschieht das nicht, dann bleibt nur noch ein letzter Ausweg: Rückkehr zur Naturalwirtschaft. Die Millionen der Lohn- und Gehaltsempfänger müssen unabhängig werden vom Schwanken des Geldes in seiner Kaufkraft ... Beamte, Angestellte und Arbeiter erhalten die wichtigsten Lebensmittel, Kleidungsstücke, vielleicht auch die Wohnung von den Arbeitgebern in Natur geliefert und zu einem festen Satze auf den Lohn angerechnet ... Die Fachverbände der einzelnen Industriegruppen können einen Austauschverkehr vereinbaren ... Die Arbeitnehmer können selbst an der Durchführung des Planes teilnehmen. Betriebsräte, Arbeitsgemeinschaften, Konsumvereine müssen herangezogen werden; nur im Zusammenwirken der Arbeitnehmer mit den Arbeitgebern läßt der Gedanke sich verwirklichen."

b) Für den Fall, daß die naturale Zuweisung der Anteile zu umständlich werden sollte (freie Berufe!), könnten auch körperliche Zahlungsmittel angegeben werden; diese würden indes nur hilfsweise und vorübergehend gelten und vor allem stets in der „Kaufbreite" beschränkt sein: das „allgemeine Umtauschmittel" wäre selbst hier noch auf eine kurzfristige N a t u r a l a n w e i s u n g zurückgeführt. Der etwaige Güteraustausch mit dem Auslande könnte im naturalen K o m p e n s a t i o n s v e r k e h r bewältigt werden; Gold oder ähnlich dauerhafte Güter könnten daneben als „Spitzenausgleich" verwandt werden.

Die Einzelheiten hierüber vergleiche oben 4. Kap., II/IV. Ferner finden wir auch in dieser Frage bei S c h ä f f l e sehr klare Vorstellungen: „Nach Gewerkschaften und Bezirken gegliedert, könnte jede gesellschaftliche Produktionsanstalt ihre Gesamtarbeit unter Kontrolle besonderer Organe der Gesellschaft buchen. Alle Arbeitsguthaben könnten in Gewerkschafts- und Provinzial-, endlich in Zentral-Buchhaltung zusammengezogen werden. Die Summe aller Arbeitstage könnte also annähernd präliminiert, daraufhin Arbeitsleistungs-Zeitgeld ausgegeben und durch Liquidation bei den gesellschaftlichen Gütermagazinen wieder eingezogen werden ... Der Verkehr mit dem Ausland könnte natural bzw. durch öffentliche Edelmetallreserven vollzogen werden. Die Privatleistungen, welche nicht öffentlich organisiert wären, könnten von jedem Teilhaber der Kollektivproduktion durch Abtretung eines Teils seiner Arbeitszertifikate, die ja zugleich Bezugsanweisungen wären, vergolten werden, wie heute öffentliche (der Gesellschaft geleistete) Arbeit umgekehrt durch hartes Geld bezahlt wird" (Bau, III, S. 340).

Das Entscheidende ist auch hier wieder nicht die technische Gestaltung des Umtauschmittels — sein Stoff, seine Stückelung —, sondern die Eigenschaften. welche es von dem bisherigen Geld unterscheiden: vor allem, daß es niemals nur formale, vorgebliche Kaufkraft verkörpert, sondern stets der gesamte Gütervorrat der Gesellschaftswirtschaft dahinter steht.

S c h ä f f l e drückt dies so aus: „Die Zu- und Abnahme der E r - w e r b s m ä c h t i g k e i t („Kaufkraft") würde genau und allgemein im Maße der zunehmenden und abnehmenden Produktivität der Nationalarbeit stattfinden. Es wäre in ihm ein ideales Mittel für Ausgleichung der Störungen und für gerechtere Regelung vieler Veränderungen im standard of life gegeben. Die Gutschreibungen für die Zukunft und Guthaben aus der Vergangenheit, welche für individuelle Bedarfe in sozialen Versicherungs-, Versorgungs- und Gegenseitigkeits-Anstalten nun ohne das Mittel spekulativen Bankbetriebs stattfinden könnten, hätten hieran offenbar keine üble Basis ... Die A b - n a h m e d e r K a u f k r a f t des Arbeitstages fiele a u f a l l e g l e i c h - m ä ß i g und würde allgemein zu Erfindungen, zur Vorsicht im Eheschluß, zur Kolonisation und anderen abweichenden und ausweichenden Anpassungen anregen" (ebenda, S. 339).

IV.

In den angegebenen vier Leitsätzen (oben III) ist die gedrängte Darlegung der praktischen Bedeutung und Begrenzung der geldlosen Wirtschaft versucht worden. Wie auch in der heutigen Geldwirtschaft (oben 2. Kapitel) „die historische Wirklichkeit immer nur als Herabsetzung des reinen Geldbegriffes auf-

tritt" (Simmel), so zeigt sich das Zukunftsbild gleichfalls mit
starken „Erdenresten" behaftet. Die Praxis des täglichen Lebens
verwirklicht niemals die reinen Wesenheiten der Typen; diese sind
hier stets umkleidet von „Akzidentellem", von einer Unzahl „Mit-
gegebenheiten" (Husserl). Galt es, im Verlauf der Arbeit zunächst die typischen Gegensätze von Geldwirtschaft und geldloser
Wirtschaft festzustellen, so kann und muß nunmehr auf die fließen-
den Übergänge hingewiesen werden. Beides ist für die ab-
schließende Beantwortung unserer Hauptfrage gleich wichtig;
denn je nach dem Gesichtspunkt der Betrachtung wird die Antwort verschieden ausfallen.

Kann das Geld abgeschafft werden? Nur in mehrere Sätze
zerlegt, läßt sich auf diese Frage eine einigermaßen zufrieden-
stellende Antwort erteilen:

1. Bei nur theoretischer Untersuchung ihrer grundsätzlichen
Eigenart erkennen wir die Geldwirtschaft und die geldlose Wirt-
schaft (Naturalwirtschaft) als zwei selbständige, gegensätzliche
Typen von Wirtschaftsordnungen: jene als Verkehrs-, diese als
Verwaltungswirtschaft.

Auf ihre praktische Verwirklichung hin betrachtet, erweisen
sie sich jedoch durch gewisse Übergänge verknüpft: Geldverwaltung
in der Verkehrswirtschaft (Notenmonopol, Diskontpolitik), Naturalverkehr in der Verwaltungswirtschaft (teilweiser Austausch der
zugewiesenen Güter unter den Genossen).

2. Keinesfalls kann das Geld schlechthin abgeschafft, d. h.
mit einem Schlage durch Vereinbarung oder obrigkeitliche Anordnung beseitigt werden. Höchstens kann es „durch die Aufhebung des Warencharakters der Arbeitsprodukte, weil überflüssig,
in Wegfall kommen" (Bebel). Eine lange Entwicklungszeit
würde dazu erforderlich sein, und gewisse Reste des alten Zu-
standes dürften auch nach deren Ablauf noch verbleiben.

„Selbstverständlich denken wir n i c h t daran, daß diese Ordnung
ü b e r N a c h t an Stelle der Marktpreisbildung treten und jemals zu
a u s s c h l i e ß e n d e r Geltung gelangen könne. Nur eine langsame
Arbeit der Geschichte kann im Weg der vervollkommnenden Auslese einst
dahin führen. Und auch dann würde die privatwirtschaftliche Tauschwertbildung für einen Teil der Bedürfnisbefriedigungen übrig bleiben, für persönliche Dienste, Flickarbeit, naturgemäß kleinwirtschaftliche Betriebe.
Auch wenn die Geldwirtschaft in der Hauptsache durch den Sozialismus
verdrängt wäre, würde nichts hindern, ihre guten und brauchbaren Reste
diesem letzteren anzufügen" (S c h ä f f l e , Bau, III, S. 356).

3. Nicht mit Sicherheit festzustellen ist, ob die gegenwärtig in Ost- und Mitteleuropa bemerkbare Neigung zur Ausbreitung der Naturalwirtschaft sich weiter verstärken oder wieder abflauen wird. Es ist auch nicht Sache der wissenschaftlichen Erörterung, die zukünftige wirtschaftliche Entwicklung vorauszusagen; ihre Aufgabe ist lediglich die Erforschung und begründende Erklärung geschichtlicher oder phantasiemäßig vorgestellter Tatbestände und ihrer Veränderungen.

Erläuterung der bei den Anführungen im Text ge- -brauchten Abkürzungen.

I. Philosophische und allgemein-wirtschaftswissenschaftliche Literatur.

A m o n n , Objekt und Grundbegriffe der theoretischen Nationalökonomie. X. Bd., 1. Heft der Wiener Staatswissenschaftlichen Studien. Wien 1911.

B ö h m - B a w e r k , Kapital und Kapitalzins. 2. Abt.: Positive Theorie des Kapitals. Innsbruck 1889.

B ü c h e r , Die Entstehung der Volkswirtschaft. Vorträge und Aufsätze. 1. Sammlung in 10., 2. Sammlung in 1. Aufl. Tübingen 1917 bzw. 1919.

C a s s e l , Sozialökonomie: Theoretische Sozialökonomie. Leipzig 1918.

C o h n , A r t h u r W o l f g a n g , Wirtschaftslehre oder Sozialwissenschaft? voraussichtlich Archiv für Sozialwissenschaft und Sozialpolitik, XLVII. Bd., 3. Heft.

D i e t z e l , Sozialökonomik: Lehr- und Handbuch der politischen Ökonomie, herausgeg. von W a g n e r , II. Hauptabt.: Theoretische Sozialökonomik. Leipzig 1895.

E f f e r t z , Arbeit und Boden. Neue wohlfeile Ausgabe. Berlin 1897.

G i d e - R i s t , Geschichte der volkswirtschaftlichen Lehrmeinungen. Deutsche Ausgabe, herausgeg. von O p p e n h e i m e r . Jena 1913.

H i l d e b r a n d , D i e t r i c h , Die Idee der sittlichen Handlung. Jahrbuch für Philosophie und phänomenologische Forschung. III. Band. Halle 1916.

H u s s e r l , Ideen: Ideen zu einer reinen Phänomenologie und phänomenologischen Philosophie. Jahrbuch für Philosophie und phänomenologische Forschung, I. Bd., 1. Teil. Halle 1913.

—, Untersuchungen: Logische Untersuchungen, I. Bd. 2. Aufl. Halle 1913.

K r e p o t k i n , Hilfe: Gegenseitige Hilfe in der Tier- und Menschenwelt. Deutsche Volksausgabe, herausgeg. von L a n d a u e r . 6.—10. Tausend. Leipzig 1910.

L i e f m a n n , Grundsätze: Grundsätze der Volkswirtschaftslehre, I. Bd.: Grundlagen der Wirtschaft. Stuttgart 1917.

M a r x , Kapital: Das Kapital, Kritik der politischen Ökonomie, I. Bd., 2. Aufl. Hamburg 1872.

O p p e n h e i m e r , Theorie der reinen und politischen Ökonomie. 3. Aufl. Berlin 1919.

P h i l i p p o v i c h , Grundriß der politischen Ökonomie, I. Bd.: Allgemeine Volkswirtschaftslehre. 12. Aufl. Tübingen 1918.

R o d b e r t u s , Schriften: Schriften, I. Bd: Das Kapital. Neue wohlfeile Ausgabe, herausgeg. von W a g n e r und K o z a k . Berlin 1899.

S c h ä f f l e , Bau: Bau und Leben des sozialen Körpers, III. Bd. Neue, zum Teil umgearbeitete Ausgabe. Tübingen 1881.

S c h e l e r , Der Formalismus in der Ethik und die materiale Wertethik. Jahrbuch für Philosophie und phänomenologische Forschung, I. Bd., 1. Teil, u. II. Bd. Halle 1913 bzw. 1916.

S c h u m p e t e r , Theorie: Theorie der wirtschaftlichen Entwicklung. Leipzig 1912.

S o d a , Gesetze: Die logische Natur der Wirtschaftsgesetze. Heft 17 der Tübinger staatswissenschaftlichen Abhandlungen. Stuttgart 1911.

S p a n n , Fundament der Volkswirtschaftslehre. Jena 1918.

U n r u h , Zur Biologie der Sozialwissenschaft. Leipzig 1914.

W e b e r , A d o l f , Volkswirtschaftslehre: Die Aufgaben der Volkswirtschaftslehre als Wissenschaft. Tübingen 1909.

W i e s e r , Theorie der gesellschaftlichen Wirtschaft. Grundriß der Sozialökonomik, herausgeg. von M a x W e b e r u. a., I. Abt.: Wirtschaft und Wirtschaftswissenschaft. Tübingen 1914.

II. Spezialliteratur über Geldwesen und Sozialismus.

a) Bücher und Schriften.

A d l e r , G e o r g , Rodbertus, der Begründer des wissenschaftlichen Sozialismus. Leipzig 1884.

B e b e l , Die Frau und der Sozialismus. 50. Aufl. Stuttgart 1910.

B e c k e r a t h , Kapitalmarkt und Geldmarkt. Jena 1916.

B e l l a m y , Ein Rückblick aus dem Jahre 2000 auf 1887. Deutsche Ausgabe. Bd. 2661/2662a der Universalbibliothek Reclam. Leipzig.

B e n d i x e n , Inflationsproblem: Das Inflationsproblem. Heft 31 der Finanzwirtschaftlichen Streitfragen. Stuttgart 1917.

—, Währungspolitik: Währungspolitik und Geldtheorie im Lichte des Weltkriegs. 2. Aufl. München und Leipzig 1919.

—, Wesen: Das Wesen des Geldes. 2. Aufl. München u. Leipzig. 1918.

B o u r g u i n , Die sozialistischen Systeme und die wirtschaftliche Entwicklung. Deutsche Ausgabe. Tübingen 1906.

B u c h a r i n , Das Programm der Kommunisten (Bolschewiki). Essen 1919.

C a b e t , Voyage en Icarie. 5. Aufl. Paris 1848.

C a s s e l , Weltwirtschaft: Weltwirtschaft und Geldverkehr unter besonderer Berücksichtigung des Valutaproblems. 7. Heft der Schriftenreihe Das neue Reich. Gotha 1920.

C h r i s t e n , Die absolute Währung des Geldes. Sontra (Hessen).

D a l b e r g , Die Entwertung des Geldes. Berlin 1918.

D i e h l , Fragen: Über Fragen des Geldwesens und der Valuta während des Krieges und nach dem Kriege. Jena 1918.

—, Proudhon: P. J. Proudhon, seine Lehre und sein Leben. 2. Abt. Jena 1890.

D.i e t z e l , Rodbertus: Karl Rodbertus. 2. Aufl. Jena 1886/88.

E l t z b a c h e r , Der Anarchismus. Berlin 1900.

E n g e l s , Herrn Eugen Dührings Umwälzung der Wissenschaft. 3. Aufl. Stuttgart 1894.

F i s h e r , Die Kaufkraft des Geldes. Deutsche Ausgabe. Berlin 1916.

G e s e l l , Verwirklichung: Die Verwirklichung des Rechts auf den vollen Arbeitsertrag durch die Geld- und Bodenreform. Leipzig 1906.

—, Wirtschaftsordnung: Die natürliche Wirtschaftsordnung. 3. Aufl. Berlin 1919.

— und F r a n k f u r t h: Aktive Währungspolitik. Leipzig 1919.

'G r a v e , L'anarchie, son but et ses moyens. 3. Aufl. Paris 1899.

G r u n t z e l , Der Geldwert. Heft 57 der Finanz- und Volkswirtschaftlichen Zeitfragen. Stuttgart 1919.

H a c k s , Was will der Sozialismus? Breslau 1918.

H a h n , Von der Kriegs- zur Friedenswährung. Ergänzungsheft XIV des Archivs für Sozialwissenschaft und Sozialpolitik. Tübingen 1918.

H a r b u r g e r , Der Staat ohne Steuern. Wissenschaftliche Ausgabe. München 1919.

H e l f f e r i c h , Geld und Banken, 1. Teil: Das Geld. 4. Aufl. Leipzig 1919.

H e y n , Irrtümer: Irrtümer auf dem Gebiete des Geldwesens. Berlin 1900.

H i l d e b r a n d , R i c h a r d , Über das Wesen des Geldes. Jena 1914.

H o f f m a n n , Kritische Dogmengeschichte der Geldwerttheorien. Leipzig 1907.

J o h a n n s e n , Die Steuer der Zukunft. Berlin 1913.

K a u t s k y , Erfurter Programm: Das Erfurter Programm, in seinem grundsätzlichen Teile erläutert. 13. Aufl. Stuttgart 1919.

—, Revolution: Die soziale Revolution. 3. Aufl. Berlin.

K n a p p , Staatliche Theorie des Geldes. 2. Aufl. München 1917.

K n i e s , Geld und Kredit, 1. Abt.: Das Geld. 2. Aufl. Berlin 1885.

K r o p o t k i n , Brot: Die Eroberung des Brotes. Deutsche Ausgabe. Berlin 1919.

L a n d a u e r , Aufruf zum Sozialismus. 2. Aufl. Berlin 1919.

L e d e r e r , Wiederaufbau: Deutschlands Wiederaufbau und weltwirtschaftliche Neueingliederung durch Sozialisierung. Tübingen 1920.

L e n i n , Staat: Staat und Revolution. Berlin 1918.

L i e f m a n n , Geld: Geld und Gold. Ökonomische Theorie des Geldes. Stuttgart 1916.

M a r e n z i , Zur Erkenntnistheorie vom Gelde. Budapest 1918.

M a r x , Kritik: Zur Kritik der politischen Ökonomie. 4. Aufl. Stuttgart 1919.

—, Elend: Das Elend der Philosophie. 6. Aufl. Stuttgart 1919.

M e n g e r , A n t o n , Recht: Das Recht auf den vollen Arbeitsertrag. 4. Aufl. Stuttgart 1910.

—, Staatslehre: Neue Staatslehre. Volksausgabe Jena 1903.

M i s e s , Theorie: Theorie des Geldes und der Umlaufsmittel. München 1912.

M o l l , Geldtheorien: Die modernen Geldtheorien und die Politik der Reichsbank. Heft 45 der Finanz- und Volkswirtschaftlichen Zeitfragen. Stuttgart 1917.

—, Logik: Die Logik des Geldes. München 1916.

M u c k l e : Die großen Sozialisten. 2 Bände der Sammlung Aus Natur und Geisteswelt (269/70). 3. Aufl. Leipzig 1919.

N e u r a t h , Vollsozialisierung: Vollsozialisierung. Heft 13 der Schriftenreihe Deutsche Gemeinwirtschaft. 1.—4. Tausend. Jena 1920.

O w e n , Eine neue Auffassung von der Gesellschaft. Deutsche Ausgabe, herausgeg. von C o l l m a n n . Leipzig 1900.

P e t r y , Der soziale Gehalt der Marxschen Werttheorie. Jena 1916.

—, Programm der Kommunistischen Partei Rußlands (Bolschewiki), angenommen auf dem 8. Parteikongreß am 18.—23. Mai 1919. Leipzig 1920.

P r o u d h o n , Philosophie der Staatsökonomie oder Notwendigkeit des Elends. Deutsche Ausgabe, herausgeg. von G r ü n . Darmstadt 1847.

R a t h e n a u , W a l t h e r , Die neue Wirtschaft. 31.—40 Tausend. Berlin 1918.

R e c h t , Der Zukunftsstaat. Frankfurt a. M. 1918.

R e c l u s , L'evolution, la révolution et l'idéal anarchique. 3. Aufl. Paris 1888.
R o d h̩ e r t u s , Briefe: Briefe und sozialpolitische Aufsätze, herausgeg. von
Meyer, II. Bd. Berlin 1880.
—, Erkenntnis: Zur Erkenntnis unserer staatswissenschattlichen Zustände. Neu-
brandenburg und Friedland 1842.
S c h ä f f l e , Sozialismus: Quintessenz des Sozialismus. 4. Aufl. (5. Abdruck.)
.Gotha 1878.
S i m m e l , Philosophie des Geldes. Leipzig 1900.
S i m o n , H e l e n e , Robert Owen. Sein Leben und seine Bedeutung für die
Gegenwart. Jena 1905.
S o d a , Geld: Geld und Wert. Tübingen 1910.
S o l v a y , Gesellschaftlicher Komptabilismus. Deutsche Ausgabe. Brüssel 1897.
S o m b a r t , Sozialismus und soziale Bewegung. 7. Aufl. Jena 1919.
S t e p h i n g e r , Wert und Geld. Grundzüge einer Wirtschaftslehre. Tübingen
1918.
S t i l l i c h , Geld- und Bankwesen. 4. Aufl. Berlin 1914.
T e r h a l l e , Währung und Valuta. Jena 1919.
T h o m p s o n , Verteilung des Reichtums, II. Bd. Deutsche Ausgabe. Berlin 1904..
T u g a n - B a r a n o w s k y , Der moderne Sozialismus in seiner geschichtlichen
Entwicklung. Dresden 1908.
V a r g a , Die wirtschaftspolitischen Probleme der proletarischen Diktatur.
Wien 1920.
V o i g t , Soziale Utopien. Leipzig 1906.
W a g n e r , A d o l p h , Theoretische Sozialökonomik oder Allgemeine und theo-
retische Volkswirtschaftslehre. Zweite Abteilung, II.·Bd.: Sozialökonomische
Theorie des Geldes und des Geldwesens. Leipzig 1909.
W e b e r , A d o l f , Banknote: Die Geldqualität der Banknote. München 1900.
W e r n e r , Die Bayrische Räterepublik. Tatsache und Kritik. Leipzig 1920.
W i c k s e l l , Geldzins und Güterpreise. Jena 1898.

b) Aufsätze und Vorträge.

B u d g e , Waren- oder Anweisungstheorie des Geldes? Archiv für Sozialwissen-
schaft und Sozialpolitik, XLVI. Bd., S. 732flg.
E i s e n b e r g e r , Die Wirtschaftspolitik der russischen Kommunisten. Arbeiter-
rat, II. Jahrgang, 11. Heft.
E l s t e r , K a r l , Zur Analyse des Geldproblems. Jahrbücher für Nationalökono-
mie und Stastistik. Dritte Folge, LIV. Bd., S. 257flg.
H e y n , Probleme: Probleme des Geldwesens. Eine Erwiderung auf Liefmanns
Geld und Gold. Weltwirtschaftliches Archiv, X. Bd., S. 161flg.
—, Inflationsproblem: Zum Inflationsproblem. Eine Erwiderung an Bendixen.
Weltwirtschaftliches Archiv, XI. Bd., S. 243flg.
—, Wiederherstellung: Zur Frage der Wiederherstellung entwerteter Währungen.
Weltwirtschaftliches Archiv, XIV. Bd., S. 399flg.
L e d e r e r , Besprechung: Besprechung von Neurath, Wesen und Wege der
Sozialisierung. Archiv für Sozialwissenschaft und Sozialpolitik. XLVI. Bd.,
S. 812/813.
L e n i n , Aufgaben: Die nächsten Aufgaben der Sowjetmacht. Deutsche Ausgabe.
Berlin 1919.

L i e f m a n n , Abhängigkeit: Über die gegenseitige Abhängigkeit der Goldwäh-
rungen. Weltwirtschaftliches Archiv, IX. Bd., S. 1flg.

—, Aufgaben: Aufgaben der Geldpolitik nach dem Kriege. Drei Vorträge zum Geld-
und Währungsproblem. Veröffentlichungen des Deutschen Wirtschafts-
verbandes für Süd- und Mittelamerika, Heft 1, S. 45flg. Berlin 1917.

M e n g e r , K a r l , Geld. Handwörterbuch der Staatswissenschaften, IV. Bd.,
S. 555flg., 3. Aufl. Jena 1909/11.

M i s e s , Klassifikation: Zur Klassifikation der Geldtheorie. Archiv für Sozialwissenschaft und Sozialpolitik, XLIV. Bd., S. 198flg.

—, Wirtschaftsrechnung: Die Wirtschaftsrechnung im sozialistischen Gemeinwesen.
Archiv für Sozialwissenschaft und Sozialpolitik, XLVII. Bd., S. 86flg.

N e u r a t h , Kriegswirtschaft: Durch die Kriegswirtschaft zur Naturalwirtschaft.
(Sammlung von Aufsätzen und Vorträgen:) München 1919.

P o t t h o f f , Wende der Preisentwicklung? Mannheimer ,,Neue Badische Landeszeitung", Morgenausgabe vom 12. April 1920.

S c h m i d t , C o n r a d . Eingänger. Besprechung von Gesells Natürliche Wirtschaftsordnung. Sozialistische Monatshefte, LIV. Bd., S. 546/547.

S c h u m p e t e r , Sozialprodukt: Das Sozialprodukt und die Rechenpfennige.
Archiv für Sozialwissenschaft und Sozialpolitik, XLIV. Bd., S. 627flg.

S t e p h i n g e r , Theorie: Volkswirtschaftliche Theorie des Geldes. Zeitschrift
für die gesamte Staatswissenschaft, LXVII. Bd., 114 flg.

www.ingramcontent.com/pod-product-compliance
Lightning Source LLC
Chambersburg PA
CBHW021714210326
41599CB00013B/1644